U0518001

重新定义公司

谷歌是如何运营的

How Google Works

[美]埃里克·施密特（Eric Schmidt）[美]乔纳森·罗森伯格（Jonathan Rosenberg）[美]艾伦·伊格尔（Alan Eagle）著

靳婷婷 译 陈序 何晔 校译

中信出版集团 | 北京

图书在版编目（CIP）数据

重新定义公司：谷歌是如何运营的 /（美）埃里克
·施密特,（美）乔纳森·罗森伯格,（美）艾伦·伊格尔
著；靳婷婷译. -- 2 版. -- 北京：中信出版社,
2019.6（2025.7重印）
书名原文：How Google Works
ISBN 978-7-5217-0059-6

Ⅰ.①重… Ⅱ.①埃…②乔…③艾…④靳… Ⅲ.
①网络公司－企业管理－经验－美国 Ⅳ.
①F279.712.444

中国版本图书馆 CIP 数据核字（2019）第 025649 号

重新定义公司——谷歌是如何运营的

著　者：[美]埃里克·施密特　[美]乔纳森·罗森伯格　[美]艾伦·伊格尔
译　者：靳婷婷
校　译：陈序　何晔
出版发行：中信出版集团股份有限公司
　　　　　（北京市朝阳区东三环北路27号嘉铭中心　邮编　100020）
承 印 者：三河市中晟雅豪印务有限公司

开　本：880mm×1230mm　1/32　印　张：11.5　字　数：296千字
版　次：2019 年 6 月第 2 版　印　次：2025 年 7 月第 17 次印刷
京权图字：01-2014-6112
书　号：ISBN 978-7-5217-0059-6
定　价：69.80元

献给我最爱的创意精英，温迪和贝丽尔

目录

第一章 文化：相信自己的口号

第二章 战略：你的计划是错误的

第三章 人才：招聘是你最重要的工作

第四章　决策：共识的真正含义

第五章　沟通：当最牛的路由器

第六章 创新：缔造原始的混沌

赋能：创意时代的组织原则

阿里巴巴集团前总参谋长
《智能商业》作者
曾鸣

未来的组织需要超越传统的公司运作方式。这个挑战阿里巴巴集团在 2008 年提出"新商业文明"的时候就意识到了。当信息文明全面取代工业文明的时候，公司，这个工业时代最重要的组织创新，也必须被超越。

然而，什么才是互联网时代的创新组织模式？过去的十年，阿里巴巴进行了众多的尝试。从内部建设共享平台，到"赛马"的创新机制，再到用自己开发的基于网络的内部协同软件替换掉传统的 ERP（"企业资源计划"管理软件），我们虽然积累了不少经验，但感觉还没有找到未来明确的方向。回答这个问题比我们想象的要困难得多。

《重新定义公司》记录了谷歌在这方面的尝试和思考，很有启发。书中的核心观点简单明了：未来企业的成功之道，是聚集一群聪明的创意精英，营造合适的氛围和支持环境，充分发挥他们的创造力，快速感知客户的需求，愉快地创造相应的产品和服务。这意味着组织的逻辑必须发生变化。传统的公司管理理念不适用于这群人，甚至适得其反。书中丰富的例子和经验总结，常常让人掩卷思考。

为了帮助大家更好地理解未来组织面临的挑战，结合谷歌、阿里巴巴的经验和我所观察到的其他组织创新，我在这里试图梳理出一个基本的理论框架，供大家对比阅读，深入思考自己的组织创新，因为这是未来竞争力的源泉。

虽然未来的组织会演变成什么样，现在还很难看清楚，但未来组织最重要的功能已经越来越清楚，那就是赋能，而不再是管理或激励。

工业时代最深刻的观察者彼得·德鲁克，把过去200年的组织创新总结为三次革命。第一次是工业革命（industrial revolution），核心是机器取代了体力，技术（technology）超越了技能（skills）。第二次是生产力革命（productivity revolution），大致从1880年到第二次世界大战，核心是以泰勒制为代表的科学管理的普及，工作被知识化，强调的是标准化、可度量等概念。公司这种新组织正是随着科学管理思想的发展而兴起的。第三次是管理革命（management revolution），知识成为超越资本和劳动力的最重要的生产要素。和体力劳动相比，知识工作者是否努力工作很难被直接观察和测量，相应地，管理的重心转向激励，特别是动机的匹配（incentive alignment）。期权激励是这20年高科技企业大发展最主要的组织创新。

沿着这个思路，我把我们正在面临的时代大变更称为第四次革命，即"创意革命"（creative revolution）。从互联网到移动互联网，再到物联网，从云计算到大数据，未来商业的一个基本特征已经非常清楚，那就是基于机器学习的人工智能将成为未来商业的基础。虽然对于人工智能的未来有着巨大的争议，特别是机器能否超越人脑，甚至是否会反人类，但一个基本的共识是，在可见的未来，机械性的、可重复的脑力劳动，甚至较为复杂的分析任务，都会被机器智能取代。这是德鲁克所说的知识经济的进一步发展。但人的直觉，对知识的综合升华能力，是机器暂时难以超越的。相对应的，未来社会最有价值的人，是以创造力、洞察力、对客户的感知力为核心特征的。他们就是本书中提到的"创意精英"。

而在创意革命的时代，创意者最主要的驱动力是创造带来的成就感和社会价值，自激励是他们的特征。这个时候他们最需要的不是激励，而是赋能，也就是提供他们能更高效创造的环境和工具。以科层制为特征、以管理为核心职能的公司，面临着前所未有的挑战。

赋能的原则如何体现呢？

第一，激励偏向的是事成之后的利益分享，而赋能强调的，是激起创意人的兴趣与动力，给予挑战。唯有发自内心的志趣，才能激发持续的创造，命令则不适用于他们。因此，组织的职能不再是分派任务和监工，而更多的是让员工的专长、兴趣和客户的问题有更好的匹配，这往往要求更多的员工自主性、更高的流动性和更灵活的组织。我们甚至可以说，是员工使用了组织的公共服务，而不是公司雇用了员工。两者的根本关系发生了颠倒。

第二，赋能比激励更依赖文化，只有文化才能让志同道合的人走到一起。创意精英再也不能用传统的方法去考核、激励，公司的文化氛围本身就是奖励。本质上他们都是自驱动、自组织的，对文化的认同非常较真。为了享受适合自己的文化，创意精英愿意付出、拥护、共创。一个和他们的价值观、使命感吻合的文化才能让他们慕名而来，聚在一起，奋发进取，因而组织的核心职能将演变成文化与价值观的营造。

第三，激励聚焦在个人。而赋能特别强调组织本身的设计、人和人的互动。随着互联网的发展，组织内部人和人的联系也更紧密。新兴学科，例如复杂网络和社会物理学的研究，都指出人和人之间的互动机制的设计对于组织的有效性可能远大于对于个体的激励。谷歌那些声名远扬的免费服务，不仅仅是提供员工福利，提高员工的生产力，很大的一个目的是增加他们的互动。2009 年我参观谷歌的时候，他们介绍到餐厅等待用餐的时间基本控制在 4 分钟，正好让人可以简单寒暄和交流（大于 4 分钟就很可能拿出手机干自己的事了）。良苦用心，让人深思。创造是很难规划的。只有提供他们各自独立时无法得到的资源和环境（其中最重要的就是他们之间的充分互动），有更多自发碰撞的机会，才能创造最大的价值。谷歌 AdWords 广告体系的突破就是 5 个员工在玩桌球的时候，看到拉里·佩奇对广告质量的挑战，一个周末就把 AdWords 广告体系的算法搭建完成，而这 5 个人没有一个是广告部门的。这个传奇背后依然是一系列配套的机制设计，例如每周员工大会的透明沟通、员工的自主权、跨部门调动资源的能力等。所以，促进协同的机制设计，是未来组织创新最重要的领域。

德鲁克在他最后一本书《21 世纪的管理挑战》中提到，预测未来的最好方法是参与创造。我相信，未来 10 年将出现比谷歌更让我们兴奋的新型组织。让我们不辜负这个时代，全力以赴，共同创造赋能的组织！

谷歌的"痴心妄想"

谷歌联合创始人，Alphabet 首席执行官
拉里·佩奇

　　年少时，第一次思考自己的未来，我决心要么当个教授，要么就创建自己的公司。我觉得，这两种职业都可以给我足够的自主权，让我自由地从基本物理原则出发思考问题，而不必去迎合那些所谓的"世俗智慧"。

　　就像埃里克和乔纳森在本书中所说的，在谷歌，我们试着将这种自主思维方式推行到企业的方方面面。这种思维方式推动了我们公司最伟大的成功，也导致过一些惨痛的失败。实际上，谷歌就是基于基本物理原则起步的。一天晚上，我做了一个梦（不是梦想，是真实的梦），醒来后我想：我们能不能把整个互联网上的内容都下载下来，然后只保留链接呢？我找了一支笔，把细节信息写下来，想看看这个构想到底有没有实现的可能。当时，我压根儿也没有想过要建立什么搜索引擎。这之后又过了一段

时间，我和谢尔盖才意识到通过链接来为网页排序会大大地优化搜索结果。除此之外，谷歌电子邮箱Gmail也是在这样的"痴心妄想"中诞生的。安迪·鲁宾开发安卓系统时，大多数人也都觉得手机行业与开源操作系统的融合简直是痴人说梦。

随着时间的推移，我意识到，实际上，想要激发团队的勃勃野心是极其困难的。大多数人并没有接触过这种如登月般异想天开的思维方式，他们习惯用"不可能"来否定自己的想法，而不是从基本物理原则出发去探索可能性。正因如此，谷歌才会投入大量精力去物色善于独立思考的人，并设定远大的目标。因为只要有了合适的人才和足够远大的梦想，你的目标往往就可以实现。就算跌倒了，你也很可能会从失败中得到宝贵的教训。

不少企业安于现状，只求渐变，不求突破。如果只求渐变，时间一长，企业就会逐渐落伍，科技行业尤其如此，因为外界改变通常是革命性的，而不是循序渐进的。所以，你需要强迫自己着眼于未来。也是因此，谷歌才会投资无人驾驶汽车以及"热气球互联网计划"等看似高风险的领域。现在说来或许有些难以想象，但当我们第一次提出谷歌地图的构想时，人们觉得我们制作全球地图以及为所有街道拍摄照片的构想是无法实现的。如果说历史可以照见未来，那么今天看似最冒险的赌注放在几年之后看也就不会显得那么疯狂了。

我个人认为，以上几条原则非常重要，本书中还会谈到更多原则。希望你们能够接受这些想法，也向不可能发出挑战！

Alphabet 是如何运营的

最近有什么变化?

这是埃里克最喜欢说的一句开场白(他可真是晚餐派对上的开心果)。这句话往往能引出一段有趣的回答,因为我们正有幸身处一个科技日新月异并改变着人们生活和事业的世界之中。这个问题永不过时,因为总有事情在发生着变化。

本书在 2014 年秋季首次出版,与那时相比,当今的许多事情都发生了变化。其中一个巨大的不同,就是从全球各地不远万里来见证硅谷为何名副其实的人与日俱增。一切都在飞速发展,对硅谷这一创新引擎为何能够长存感到好奇的各界高管则想来此地取经。这些人来自拥有雄厚背景和强大领导力、傲立群雄且资金充足的企业,带来的问题也掷地有声:该如何与时代同步?该雇用哪些人?如何创新?如何在保留企业文化最大优势的同时对企业文化做出改变？

之所以写本书，是因为我们相信管理这门艺术和科学在 21 世纪出现了变化。有了信息和科技的帮助，个人以及小型团队能够展现出前所未有的影响力。我们在谷歌亲眼见证了这一奇迹，也相信我们学到的有助于打造谷歌的很多经验能够为其他企业领导者所用。因此在过去几年中，当这些领导者来到谷歌，想要一睹我们的工作方法，探索该如何将我们的一些原则为己所用时，我们也乐于聆听他们的提问，并以我们所积累的经验教训作为回答。

结果如何呢？虽然有很多人点头称是，讨论也很热烈，但收效甚微。他们虽然认真聆听，却很少付诸行动。虽然这些来访者从未直说，但他们仍然让我们感觉到，我们的见解非常有趣，也可能正是他们所需要的，可想要实践这些见解几乎是痴人说梦。他们用一种近乎慈爱的眼神看着我们，好像他们是明智的父母，我们则是那热情奔放、活泼明朗却幼稚得无可救药的年轻人。仿佛我们告诉他们的经验是不会起效果的，而等到我们长大的那一天，就能明白个中缘由了。

埃里克"最近有什么变化"这一问题的答案，除了拜访硅谷的商业领导者逐渐增多，还有谷歌本身。我们在本书中所描绘的谷歌，是 2001 年到 2011 年之间作为首席执行官（埃里克）以及产品负责人（乔纳森）的我们所协助领导的谷歌，在此之后，我们双双从管理角色上退下来，开始承担新的责任。书中描绘的那个谷歌，从一家小型初创公司成长为拥有 2.5 万名员工的企业，在多个国家获得成功。毋庸赘言，这成绩的确令人叹服，但毕竟是很早以前的事情了。5 年之后，谷歌成为 Alphabet（字母表）的子公司，成长为一家规模更大（拥有超过 6 万名雇员以及 750 多亿美元的收入）且更为复杂的企业，业务涉及搜索引擎、视频广告、手机操作系统、数码科技、手提电脑、开发商及企业解决方案等，此外还有无人驾驶汽车、智能隐形眼镜和通过光纤或氦气球打造的高宽带网络连接等实验性项目。今日的谷歌已是旧貌换了新颜，以至于我们在本书中所描述的原则尚在有效之时，一些非常关键的新原则就已然浮出水面了。

让我们意识到这一变化的途径，可谓"谷歌味儿"十足：这些信息，是一位软件工程师带给我们的。本书首次出版后一周的 2014 年 9 月底，刚刚为谷歌同人主持完一场关于这本书的热烈问答的我们，站在谷歌纽约分部的办公室中。在与我们聊天的过程中，一位同事分享了他的一个难题：他的上司不允许他在 20% 项目上花时间（在谷歌，20% 项目指员工自己选择的业余项目）。为谷歌人提供这样的自由，在谷歌是一项由来已久的传统和管理哲学。但是，这位工程师的上司却偏偏不给他这样的自由。这位工程师告诉我们，他对自己的本职工作尽职尽责，但也有自己想要尝试的新事情，可上司就是不批准。说到这里，他表示，我们的书名可能有些偏离事实了："也许起名叫'谷歌以前是如何运营的'比较合适。"

我们对这件事进行了调查，发现这个情况只是个例外，20% 时间的概念当时（以及当今）在谷歌仍然盛行。但是，在我们与谷歌人谈论这本书的过程中，却多次听到这种"谷歌以前是如何运营的"说法。不难看出，谷歌的增长使其自然而然地放缓了脚步，变得越发重视流程。在我们任期的最后几年，这种现象便显露了出来。在担任首席执行官的时候，埃里克曾写过一篇题为《避免大公司病》的文章供全公司阅读，讲的就是保持当时的发展速度。但是，从谷歌人那里听到的评价却让我们认识到，我们有可能并没能很成功地实现这个目标。或许，来自成熟大公司的那些拥有长者风范的朋友是对的。我们得出的结论是，随着公司规模增大，实践我们在本书中所宣扬的原理会变得举步维艰。

在 2013 年的《致股东的公开信》[①]中，拉里·佩奇表示："随着时间的推移，很多公司都习惯重复自己一贯的做法，只做出很少的渐进式的改变。假以时日，这样的渐进主义会导致落伍，在科技行业中尤为如此。因为改变应是革命性的，而不是渐进的。"拉里担心，随着谷歌发展速度减缓、越发靠流程推动，以及行为越来越像大型企业，我们被时代淘汰的噩梦将有可能变为现实。

这就是 2015 年 8 月宣布成立 Alphabet 背后的驱动力。谷歌成为这家新的控股公司的子公司，原先在谷歌旗下自主运营的几个业务部门脱离出来，成为 Alphabet 之下的独立公司。我们将这些公司称为"赌注"：现在，Waymo（无人驾驶汽车项目），智能家居公司 Nest，生命科学公司 Verily，Google X（以前称为 Google[x]，包括谷歌热气球 Loon 以及其他"登月"项目），生物科技公司 Calico，谷歌光纤 Fiber，谷歌风投，DeepMind，谷歌投资基金，以及创新城市开发公司 Sidewalk Labs，都从谷歌分离出来，各自有各自的企业文化、流程和领导者。这些公司有权利按自己的意愿进行运营，成功和失败也都自己负责。通过严格的内部资本配置流程，这些公司的首席执行官与所有努力实现业务增长的首席执行官面对着同样的资金压力。

Alphabet 改组背后的原因有几个，但最重要的原因在于，此举能让我们去做更有挑战性的事情。我们不仅能在计划清单上列出更多有挑战性的项目，更能去做比清单上已有的项目更具挑战性的事情（乍一看，这仿佛只是在调换语序，但实际上二者是不同的）。关于 Alphabet 的决定不仅野心勃勃，也明显带有拉里·佩奇的做派：大胆、创新、果决。据我们所

---

① 从 2004 年开始，拉里·佩奇和谢尔盖·布林每年都会发表一封写给谷歌股东的公开信。

知，没有哪家规模和我们相似的公司进行过这样的改组。这些公司会设置运营部门并分派负责人，但不会像谷歌一样在春风得意之时将自己"大卸八块"，也不会在现有品牌全球首屈一指之时打造一家拥有新名字的新控股公司。即便真的进行了某种形式的重组，在一切文书都完成得一丝不苟、常见问题列表中填满了所有可能提到的问题、每个问题都回答得天衣无缝之前，这些公司是一点也不会走漏风声的。它们不会在决策敲定的短短几周、尚有许多细节等待商榷时就将之公布于众。但是，这却是拉里处理 Alphabet 决策的方法。一旦与管理团队将决策制定出来（并得到董事会通过），他便立刻行动，绝不瞻前顾后。他虽然没有所有的答案，但是明白该采取什么行动。

毫无疑问，我们在本书中宣扬的核心理论仍然正确：要想在 21 世纪的商界获得成功，唯一的途径就是持续不断地打造卓越的产品，而要想做到这一点，唯一的方法就是吸引创意精英，让他们聚集在一个能够大规模获得成功的环境之中。但我们发现，这样的环境在大型企业中变得越来越难创造。不仅如此，大型企业中存在的势力还会主动勾结起来，对抗那些想要做些不同事情的创意精英。也就是说，你不仅仅是在爬山，还要在往上爬的路途中应对人们向你扔来的石块！ Alphabet 就是我们的赌注，以抵御这些势力，让谷歌及其兄弟公司保持灵活敏捷、折腾不止、永不过时。

这篇新序言给了我们一个机会，让我们得以用谷歌和 Alphabet 现在所使用的原则对本书进行更新。有些公司领导者虽然赞同我们书中的原则，却认为自己的公司太大、太慢或传统太深而不便使用，希望这群人能从新的原则中得到帮助。我们仍然坚信书中所表述的一切观点，但谷歌最近的变化也教给了我们一些新的经验，告诉我们如何让那些我们视若珍宝的创意精英们保持十足的劲头，并持续打造惊人的项目。在这篇序言中，我们会先阐述"流程"这一往往会缚住大公司手脚的因素，并探讨为何有时忽略流程竟是最好的选择。接下来，我们会讨论我们在谷歌施行的新的管理原则，然后顺势聊到 Alphabet 的组建：以影响力最大的首席执行官为中心来设计组织，在科技创见上下注（这一点，至今仍然适用），大创见与小行动并行，为技术和业务去除风险，以及将"登屋顶"项目和"登月"项目并行。在本文结尾，我们会再次向自己提出另一个我们最喜欢的问题：5 年的时间，会带来怎样的可能性？欲知我们给出的答案，读者必须耐心读到本文的最后，但这里可以给一个提示：就像人类的许多问题一样，这个问题最终也会被机器解决。

为流程提供空中掩护

流程是个好东西。这是一门艺术，也是一门科学，是借助信息工具和信息体系将一件必须要完成的事情压缩为一系列清晰记录的步骤。有了流程就有了规模拓展。要想实现企业的可盈利增长，流程是必不可少的。

然而到了一定时期，流程便开始占据主导地位。流程变得根深蒂固，甚至能够跃于常识之上。用谷歌业务运营负责人克里斯滕·吉尔的话来说，流程会让高管们"失去肌肉记忆"。人们不再思考，反而只是依靠流程来做决定。随着流程的日益完善，人们的判断力却渐渐减弱。集中管控和一贯性在一端，分散式的混乱在另一端，而企业就好像一个巨大的钟摆，在这两头左右摇摆。在大型企业中，这个钟摆总会被牵拉回管控的一边。但是，一家初创公司或任何一家努力做大事和实现创新的新企业，都会偏向于混乱的一边。初创公司不依靠流程，而是以创意、热情以及共同的目标作为运营基础，他们不会等到开会时才做决策。无论出发点有多么高尚，对于流程的依靠都会对初创公司及其初创精神造成压制。

我们的老朋友兼同事萨拉尔·卡曼加在担任 YouTube（视频网站）负责人的时候，曾想要将谷歌团队中的工程师人才招到他的团队中，但屡屡受挫。（现在的萨拉尔是拉里·佩奇的一位顾问。YouTube 的首席执行官由苏珊·沃西基担任。）渐渐地，萨拉尔意识到了其中的原因。原来，YouTube 的规模要小很多，因此上升的机会相对较少。也就是说，升职流程使得在谷歌母舰中工作的人比在 YouTube 工作的人更容易得到升迁。在那些想要升迁的工程师眼中，在 YouTube 工作对他们的职业发展是一种阻碍。这可真是讽刺至极。

贻害创新的除了人事流程，还有预算流程。我们再来看 YouTube 的例子。2014 年，苏珊·沃西基为 2015 年的运营预算进行交涉，但对结果并不满意。预算流程规定，运营经费的分配要与收入相对应：如果你能得到更多的收入，就能有更多的经费来经营你的事业。这种处理预算的方法很典型，在将效率作为首要目标的前提下，这种做法是说得过去的。

但是，在考虑到经费的时候，苏珊（以及其他任何一位初创公司的首席执行官）并不仅仅会考虑运营企业所需的操作费用。在分配预算的时候，典型的 MBA（工商管理硕士）学霸可能会对资本成本进行预估，将此作为目标停止投资率，并将所有项目按照各自的 IRR（内部收益率）、NPV（净现值）或 CUF（无用的复杂公式[①]）排序，然后再往外发放资金，直到资金用完。典型的首席执行官明白，预算的制定不应该以当下财年所得的收益为标准，而应以几年之后此项目的潜在最终市场价值为标杆。为了得到自己认为所需的投资，苏珊与谷歌的预算流程做着斗争，但她同时

---

① CUF 是 complex useless formula 的首字母缩写，是作者的讽刺幽默。——译者注

也知道，如果 YouTube 是一家独立的公司，那么她就能投奔风投群体，在短短几天的时间里轻松获得比她想象的预算多出许多的资金。对这家归属于大公司的小公司来说，这套流程已然成为一种障碍。

一家公司在变为大型公司之后，便会将几乎所有注意力和资源都集中在导致公司具备这种规模的业务上。这种做法虽然有其道理，却给没有与企业核心紧密联系的新业务设下了巨大的阻碍。非核心的业务需要让首席执行官和其他领导者相信其价值，而这些高管通常却偏偏会以核心业务为标准来衡量其他业务的价值。说到底这还是要看数字：大型公司中的一项新业务不可能让账面利润有什么大的起色，因此人们往往会说："何必费力呢？"相比将资金投入在一项非常冒险而又不大可能在几年内带来巨大收益的项目上，在核心业务上投资几乎总会显得更加明智（当然也更加保险）。

对付这些问题的解药，就是打破你自己的流程。这往往需要公司的一位高级领导者提供"空中掩护"。也就是说，要有一个有足够力量和权威的人，出来宣布不遵守规则是没有问题的。约翰·汉克的 Niantic 实验室，就是我们在早期为打破流程所做的一个尝试。2004 年，谷歌收购了锁眼（Keyhole）公司，约翰在那时加入了我们的团队。锁眼公司提供的技术，推动了谷歌地球的推出。约翰是锁眼公司的首席执行官和联合创始人，在接下来的几年中，他成为谷歌地理（别名"geo"）的负责人。但到 2011 年，他开始不安分起来，想出了一个自认为绝妙的点子：一个可将手机、谷歌地图产品，以及一种叫作"增强现实"的新兴体验融为一体的新的游戏平台，以供人们在现实世界中进行数字游戏。他决心离开谷歌，好开创这番新的事业，但当他将自己的决定告知拉里·佩奇的时候，拉里的回应却让他出乎意料。当时，我们正在尝试几种不同的方式，好让像约翰这样既有领导才能又有心开创新项目的人得以在谷歌旗下追求自己的愿景。拉里也认同约翰应该开创自己的新业务，但他表示，这个项目应该在谷歌内部进行。

当时，谷歌有几个独立运营的部门。约翰为自己的项目起名为Niantic 实验室，其薪酬体系以及决策制定都是独立的。这个实验室的设立虽然艰难，但细节问题一经解决，约翰和他的团队便有空间设立自己的雇佣体制，打造自己的办公室，在不受诸多谷歌产品团队牵制的环境下工作（约翰将这称为"打破墙壁"），并且通过一个精简许多的流程推出产品。在一家大公司之中，这要算所能达到的与初创公司最相近的环境了。

Niantic 最先推出的是一款叫作 Field Trip 的手机应用程序，又在 2012年推出了一款叫作 Ingress 的多人游戏，内容有些像一款拥有科幻故事主线的夺旗游戏。Ingress 的成绩不尽如人意，但为"精灵宝可梦 Go"铺好了路。由 Niantic（与口袋妖怪公司和任天堂联手）打造的精灵宝可梦游戏，于 2016 年的夏季风靡了美国及全球其他国家。2015 年 9 月，Niantic 实验室从谷歌脱离出来，现正作为一家独立游戏和平台公司扎根于旧金山。

这次尝试，让约翰得到了实现创意和见证创意成功的机会，而谷歌则从中看到，为强有力的领导者提供在公司内部成立初创公司的资源不仅可行，还有可能得到喜人的成效。

组织要以影响力最大的首席执行官为中心

我们在本书中宣扬的理念是，设计组织结构是一件有挑战性的事，领导者们应永远以影响力最大的人为组织中心。毋庸置疑，这个理念现在仍是正确的，但是，我们想要加入一条从中衍生出来的推论。随着企业规模和复杂程度的增加，只以创新人才为组织中心的做法是行不通的；你必须以那些能够打造和引领整个新事业单位或业务的人为组织中心才行。这种人，是创意精英中的一个特殊阶层：首席执行官。

具有开创新事业的胆识和才能的领导者是个特殊的群体，他们往往不愿受制于大企业的结构，这个认识，在一定程度上推动了 Alphabet 的建立。这些人不想被迫服从于各个团队中存在的烦冗流程和制度，需要有空间按自己的方式进行创造。大公司是很难招聘到这样的人才的，即使招到，也很难与这种人才找到契合点。除此之外，雄心勃勃的大创意往往也不能全部容身于一家公司或一个品牌之下。

要是能说这个结论是通过智能策略分析和圣贤的智慧得来的，那该多好啊！但是实际上，这个结论是我们通过传统的试错方法得来的。我们招聘了几位首席执行官类型的人才，让他们负责几个独立运营的团队，比如负责生物科学公司 Calico 的阿特·莱文森，以及负责 Google X 生命科学团队（后成为生命科学公司 Verily）的安迪·康拉德。阿特和安迪是那种总是想要解决大问题的人，而在拉里看来，这种人才正是在 Alphabet 负责运营的理想人选。但是有的时候，大创见却会受到小问题的羁绊。有一天，由于实验室的盐过了保质期，负责谷歌工作场所安全的人员好心好意地用推车将这些完全没有问题的盐从实验室运走。对此，我们的一名"赌注型"首席执行官感到很吃惊（清理过期的盐对于咖啡厅来说可能很重要，但对于实验室来说并不必要）。之后，他又不得不为一项仅仅与其公司沾一点边儿的谷歌问题填写一份公关调查问卷。将他从这样的负担中解脱出来，可以让他把注意力放在自己真正想做的工作上。

我们逐渐发现，与阿特、安迪、人工智能公司 DeepMind（隶属谷歌）的戴米斯·哈撒比斯以及 X 的阿斯特罗·特勒一起共事，最好的方式就是将我们用于 Niantic 实验室的方法加以拓展。之所以创建 Alphabet，就是想要吸引愿意用科技解决大问题的最棒的首席执行官和最有野心及远见的人才，并为他们提供一个能够在大规模平台上施展拳脚的环境。

持续为科技洞见下注

对 Niantic 实验室的管理经验之所以奏效，除了约翰·汉克的有效领导之外，还有一个原因：他们做对了产品。他们相信，数字科技能在现实世界中创造令人称奇的游戏体验，今天看来，在这个洞见上下注是很靠谱的。如果你不能把产品做对，那么所有这些提供空中掩护以及以首席执行官为中心进行组织的做法都不会奏效。实际上，Alphabet 创立的理念，就是要让我们的首席执行官能将所有的时间花在产品的创造上。直到今天，最好的产品仍然是那些以科技洞见为基础的产品，也就是那些通过新的方法运用一两项科技来解决重大问题的独特洞见。在评估该在哪里设立自主部门的时候，我们最重视的因素并不是商业策略或金融模式（虽然这二者也是必不可缺的因素），而是一套强有力的科技洞见。

在本书后文中，我们会举出几个例子。而我们最近刚刚碰到的一个新的实例，更是将这些洞见的力量彰显得淋漓尽致。谷歌的研究团队中有一位名叫吉姆·麦克法登的工程师，几年之前，他开始研究如何（以匿名方式）观察用户行为，并对这些观察结果进行大规模的线性回归分析。这种做法有可能帮助谷歌提供更精准的个性化用户体验。（让我们将这个项目称为"一号洞见"吧。）他意识到，这个功能或许会吸引谷歌其他团队的兴趣，于是便为此创造了一个应用程序编程接口（这是一种允许其他程序访问其系统的通用途径）。一些 YouTube 的工程师听说了这项功能，于是抓住机遇，借此更精准地为用户推荐视频播放完之后接着该看的内容。他们将这一革新用到了实处，也得到了令人惊喜的收效：视频播放量（也就是每段视频被观看的次数）增加了。

与此同时，一位名叫克里斯托斯·古德鲁的工程总监正好刚从谷歌的商务团队调到 YouTube。当时，YouTube 所用的最重要的衡量标准便是视频播放量，而这个数字也恰好在吉姆·麦克法登的系统的刺激下得到了可喜的增长。克里斯托斯来自商务团队，在那里，用户花费金钱的多少才是衡量业绩的标准。克里斯托斯认为，在 YouTube 的世界里，与金钱对等的东西不是播放量，而是观看时间。重点不在于让人们点击视频，而是让人们观看视频。（这就是"二号洞见"。）在克里斯托斯的说服下，包括萨拉尔在内的 YouTube 领导团队接受了他的理念，并将吉姆·麦克法登创建的系统搬来（这个时候，吉姆已经来到 YouTube 任职了），用于优化用户的观看时长。如果你觉得 YouTube 在推荐接下来应看的视频方面比以前有了很大进步，那么你的感觉没错。而且，你并不是唯一有此认识的人：用户在 YouTube 上观看视频的总时长的确出现了显著的增长。这，就是科技洞见的力量。

这些故事现在讲起来仿佛顺水推舟，毕竟事后诸葛亮好当。但是，真正以科技洞见为基础进行研发、打磨以及发展，难度可要大很多。幸运的是，我们有足够的头脑认识到自己并不是聪明绝顶，也认识到许多伟大的科技洞见正在被供职于谷歌之外的人研发。这个认识，导致我们对大量的企业进行收购。我们在此过程中发现，谷歌的兼并和收购流程以及被称为"项目审议"的会议本身就是一种重要的工具，帮助我们拿谷歌产品策略方面的洞见与产业中最棒的新兴企业做对比。

在绝大多数企业中，并购是一个受资金驱动、牵扯多个层面的流程。

在高科技产业中，并购对象一般先是受到产品团队或企业发展团队的引荐，之后，企业发展团队便会将并购案的资金因素作为首要考虑，尽职尽责地进行评估调查。人们先是走完财务、法律等评审步骤，最后再将案子呈现给高管团队定夺。这样的多层流程的设计初衷，便是将绝大多数不好的并购案给淘汰掉，因此，等到最初的创意摆在首席执行官面前等待最后批准时，已经经受了彻彻底底的打磨。许多提案永远也走不到这一步，也就是说，企业的领导者永远也没有机会去探讨这些目标公司所经营的业务到底是否有趣。

我们的流程可要简单得多。产品团队仍然会与我们的企业发展团队合作提出并购提案，必要的资金和法律评审我们也会照样进行。其间的确会过滤掉一些项目，但是只要产品主管愿意为并购案保驾护航，即便公司各部门的其他人存在质疑，这个案子也能进入我们每周并购案审议会议的待议清单。在这个由拉里·佩奇、桑达尔·皮查伊以及绝大多数高管参与的会议上，并购团队会介绍打算收购的公司，并谈及其财务指标。接下来，我们会用相同的时间来审视驱动并购的产品因素。这场讨论由产品团队来主持，内容往往着重于谷歌自己的战略，以及潜在的并购如何契合我们的战略、是否有可能改善我们的战略。我们是否拥有正确的洞见，市场或科技是否发生了什么剧变？我们为自己制订的重大计划是否对路？对于计划的执行是否成功？有没有更好的方法来达到我们的目标？我们的数据揭示了什么？归根结底，并购案的评审并不依据资金或法律标准，而主要看站在产品和企业的视角所得出的价值。

我们认为，这样的探讨是非常有效的。正因如此，我们才愿意花费宝贵的管理时间探讨大批并购案。有的案子规模很小，有的明显行不通，但即便如此，我们仍会将这些案子放在议事日程上，因为由此引出的讨论是很有价值的。我们并不把这当作浪费时间，恰恰相反，我们已经认识到，这是对时间有效的投资。

谷歌的许多成功故事都始于并购（YouTube、广告服务商 DoubleClick、锁眼公司，以及安卓，这些只是冰山一角），因此，现在谷歌和 Alphabet 中的资深领导团队已经习惯了来自公司之外的创新和创见。大公司中"不出自我家"的态度非常危险，对于自家公司的努力与别家企业成功对比下的不足（或者彻彻底底的失败），领导者必须要能够接受才行。正是这样的态度，才让我们选择了收购 YouTube，并将自己的谷歌视频关掉。也是这种态度，让我们看到 Waze[①] 能够对我们获得巨大成功的谷歌地图起到显著的补充作用。这样的生意需要谦卑的态度，而这样的态度，也正是我们的并购流程意在打造的。

让核心人物关注核心事业

我们在前面提到过，一家公司中的新业务容易受到挤压，因为所有人的"默认模式"都是对核心业务进行投资和关注。这种情况在谷歌也发生过，然而，在一开始为无人驾驶汽车以及谷歌光纤这些业务创造自主部门的时候，我们却意识到了一个与此相反但可能同样有害的趋势：新的业务有可能会让注意力远离核心业务。

这个顿悟，是我们于 2014 年春天参加一次在公司外举行的会议时得到的。这个会议叫作"高管圈"。谷歌会定期举行领导者出席讨论企业最

---

① Waze 是一个免费应用，可利用移动设备的 GPS 信息来获取有关路面交通流量的信息。——编者注

迫切的问题以及策略的系列会议，而这个会议就是其中的一个组成部分。那一年的活动在加州的圣芭芭拉举行。来到会场后，出席者会拿到一份议事日程，其中包含几项正在筹备之中的"登月"项目：谷歌热气球、谷歌光纤、无人驾驶汽车、Calico以及多种多样的生命科学项目。实际上，这一天的大部分时间都会用在"登月"项目上。埃里克从比尔·盖茨那里学到的格言是，将80%的时间花在为你带来80%收益的项目上。然而，我们为那天所做的会议日程计划并没有遵循这个数字：会议的绝大部分时间都将花在尚未产生大笔收入的项目上。

一部分人注意到了这个误差，而我们也随机应变地给出了一些解释。但是，这次的疏忽也表现出了Alphabet重组背后的另一个动机：帮助谷歌全心关注其核心业务，而不被"登月"项目魅惑。就像拉里在宣布成立Alphabet的信中所说的那样，新的体系不只能让我们追求与谷歌"八竿子打不着"的新奇想法，也能让我们"将大量的精力专注在谷歌内部的绝佳机遇之上"。将这些"赌注"项目从谷歌的大伞之下移出，帮助了谷歌人更好地集中精力加速核心业务的发展和创新。

大创见，小行动

对于谷歌这样规模的公司而言，创新可能会极具挑战性。将无人驾驶汽车和谷歌光纤这样的赌注项目从谷歌旗下移走，从一定意义上来说是在解决较为简单的问题，也就是如何让这些与核心业务没有什么关系的初创公司进行自主运营。然而，Alphabet一旦创立，赌注一旦移走，我们就不得不考虑比较难解的问题了：如何才能继续在谷歌内部的核心业务中鼓励和接受创新呢？谷歌的整体文化、价值观以及运营方法的创立都离不了创新因素，即便在公司增长中，创新事业也仍然欣欣向荣，不断推动着谷歌引擎、谷歌广告、安卓以及 YouTube 的发展。虽然如此，对于那些有可能诞生于核心业务中的新的大型赌注项目，我们该怎样对待呢？我们知道，谷歌核心业务中存在着大批巨大的新机遇。要想找到这些机遇并让其发展，我们还能做些什么呢？

将自主运营的小型团队安排在一个办公室并由充满热情的创始人来领导，这样的初创公司模式是取得显著的新成绩（或快速失败）的最有效方式。这一点，我们很久以来就一直认同。因此我们便开始考虑，能不能想出一种将大创见（通过利用人才、资源以及技术等大公司的条件来解决大的问题）和小行动（发展以自下而上的理念建立的"初创公司"，并给予这些公司以敏捷行动的自治权）并行的方法？以这个"大创见小行动"的概念为启发，一个被称为"Area120"的新计划得以启动。"20% 项目"由来已久，指的是允许和鼓励谷歌人花时间打造自己选择的项目。"Area 120"项目则允许一批经过筛选的谷歌人将 100% 的时间花在自己的 20%项目上（100+20=120）。这些团队将获得追求自己创意的资金、空间以及自主权，用与布拉德利·霍洛维兹一起负责这一孵化器的唐·哈里斯的话说，创始人们得以"铆足了劲儿去猛追梦想"。通过设立野心勃勃的目标和时间线，我们想要重建一个达尔文式的初创公司生态系统。举例来说，在 2016 年 9 月开始的"Area 120"14 支首届入选团队中（从 300 多个申请人中选出），我们预期有一半的团队在不到 6 个月的时间里便会失败。"Area 120"成为我们的创新箭袋中的一支新箭，让谷歌人通过一条新的途径尝试新东西。

去除风险与量油尺

一天，Waymo 的首席执行官约翰·克拉夫茨克离开办公楼，去查看几个新的办公空间。从团队的发展轨道来看，他知道，X 大楼的空间很快就要容不下他们，必须找新的落脚点了。在往外走的时候，他碰到了拉里·佩奇。约翰向拉里解释了自己要做的事情。他之后告诉我们，拉里的回应是，办公空间的问题可以交给 Alphabet 的设备团队来协助处理。拉里向约翰提议，他们俩应花一些时间来回顾一下 Waymo 团队在新一代汽车的技术方面所取得的进步。

Alphabet 架构的一个绝妙特征就在于，一旦将这些充满活力的首席执行官安排妥当，他们就能将注意力放在新业务的一个最为重要的方面——用约翰·克拉夫茨克的话来说，就是"为产品和业务去除风险"。这些首席执行官不必花时间解决办公空间这样的问题（这对于高管来说或许非常费时，并牵扯到许多人事礼仪），交给 Alphabet 就行了。这样一来，这些人便能集中精力，确保产品管用、与他们的愿景相契合并能够获利。为产品和公司去除风险是首要目标，其他一切都是次要的。只有确保这两个首要目标之后，我们才开始着眼扩大公司的规模。

去除风险是个反复迭代的过程。阿斯特罗·特勒常说，Google X 的项目之所以成功，唯一的原因只是这些项目"没能失败"而已。这个过程中的每一步都是为了让项目失败，为了证明项目是有瑕疵的。我们会着眼于科技、业务以及资金方面的小目标，并根据这些目标调整投资的速度。如果团队没能失败，我们就会让这个项目进入下一阶段。（Google X 有时会给失败得很漂亮的团队以奖励，原因是这些团队中止了必然失败的项目，因此给公司省了钱。）每次迭代都将经费尽量压到最少，由于我们会用小型团队通过现有零件搭建出粗笨的模型，因此，"小而精"是这个过程中的热词。举例来说，2016 年年中，无人驾驶汽车团队在为下一款模型做计划的时候发现，接下一大笔订单可以降低模型中一个关键组件的单个成本。但这个计划中所需的模型数量比较少，要比这个大批量订单的数量小很多，这支团队给出的理由是，他们会在项目进行到后期时将多余的组件用掉。

这个建议没能得到采纳。（拉里告诉约翰的原话是："跟着我回归到建模这个领域上吧。"）我们的理念一直是用最便宜的成本建立模型，如果模型不会失败，我们才会考虑扩大规模的问题。这不仅是谷歌街景等创新项目起步的方式，也是"赌注"项目所遵循的方法。

在约翰查看办公空间的出行计划突然被取消之后不久，有一次，他向拉里·佩奇和谢尔盖·布林阐述无人驾驶汽车最新版产品所用系统的具体信息。其间，某个人会不时对一个细节提出问题，然后三个人便会立即就某些部件的设计展开深入探讨。约翰将这种做法称为"量油尺测量"。（是不是个彻头彻尾的汽车狂人？）他给我们讲的这个故事让我们想起，与拉里和谢尔盖在谷歌共事的时候，他俩经常会带着工程师一起对设计展开深入的探讨。这些讨论的用意，在于确保产品负责人和工程师将注意力集中在产品上、理解自己的科技洞见、能够为自己的决策进行辩护。这些探讨也有助于将更为广泛的新视角带到这些决策中来。那一天，约翰坐在拉里和谢尔盖中间，对汽车模型的不同体系进行仔细剖析。拉里对一个他认为不明智的决策进行深挖，他让约翰沿着这条"路"（这个双关语不是拉里的，而是我们想出来的）想象一下 10 年之后科技发达许多时的情景。到了那时，这个看上去微不足道的决策所产生的结果或许仍然有效，却会对项目的进步产生阻碍。约翰进行了重新考虑，对团队进行了咨询，然后改变了方向。拉里和谢尔盖的量油尺作风推动了模型设计的改良，也提醒团队不要忽略了更为远大的目标。

"登月"项目和"登屋顶"项目并抓

最令人熟知的谷歌创新原则，或许便是我们大胆思考、将事情改良10倍（"10X"）而不只是改良10%的"魔咒"。这个魔咒让我们敢于尝试"登月"项目，比如无人驾驶汽车、能够检测糖尿病人血糖水平的智能隐形眼镜、为全世界所有人提供廉价互联网服务的氦气球，以及用传统风车1/10的成本产生风力的机载风筝。将想法放大10倍以及追求"登月"项目都很刺激，但随着这些项目在内部和外部得到的关注越来越多，这种"大胆思考"的方法，让相比之下不那么吸引人但同等重要的渐进式进步有了黯然失色的危险。真希望我们能说我们是运用经过历练的观察和判断技巧洞察到这一潜在问题的，但这并不是事实。之所以发现这个问题，是因为路易斯·巴罗索这位谷歌的创意精英。在2014年年末，他在一篇字字珠玑的Google+内部帖子中谈到了这个问题，而这篇帖子又被转发给了我们。他把这称为自己的"登陆屋顶宣言"，（"我们选择到屋顶上去，并不是因为这样做有多么光鲜，而是因为屋顶就在眼前！"）这一理念很快在谷歌人中流传开来。

在这篇宣言中，路易斯明智地指出，对于"登月"项目中将想法放大10倍的教条"过分美化"，掩盖了"有条不紊、不屈不挠、坚持不懈地追求1.3~2倍机遇"带来的实实在在的成绩，对后者，他起名叫"登屋顶"项目。"登屋顶"项目的例子，包括每年实现大约500次升级的谷歌搜索引擎，以及一批堆叠在外部服务器上的强大而高效的数据中心。看看今天的谷歌搜索引擎的强大力量，再看看为引擎提供动力的数据中心惊人的效率，这些进步与我们起步时相比发展了远不止 10 倍，因此看上去就像是"登月"项目。但是，这些进步并不是通过几次大的飞跃实现的，而是由许多踮步积累出来的。路易斯总结道："一连串的'登屋顶'项目可以形成一种强大的创新模式，既能够创造出快速的收益，也能够持续打造革命性的收效。"前面我们提到过 YouTube 是如何将衡量标准从播放次数转移到播放时长的。一旦做出这个改变，他们便为自己定下了每天 10 亿小时播放时长的"登月"目标，这是一个非常有野心的数字（10 亿小时是全球电视每日播放的总时长）。YouTube 当时所记录的每日播放时长刚刚超过 1 亿小时，因此，这是一个 10 倍目标。为了实现这个目标，团队几乎将全部精力放在了 1~2 倍项目上，实现了很好的收效。数字是不会骗人的：如果你能在每季度达到 1.3 倍的增长，那就能在不到 3 年的时间里达到 10 倍目标。

"登屋顶"项目的另一个优点在于，这些项目能让制作产品的人更快得到满足感：他们可以将可用以及有意义的产品推到市场中去。"登月"项目或许会失败，许多辛苦劳动的成果可能会被束之高阁，永远不见天日，但这种情况在"登屋顶"项目中却很少出现。

最后，"登月"项目虽然有趣且有吸引力，但绝大多数人都没有机会接触这些项目。作为我们"登月计划工厂"的 X 虽然得到了媒体的大量关注，但其规模与整个公司相比却很小。能够打造"登月"项目的人非常有限，但人人都能够参与到"登屋顶"项目中，在 10 倍目标的驱动下进行 2 倍项目的工作。作为总结，路易斯给出的建议可谓画龙点睛："走出去，大胆做梦，然后在第二天早晨回到办公室，孜孜不倦、一步一个脚印地实现目标。"

新的 5 年问题

当今，科技于诸多领域中产生了令人兴奋的变化，也使我们很容易就天马行空地做梦。在本书的结尾，我们建议商业领导者不断地对自己提问：5 年之后的情形可能是怎样的？我们经常对自己和身边的人提出这个问题，主要的原因是这个问题的答案会经常发生变化。这强迫我们意识到当下发生的改变，然后想象如果这股改变潮流在未来持续下去或加速发展，将会带来怎样的结果。

那么，当今又出现了什么变化？最近一个让我们瞠目结舌的现象，便是机器学习领域的快速发展。众所周知，计算机是一种非常擅长做计算的机器，但是，在解决人类每天都会遇到的复杂感情问题（比如"我们该去哪里吃晚饭"），以及相对简单的问题（比如"那是什么品种的狗"）时，计算机却要逊色很多。这也就是机器学习派上用场的地方。所谓机器学习，就是指机器具有学习的能力，而且能在学习的过程中变得越来越聪明。人类不必在计算机中编入初始答案（或者编入可以计算出答案的公式），计算机能够根据自己在计算过程中积累的数据得出答案。

机器学习的概念从 1955 年左右就一直存在，当时，在达特茅斯大学教书的计算机科学家约翰·麦卡锡[1] 提出了一个暑假研究项目，想要一探计算机有没有可能发展出他所称的"人工智能"。事实证明，这个问题要比刚开始设想的更复杂一些，但到了 20 世纪 80 年代计算机科学家开始研

---

[1] 麦卡锡也曾经在麻省理工学院任教，并于 1962 年来到斯坦福大学担任计算机科学教授，一直工作到 1994 年退休。除了创造出"人工智能"这个术语之外，他还协助研发了 Lisp 编程语言以及计算机分时操作系统的一个早期版本。麦卡锡于 2011年逝世。

发"深层神经网络"时，这个研究的进程得到了巨大的推动。这些网络是一层层的计算机算法，可以运用在一起来辨识数据中的规律，并从中学习经验。那时计算机的功能远不够强大，只能用最为基础的方法来实践理论，而现在的计算机已经具备了足够的功能。作为深层神经网络先驱之一的杰夫·辛顿于2013年来到谷歌，并立即加入了杰夫·迪安（本书企业文化一章中敢于提出"这些广告糟透了"的主人公之一）以及其他几位创意精英的团队，致力于机器学习平台的研发。他们将这支团队取名为"谷歌大脑"，而他们创造出的平台则衍生出了数项令人称奇的成果。

假设谷歌相册是你首选的照片应用程序（大家都该像这样厚着脸皮进行自我推广），你可以通过设定来自动为你所拍的照片进行备份，还能轻松上传家庭电脑中所有的图像。所有这些照片和视频都被安全保密地储存在谷歌云端，供你搜索、整理、编辑以及共享。在搜索方面，出现了一些非常有趣的变化。以前，搜索照片的方法很有限：你可以通过日期来进行搜索，就像你（或者你的父母）在鞋盒里搜索底片和照片一样。但是现在，你可以在谷歌相册中通过地点（"伦敦""旧金山"）、对象（"狗""汽车"）、人物（"妈妈""宝宝"），或者人们在照片中做的事情（"拥抱""舞蹈"）进行搜索。谷歌相册会自动将照片按照人物、地点以及事物归类。这种进步并非通过训练得来，而是谷歌相册通过一个几十层深的神经网络将所有信息学习起来的结果。这样一来，你就能从所有照片之中找到那张你和家人在日落时的毛伊岛海滩扔球的照片了。

如今，上百项谷歌服务都在通过机器学习变得更加智能。机器学习帮助我们在许多领域取得了长足的进步，比如语音识别（与我们第一次开展这个功能时相比，取得了令人惊叹的25%的进步）、语言翻译、图像搜索、运行数据中心（在散热上所用的能源减少了差不多40%）、使用谷歌地图在交通堵塞时找路、侦测谷歌邮箱的垃圾邮件，以及其他几项功能。

这些进步让我们大受鼓舞，我们决定，将这项技术对外共享。因此在 2015 年 11 月，我们发布了机器学习平台的开源版本，现名为 TensorFlow。机器学习仍然处于初期阶段，像理解自然语言或叫出恐龙名称这种 4 岁的孩子能够轻松解决的问题，仍然能把计算机难住。我们希望，通过将这神奇的平台向大众开放，我们能够推动机器学习技术相关研究的进步，并将其益处拓展到各种类型的用途中去。

这些用途会是什么呢？随着机器学习的不断发展，接下来的 5 年里会发生些什么呢？发明出好用的方法来搜索照片，这诚然非常可圈可点，却不足以让人为之惊叹。但是，如果你放眼四周，就会很容易发现，使用笨体系解决复杂问题的例子比比皆是。在超大型城市中，交通堵塞让人谈虎色变，浪费了无数的时间和能源。我们能否通过更智能的交通流计量系统和更合理的城市规划减少这些浪费呢？语言的障碍为贸易、外交以及商务设下了障碍，我们能否先于《星际迷航》的实时宇宙语言翻译器 200 年、利用准确率达 99% 的实时翻译系统消除这些障碍呢？低效率的能源系统以及无法准确按需供电的电网浪费了大量能源，我们能否通过一个更为智能的电网以及能够相互对话的能源体系，将其中大部分节省下来呢？每年都有数以 10 万计的人因车祸死亡，我们能否通过自动与其他车辆进行沟通的无人驾驶汽车来减少这一悲剧呢？医生们每天都要对医疗状况进行诊断，而计算机成像系统以及大量数据的帮助，是否能让这些诊断变得更快、更准确呢？孩子的耳朵受了感染，还需要通过医生来告知我们吗？抑或，这种事是否靠智能手机就能搞定呢？

想象任何一个大量数据和亟待解决的复杂问题并存的情形。有了机器学习平台，计算机便能通过培训来解决这一问题。在本书的结尾，我们预测了下一位创意精英在车库、实验室或会议室为一项新的事业埋头苦干、努力将谷歌赶下潮流的情景。今天的我们意识到，这位创意精英的目的或许不在于此。没错，她的确在为有潜力成就伟业的事业辛苦耕耘，但其目标不是将谷歌赶下潮流，而是努力打造下一个谷歌，一家利用机器学习以及其他日渐发展的技术来解决巨大、复杂且棘手的人类难题的公司。这些难题涉及公共交通、医疗健康、基因组学、气候科学、网络安全甚至安排会议日程这样让人措手不及的"重任"，机遇可谓比比皆是。现在的你尚没有听过她的名字，但再过 10 年左右，她的公司大名将会家喻户晓，她的产品则无处不在、强大无比，让人们不禁感叹在这款产品出现之前我们是怎么活过来的。这听起来是不是有点耳熟？

谷歌是如何运营的

2003 年 7 月，埃里克·施密特已就任谷歌首席执行官两年。一天，他接到了迈克·莫里茨的一封电子邮件。迈克是谷歌董事兼投资人，也是红杉资本的合伙人。他在邮件中建议：

> 希望你能考虑在 8 月中旬的会议上留出三个小时的时间，让管理层向董事会提出谷歌与芬兰的竞争计划。（这个议题非常重要，我觉得我们不能拖到 9 月的会议了。大家都非常清楚，如果选择与芬兰竞争，一年的时间简直就像白驹过隙。）

对于不知情的读者而言，这封电邮或许会让人一头雾水。谷歌这家由几百名员工组成、位于加州山景城、起步刚刚 5 年的互联网公司，为何要与芬兰一争高下呢？芬兰拥有 500 万人口，距离美国 8 000 多千米，是个拥有和平友善声誉的国度。

收到这封有关芬兰的邮件时，埃里克刚刚对谷歌产生了归属感。在此之前，他曾经担任诺勒公司（Novell）的首席执行官，也在太阳计算机系统公司和贝尔实验室任过职。埃里克从小在弗吉尼亚州北部长大，在普林斯顿大学获得电气工程学学士学位后，又在加州大学伯克利分校取得了计算机科学的硕士和博士学位。因此，他经常与工程师和计算机科学家共事，自己也是其中的一员。尽管如此，与埃里克曾经任职的地方相比，谷歌仍算得上是一片截然不同的新天地。

第一天来到谷歌，埃里克就明显感到已经离开自己熟悉的一切了。以重量级首席执行官的标准来看，谷歌给他安排的办公室算是简朴的了，而且当他来到办公室时，发现里面竟然已经进驻了几位软件工程师。他没有把这些工程师从办公室里请出去，而是自己撤到了隔壁一间带一个窗户的房间——这里更像储藏间，而不像办公室。

几周过后，情况更糟了。一天早晨，埃里克通过走廊走进储藏间，不，应该是他的办公室，发现他的助手帕姆·肖尔一脸愁容。[1] 埃里克很快就找出了其中的原因：原来，他的办公室有了一位新室友。此人是搜索引擎工程师阿米特·帕特尔。他对埃里克解释说，他自己的办公室里现在共有 5 名办公人员，还有一位新人马上就要加入进来。他本来打算把一张办公桌一锯为二，好腾出些空间，可惜并没有如愿。和阿米特自己的办公空间相比，埃里克的办公室要显得宽敞许多，于是阿米特就搬了进来。（办公设备部门的负责人不同意帮阿米特把东西搬进埃里克的办公室，所以他自己动手搬了进来。）结果，阿米特和埃里克在一间办公室共处了几个月之久。很显然，当时的谷歌并不是一家办公室大小和职位成正比的公司。

虽然在办公室的安排上出人意料，但埃里克还是很顺利地融入了谷歌。随着时间的推移，他与拉里·佩奇以及谢尔盖·布林这两位创始人的关系日益密切起来，谷歌的广告平台 AdWords 也开始为公司带来可观的收入（2004 年，谷歌进行首次公开募股时，公司的财务报表让外界瞠目……惊喜）。虽然又过了三年，"谷歌"作为动词才被收入《牛津英语大词典》，但对于广大用户来说，谷歌搜索早已成为日常生活中重要的一部分。[2] 与此同时，谷歌公司也在茁壮成长，每月都要吸纳数十名新员工，其中包括 2002 年 2 月入职的产品负责人乔纳森·罗森伯格。和埃里克一样，乔纳森也是一位经济学教授的儿子。他曾先后在 Excite@Home 公司和苹果公司任职，他的加入不仅提升了谷歌产品管理团队的实力，也让埃里克又添一员猛将。

迈克在电子邮件中说得没错，谷歌真的面临着一位厉害的竞争对手。"芬兰"其实并不是指大西洋对岸的北欧朋友，而是谷歌内部为微软起的代号。[3] 当时的微软，堪称地球上最重要的高科技公司。[4] 埃里克明白，谷歌的一大部分流量都得益于使用微软 IE 浏览器的用户。他和每一个谷歌人一样，也将互联网看作未来的科技平台，认为搜索是互联网最为实用的应用之一。因此不出多久，我们那位于雷德蒙德（微软公司总部所在地）的朋友就会对谷歌的动向产生巨大兴趣。而初创公司的动向一旦吸引了微软的注意，好戏就该上演了。[5]

谷歌的成败决定于此，而到底该如何做，大家都是一头雾水。莫里茨的邮件便是在号召大家行动起来，他要求埃里克召集团队，做出明确的计划，为产品、销售、营销、财务以及企业发展等各部门布置切实可行的任务。大家探讨了有关谷歌经营的方方面面，甚至有人提出，应该对谷歌在新成立时的怪异结构做出改变，调整成为按业务部门进行划分的更加传统的企业结构，从而为企业创造新的收入源（收入源也是新计划中要解决的一个问题）。最重要的是，这次新制订的计划不仅需要成为谷歌历史上的一座里程碑，还必须是一张预计哪些产品应在何时推出的路线图。简而言之，莫里茨想要的就是一份全面的商业计划，这是任何一位明智理性的董事都会提出的要求。

莫里茨在这封电邮的末尾有些激动地说：

> 这个计划将是我们所有人此生有幸参与的最伟大的项目。那么，为何不挑 8 月中旬的某一个傍晚，来完成这一伟大计划呢？

这项计划的关键是产品，因此，埃里克把这项任务交给了乔纳森。"我希望在两周之后评估这份计划。"埃里克指示道。

然而，除了一家大型企业随时都会跟我们竞争之外，谷歌还面临着另一个挑战。莫里茨说得很对：要想与丛林中的巨型猩猩一争高下，我们必须做好计划。但他的话也可以说是错误的。想要知道这句话错在哪里，想要知道莫里茨为何在不经意间让我们处于进退维谷的境地，我们最好先来看看谷歌到底是一家什么样的公司。

"去和工程师谈谈"

1998 年，谢尔盖和拉里创建了谷歌公司，而当时，两人并没有接受过任何商业方面的正式培训，也没有任何相关经验。两个人并没有把这一点当作负担，反而觉得是一种优势。谷歌公司最初设立在斯坦福大学的学生寝室中，后搬到苏珊·沃西基在门洛帕克的车库，[6] 之后又先后移师帕洛阿尔托和山景城。其间，两位创始人一直秉承着几条基本原则，其中首要的，就是聚焦用户（focus on the user）。两人觉得，如果谷歌能提供优质服务，那么资金问题就能迎刃而解；如果两人一心专注于打造全球最棒的搜索引擎，那么成功就是迟早的事。[7]

谢尔盖和拉里创造出一款伟大的搜索引擎并提供其他优质服务的计划其实非常简单：尽可能多地聘请有才华的软件工程师，给他们自由发挥的空间。对于一家诞生于大学实验室的企业而言，这样的做法无可厚非，因为在学校环境中，人才是最为珍贵的资产。多数企业都声称"员工即一切"，但谢尔盖和拉里却在公司运营中践行了这句话。这种做法并非为企业拉大旗，也不是出于利他主义。之所以这样做，是因为他们觉得，要让谷歌茁壮发展并实现看似遥不可及的雄心壮志，只能吸引和依靠最为顶尖的工程师。而且，两人认定非工程师不招：埃里克曾想将名声赫赫的现任脸书首席运营官谢丽尔·桑德伯格纳入麾下，但因谢丽尔不是工程师而放弃（谢丽尔最终还是在谷歌工作了 6 年多）。随着谷歌的发展，两位创始人渐渐不再那么认死理了，但即便如此，他们也只是做出了一点点妥协。时至今日，我们的经验是，谷歌的员工（也就是谷歌人）中至少要有一半是工程师。

两位创始人对谷歌的管理方式也很简单。在斯坦福大学时，计算机科学实验室的教授不会规定论文和项目的内容，只是给予指导和建议；同样，谢尔盖和拉里也给予员工很大的发挥空间，通过沟通让大家齐心协力向同一个大方向前进。他们对互联网的重要性以及搜索的力量坚信不疑，并且与小范围工程师团队进行非正式的谈话，还会在每周五下午举办人人都可畅所欲言的"TGIF"（"Thank God, it's Friday"的缩写，意为"感谢上帝，今天是星期五"）大会，并在大会上与大家对话。

两位创始人在工作方式上不会多加干预。多年以来，谷歌管理公司资源的首选工具竟然只是一张电子表格，这张表格上列着谷歌最重要的 100 个项目，以供大家浏览并在半个季度一次的会议上讨论。这些半季度会议用来进行公司近况沟通、资源分配和头脑风暴。这个系统并不非常科学：多数项目按照优先顺序从 1 到 5 排列，但也有一部分项目被归为"新 / 最新"和"臭鼬工厂"（skunkworks）两类。（现在，我们已经记不清二者之间的准确差异，但当时区别很清楚……）无论在理念上还是在需求上，我们都不必做更长远的计划，如果有更重要的想法出现，工程师们会整理出思路，并对表格做出调整。

谷歌的管理团队不断扩大，而我们对工程师的重视却丝毫未减。两位创始人之所以聘请埃里克，与其说是看中了他的商业头脑，不如说是看中了他的技术背景（埃里克是 Unix 系统专家，还是 Java 语言的创造者之一），以及他在贝尔实验室作为"电脑极客"的名号。两人雇用乔纳森，并不是因为他的经济学以及 MBA 学历，而是因为他在苹果公司和 Excite@Home 的工作经验让大家看到，他不仅热情支持产品研发，自己也是一位创新者。对埃里克和乔纳森来说，商业人士的身份虽然不能看成缺点，但也绝非优势，至少谢尔盖和拉里是这样认为的。

乔纳森刚加入谷歌不久，就目睹了两位创始人对传统商业模式的厌恶。作为一名资深的产品管理高管，他对产品研发中所设的"过关制"（"gate-based" approach）并不陌生。多数企业都在用这种方式：设立明晰的阶段和步骤，并安排公司自下而上的各级管理者进行层层评估。这种方法的初衷是节约资源，将广泛散布的信息汇集到一小撮决策者那里。乔纳森本以为自己的使命就是将这种制度带入谷歌，他非常自信传播这一制度的使者非他莫属。

几个月之后，乔纳森给拉里提交了一份产品计划，将"过关制"研发方式展示得淋漓尽致。计划中包含了步骤、审核、优先次序，还有两年内推出的产品种类及上市日期。这份计划是教科书思维模式的杰作，乔纳森应该赢得一阵热烈的掌声和校长在背上鼓励的一拍。可惜，现实并非如此，因为拉里讨厌这种方式："你见过哪个团队的表现能超越既定目标？"呃，没有。"你的团队研发过比计划中更出色的产品吗？"也没有。"如果是这样，计划还有什么意义？计划只是在拖我们的后腿罢了。一定有比计划更有效的方式，去和工程师谈谈吧。"

听了拉里的话，乔纳森豁然意识到，原来他所说的"工程师"并非通常意义上所指的工程师。没错，拉里所说的工程师都是杰出的程序员和系统设计师，但除了技术方面的资深经验之外，很多人还具备敏锐的商业头脑，在创意上也是才思泉涌。从大学校园出来的谢尔盖和拉里给了工程师非同寻常的自由和权力。传统的计划管理方式对这些工程师并不适用，这些条条框框虽然能够提供一定的指导，但同时也设下了羁绊。"为什么要束缚大家的手脚呢？"拉里告诉乔纳森，"这样做太蠢了。"

因此，当迈克·莫里茨和董事会要求我们制订一份传统的 MBA 式商业计划时，我们可不愿意"做蠢事"。我们知道，对谷歌来说，一份正式而死板的计划就像往身体里移植一个与身体相排斥的器官。从许多层面来说，事实也的确如此。作为资深的商业管理者，在加入谷歌之时，我们以为自己只是在一个混乱的公司里实施"成人监管"。但是到 2003 年夏天，我们在谷歌的感受让我们意识到，这家公司的运营方式与多数公司不同：员工得到充分授权，公司所处的新兴行业日新月异。对所处行业的了解告诉我们，要抵御微软的侵袭，我们就要一以贯之地保持产品的高质量。而我们同时也明白，要在产品品质上追求卓越，最佳的途径并非靠商业计划，而是要尽可能物色最顶尖的工程师，给他们空间让他们尽情发挥。我们清楚，谷歌的创始人虽然本能地知道如何引领时代，但他们也承认，自己并不知道该如何打造一家规模大到足够让他们实现自己雄心壮志的公司。两个人在管理计算机科学家方面都是好手，但要创建一家卓越的企业，我们需要的，不仅仅是计算机科学家。

我们也明白，有关如何创建这种新型企业的指导尚不存在，如果想从迈克·莫里茨习惯的那种传统商业计划书中寻找出路，简直是痴人说梦。

因此，在关于谷歌前途的关键时刻，我们一筹莫展。我们可以按照莫里茨的想法制订一份传统的商业计划书，这样可以讨董事会的欢心，但这会挫伤和扼杀员工的士气和灵感，也会让谷歌急需延揽的精英对我们望而却步。另外，在战略上，这种做法还会导致公司无法适应所处的新兴行业。最重要的是，两位创始人一定会让这份商业计划书胎死腹中。

芬兰计划

我们最终呈递给董事会的计划与传统的商业计划书颇有几分相似，足以让董事会成员带着"太棒了！我们的商业计划出炉了"的心情满意而归。现在回头来看，当时那份文件其实露出了很多马脚。这份计划全都是在讲谷歌应如何专注于用户，如何提供卓越的平台和优秀的产品。计划中阐明，谷歌应一如既往地提供并升级优质服务，同时还应让用户轻松享受到这些服务。其中倡导，谷歌应该立足于用户，随着用户的增加，谷歌自然能吸引更多广告客户。计划中有几点策略谈到了谷歌应如何应对竞争对手对我们造成的威胁，但我们认为，对抗微软最好的方法，还是要靠杰出的产品。

事实证明，这些做法完全正确。

微软的确对我们展开了猛烈的进攻。据报道，为了将谷歌从互联网搜索和广告业务主力的宝座上挤下来，微软不惜投入近 110 亿美元巨资。[8] 它的 MSN Search、Windows Live、Bing 等项目，以及收购的网络广告公司 aQuantive 之所以没有突出的优势，并不是因为微软执行不到位，而是因为谷歌准备得太充分。为了让搜索体验更佳，我们不敢有半点松懈。我们增加了图片、图书、YouTube、购物数据以及所有能找到的信息。除此之外，我们还推出了 Gmail 邮箱和 Docs 等应用程序，所有程序都可在线使用。谷歌基础设施的更新一日千里，这样，我们才有条件迅速为成指数增长的线上信息提供索引。[9] 我们提高搜索速度，开发更多语言，优化界面以方便用户使用。我们为引擎添加了谷歌地图，优化了地域搜索功能。我们与合作伙伴共同策划，确保谷歌的服务便于用户使用。甚至连浏览器等由微软称霸的领域，我们也勇于拓展：谷歌浏览器（Google Chrome）从问世的第一天起，就一直在速度和安全系数上占据着首位。这一切背后的资金支撑，是我们高效且高回报的广告系统。

"微软必定会对我们发起一波接一波的挑战。"埃里克常常警告自己的团队。果不其然，时至今日，情况依然如此。不过，当年莫里茨要求我们制订的商业计划的威力超出了我们的想象。现在的谷歌，已然成长为一家拥有 500 亿美元资产、超过 4.5 万名员工、在 40 多个国家和地区都设有分部的公司。我们从互联网搜索和搜索广告做起，渐渐将业务范围拓展到视频等数字营销领域，完成了个人计算机时代向移动时代的过渡，推出了成功的硬件设备，不断以新项目和新构想推动着科技最前沿的发展，比如，让人人都能连接互联网，以及研发无人驾驶汽车。

然而，谷歌成功背后最大的原因之一，是我们在 2003 年那一天呈交给董事会的那份计划根本不能算是真正意义上的计划。那份计划完全没有涉及财务估测，也没有有关收益来源的讨论；没有用户、广告商以及合作伙伴要求的市场调研，也没有明确的市场细分；没有提及市场调研的概念，也没有讨论谷歌应首先吸引哪些广告商；没有谈到渠道战略，也没有探讨谷歌广告产品的销售方法；根本找不到组织结构图的影子，因而也就没有诸如销售、产品、工程人员应各司何职的规定；没有给出规定何时研发何种项目的路线图，没有预算，也没有可供企业管理者监控工作进程的目标和步骤。

除此之外，计划没有提供创建公司的具体策略。谢尔盖和拉里曾说过，遇到问题时莫忘"去和工程师谈谈"。那么，我们如何才能秉承他们的理念，同时创建一家足以对抗世界上最强高科技帝国的公司，实现我们改变全球几十亿人生活方式的宏大理想呢？我们之所以没有在计划中加入这些内容，原因很简单：具体的方法，我们自己也不知道。有关管理策略，当时我们唯一确定的就是：我们在 20 世纪所学的东西有一大部分都是错误的，现在到了颠覆过去、重新开始的时候了。

当神奇不再是神奇

如今，人们的工作和生活进入了一个崭新的时代。在这个互联网时代中，商业大环境被科技搅得天翻地覆，变化不断加快。这一切为所有商业领导者带来了前所未有的挑战，要想更好地理解这些挑战，我们最好简单地回顾一下过去，看看过去发生了哪些惊人的剧变。

三股强大的科技狂潮汇集在一起，让多数行业的大环境发生了乾坤挪移。第一，互联网让信息免费、源源不断、无处不在，也就是说，几乎所有信息都可以在网络上找到。第二，移动设备和网络让全球范围内的资讯共享及持续通信成为可能。第三，云计算[10]让人人都能以低廉的价格现付现购地使用强大的计算功能、无限的内存空间、精密的工具和各种应用程序。时至今日，全球仍有很大一部分人口无法享受这些科技的泽惠，但是，这一切将发生改变，剩下的 50 亿人口上网的那一天已是指日可待。

从消费者的视角来看，这三股科技狂潮的汇合，已然将不可能变为可能。想要乘坐飞机旅行？在出发当天，你的手机就会提醒你离家去机场的时间、航班出发的具体航站楼和登机口，还会告知你在到达目的地时是否需要雨伞。想要什么信息吗？只需敲入或语音输入一两个词，你要的答案便会从全球的茫茫信息之海中被筛选出来，立即跃然你的眼前。想听喜欢的歌曲吗？拿起手机、点下按钮、找到歌曲、交钱购买，然后就可以在全球任意地点任意设备上收听了。想要知道该如何到达目的地吗？你的手机（眼镜和手表也行）可以切实给你答案，还能告诉你沿途的交通状况。想去外国旅行吗？对着你的手机（或是眼镜、手表）讲话，你的话就会以语音或文字形式被翻译成地球上的任意一种语言；或者，你也可以把你的手机等设备对着某个交通标志，然后让它直接用母语读出来就行了。你是艺术粉吗？以虚拟方式在世界上众多伟大的博物馆中周游一圈，你对这些艺术品的了解就能令其他人（除艺术家本人之外）可望而不可即。想知道你为今晚的约会选定的餐厅环境是否合意、停车是否方便吗？科技的力量会带你身临其境般地从餐厅前门穿过，到店里逛一圈，14 号桌看起来不错哟！

20 世纪 70 年代末 80 年代初，我们还是大学生的时候，每周会固定给家里打一通电话，打电话的时间每次都雷打不动地安排在周日下午 5 点之前，因为 5 点之后，电话费就会上调。两年前，乔纳森的儿子在澳大利亚学习，他偶尔会使用宿舍书桌上的手提电脑，通过视频聊天系统 Google Hangout 与加州的家人"共进"晚餐，不花一分钱。

时至今日，这些神奇的事情早已变得稀松平常，这才是最神奇的地方。以前，功能最强大的电脑和最先进的电器只在办公室中使用，一下班，我们又无奈地回到了座机电话和纸质地图的世界，只得听着电台主播播放的歌曲，看着两个壮汉才能搬动的有线电视或带天线的电视。多年以来，日常生活的这些方面一直停滞不前。而今，曾经惊爆眼球的创新神话已经变得平常无奇。

速度定成败

科技进步给消费者带来了不可小觑的影响，科技对商业的影响更是翻天覆地。用经济术语来说，如果某行业产品主要要素的成本曲线下降，那么该行业必将会出现剧变。[11] 而今，信息、连接以及计算能力这三大生产要素都变得便宜了，那么与这些要素相关的成本曲线都难逃影响。这样一来，破坏性剧变就不可避免了。当时许多企业（也就是互联网时代之前的企业）创建时是为了解决稀缺性：信息稀缺、配送资源稀缺、市场覆盖面不足、选择有限和货品匮乏。而今，这些资源都变得丰沛起来，降低甚至消除了行业进入的门槛，各行业的转变时机已经成熟。[12] 最先出现转变的，是媒体行业。现在所有的媒体信息都可以转为电子数据，免费在世界各地传播。实际上，每个行业和领域或多或少都要依靠信息的推动，媒体、市场营销、零售、医疗、政府、教育、理财、交通、国防、能源等都是如此。能够在信息时代岿然不动的行业，我们还真是一个也想不出来。

这种剧变的结果是，提供出类拔萃的产品是企业成功的关键，产品甚至比掌控信息、垄断渠道和强力营销更重要（当然，这些因素仍然很重要）。这有几个原因：第一，消费者从未像现在一样拥有这么多信息和选择。[13] 以前，企业只要凭借强大的市场攻势或分销手段，就可以将劣质产品摇身变成畅销品。你只需生产出一款说得过去的产品，砸下大笔经费扼住营销渠道、限制消费者的选择，就可以坐等收成了。你在 Bennigan's 餐馆或 Steak and Ale 餐馆吃过饭吗？ 20 世纪 80 年代，这两家餐馆风头正劲，在全美范围内有数百家连锁店面，食物和服务的质量也都无可挑剔。

今天已时过境迁，城市和郊区内的本地餐馆和连锁餐馆比比皆是，足以适应消费者的众多口味需求。除此之外，专业美食家和普通"吃货"们都会在 Yelp 和 Chowhound 等网站上发表点评，让食客们可以接触到有关餐馆质量的大量信息。消费者有了如此丰富的信息和选择，那些质量低劣的餐馆（无论是否连锁）就算拥有大笔营销经费也越来越难以站住脚跟了，而那些后起之秀却越来越容易凭借消费者的口口相传打出一片天地。[14] 汽车、旅馆、玩具、服装以及消费者可以在网上搜索的任何产品或服务都是如此。数字货架空间几乎用之不竭（YouTube 网站上足足有 100 多万个频道，亚马逊网站上仅商业领导力方面的书籍就达到了 5 万多种），这就为消费者提供了巨大的选择空间。除此之外，消费者还可以轻松对产品发表评论。因此，如果你的产品或服务欠佳，那你就处境危险了。

进入互联网时代之后，我们对以上现象有过数次亲身体验。乔纳森在 Excite@Home 任职时，曾想与谷歌在搜索业务上建立合作关系。但公司的首席执行官却另有打算，他告诉乔纳森："谷歌的搜索引擎是比我们的好，不过我们在营销上把它挤垮就行了。"现在，Excite@Home 这家公司已经不复存在。看来，那位首席执行官的计划进行得并不顺利。（但是其公司名中的"@"却成了家喻户晓的符号，这也算是不幸中的万幸吧！）其实，Excite@Home 管理层的理念并不稀奇，许多管理者都认为，品牌和营销的力量可以帮那些不尽如人意的产品站稳脚跟。听说过谷歌的 Notebook 吗？听说过 Knol、iGoogle、Wave、Buzz、PigeonRank 吗？[15] 这些都是谷歌的产品，虽然各有特点，但没有一款能够深入人心。究其原因，就是这些产品都不够优秀，死得其所。如果产品乏善可陈，其劣势是市场营销和公关营造的品牌力量完全不足以反转的。正如亚马逊创始人兼首席执行官杰夫·贝佐斯曾经说过的："以前，人们会花 30% 的时间打造优质服务，70% 的时间大张旗鼓地宣传。但现在，情况正好相反。"[16]

产品的卓越性能之所以至关重要，第二个原因是实验和失败的成本显著下降。这种现象在高科技行业尤为显著：几个工程师、研发者和设计者组成一支小团队，合力创造出新颖的科技产品，然后就可以通过网络免费在全球发行。构想并打造新产品、选定一个顾客群试用、判断产品的优点及缺陷、对产品进行调整、再次试用，不然就从失败中总结经验，放弃失败的产品、重新再来，以便提升用户体验。

制造产品的实验成本也下降了。现在可以设定数字模型，进行 3D 打印，然后在线做市场测试，并根据所得数据来调整产品设计，甚至靠产品样本或视频就能募得生产资金。谷歌有一支叫作 Google X 的团队，专门负责谷歌一些最有雄心的产品的研发。他们只用了 90 分钟就研发出谷歌眼镜的最初模型。这款眼镜是一款可穿戴的移动计算机，重量与一副太阳镜无异。虽然初版的模型尚显粗糙，但产品背后"耳听为虚，眼见为实"的意图却足以打动人心。

产品研发的过程变得越发灵活快速，这些品质越来越好的产品并非"站在巨人的肩膀上"，而是得益于反复的调整和修改。由此可知，要想持续保持产品的成功及品质的卓越，秘诀就是快速。

不过，就如乔纳森那个不成功的"过关制"产品研发框架一样，多数企业现行管理模式的设计都跟时代的变化趋势完全不同。这些管理模式诞生于 100 多年之前，当时，失误所造成的成本损失很高，且只有企业最高管理者才能掌握全面的信息。这些管理者的首要目标就是降低成本，确保只有掌握大量信息的少数总裁级人物才有权制定决策。在这种传统的"指挥—控制"式企业结构中，信息自下而上流动，而决策则由上而下传达。这种方法旨在放慢速度，也的确有效地减缓了速度。也就是说，当企业必须一直加速时，这种结构就会失灵，阻碍企业发展。

创意精英

令人欣慰的是，令产业格局天翻地覆的丰饶经济学也席卷职场，现今的职场与 20 世纪相比有天渊之别。如上文所说，实验成本越来越低，失误所造成的损失（在处理得当的前提下）比以前大幅下降。除此之外，曾经稀缺的信息资源和计算资源现在非常丰沛，不必囤积。另外，无论你与同事同在一间办公室、一个大陆，还是身处地球的两端，彼此间的合作都变得畅通无阻。有了这些条件，你就可以将独立的人员、管理者甚至总裁凝聚在一起，干一份不可思议的大事业了。

简单来说，这些以信息为基础进行工作的人是靠头脑吃饭的，在现今社会，这些人被称为"知识工作者"。1959 年，管理大师彼得·德鲁克在《已经发生的未来》一书中，第一次使用了"知识工作者"一词。[17] 德鲁克在此后的著作中多次讨论提高知识工作者工作效率的方法，自 20 世纪 60 年代开始，这个称号的使用愈加频繁。一般来说，最有价值的知识工作者都是秉着"专攻术业"的精神在刻板的企业环境中出人头地的。（"你说莫尔迪吗？他是我们公司负责制表的。维姬吗？仓库事宜找她就行。彼得？我们篮球队的经费归他管。"）这些人不寻求灵活变通，而是靠着墨守成规在企业中如鱼得水。IBM（国际商业机器公司）、通用电气、通用汽车以及强生等大企业都会为拥有管理潜能的顶尖人才铺设职业轨道，让这些管理之星每隔两年左右就可以调换一次岗位。但是这种方法注重的是管理技能的培养，而忽视了技术方面的能力。这就造成在传统企业中，多数知识工作者要么是技术达人、管理白痴，要么就是管理专家、技术菜鸟。

如果我们把传统知识工作者与谷歌十几年来招徕的工程师等人才放在一起对比，就会发现谷歌的人才是一个截然不同的员工群体。这些人并不拘泥于特定的任务，也不受公司信息和计算能力的约束。他们不惧怕冒险，即便在冒险中失败，也不会受到惩罚或牵制。他们不被职位头衔或企业的组织结构羁绊住手脚，甚至还有人鼓励他们将自己的构想付诸实现。如果出现不同意见，他们不会选择缄口不言。他们很容易失去耐心，经常变换职位。他们具有多领域的能力，经常会将前沿技术、商业头脑以及奇思妙想结合在一起。换句话说，至少从传统意义上来说，这些人已经不能算是知识工作者了。这是一个新的物种，我们称之为"创意精英"，他们，便是互联网时代取得成功的关键所在。

当今，提高产品研发速度及产品质量已然成为企业最为注重的目标。自从产业革命之后，企业运营流程一直偏重于降低风险、规避失误。这样的流程，加之衍生出这种流程的整个管理模式，形成了一种压制创意精英的大环境。但是，决定当今企业成败的因素，就是要看企业能否持续推出高质量的产品。要想实现这个目标，企业就必须吸引创意精英的加盟，并创造出让他们自由发挥的整体环境。

那么，到底哪种人才能算得上是创意精英呢？

所谓创意精英，不仅拥有过硬的专业知识，懂得如何使用专业工具，还需具备充足的实践经验。以谷歌所在的行业为例，我们的创意精英大多是计算机科学家，或至少应该懂得计算机屏幕展现的魔法背后所遵循的系统结构及原则。在其他行业中，创意精英可以是医生、设计师、科学家、电影制作者、工程师、厨师或是数学家。他们是专业上的行家里手，不仅能设计概念，还会建造模型。

创意精英有分析头脑。他们对数据运用自如，可以利用数据做出决策，同时也懂得数据的误导性，因此不会沉迷其中。他们认为，数据对做判断大有帮助，但绝不会被数据牵着鼻子走。

创意精英有商业头脑。他们知道专业技术、优质产品与商业成功是环环相扣的，也对这三个要素的价值了然于胸。

创意精英有竞争头脑。在工作中，他们的撒手锏源自创新，但也离不开实干的积累。他们追求卓越、干劲十足，即使在工作之余也不停止前进的脚步。

创意精英拥有用户头脑。无论身处哪个行业，几乎没有人能比他们更懂得用户或消费者对产品的看法。我们把创意精英叫作"超级用户"，因为他们对自己的兴趣并非浅尝辄止，而是近乎痴迷。我们所说的创意精英，可以是牺牲周末时间改装 1969 年款 GTO 跑车的汽车设计师，也可以是不厌其烦地修改房子设计图纸的建筑师。他们充当自己的焦点小组和实验对象，身先士卒地试用产品。

创意精英是新颖原创构想的源泉。他们用不同于你我的崭新视角看问题，有的时候，他们甚至还能跳出自己的视角，因为他们懂得如何在必要时充当变换视角的"变色龙"。

创意精英充满好奇心。他们总是在提问，绝不满足于守常不变。他们善于从各处发现问题，自信解决问题的人非自己莫属。有的时候，他们难免表现得盛气凌人。

创意精英喜爱冒险。他们不惧怕失败，这要么是因为他们觉得自己总能从失败中挖掘出宝贵的财富，要么就是因为他们自信即便失败也能重整旗鼓、下次再战。

创意精英自动自发。他们不会坐等别人为他们指出方向，对于有悖于他们自己信念的指示，他们会选择充耳不闻。他们注重自己的理念，也会依据自己的理念主动行动。

创意精英心态开放。他们可以自由地与他人合作，在评判构思和结论时，他们看重的是优点和价值，而非出处。假如他们对刺绣有兴趣，就会缝制一只枕头，上面绣着："如果我给你 1 便士，那么你就多了 1 便士，我就少了 1 便士。但如果我给你一个构想，你就收获了一个新构想，而我依然拥有我的构想。"完工之后，他们还会想办法让枕头在房间里飞来飞去、喷射激光。

创意精英一丝不苟。他们对细节掌握精确、如数家珍。这不是死记硬背的功劳，而是因为他们对这些知识熟谙于心，俨然将知识融进了心中。

创意精英善于沟通。他们风趣幽默，无论面对的是一个人还是一群人，他们都气场十足，魅力四射。

并非每个创意精英都能同时具备以上所有的特质，实际上，同时具备上述所有优点的人凤毛麟角。但是，所有的创意精英都必须具备商业头脑、专业知识、创造力以及实践经验，这些都是基本特质。

关于创意精英，最令人欣慰的就是这种人才无处不在。在与我们共事过的创意精英中，因显赫名校的计算机科学学位而自傲的人的确不少，但这些人只占少数。实际上，每个城市、每所高校、每个班级、每个人种以及多数企业、非营利组织和政府部门中都有创意精英的身影。无论年龄大小，只要是那些有抱负并乐于（也有能力）利用科技去挑战更多可能的人，都是创意精英。这些人的共同特点是认真努力、乐于挑战现状、敢于从不同的角度切入问题。正因如此，他们才有如此强大的影响力。

也是出于同样的原因，创意精英是一个极其难以管理的群体，在老旧的管理体制中尤其如此，因为无论你付出多少努力，都无法指挥这些人的想法。如果你无法管理创意精英的想法，就必须学会管理他们进行思考的环境，让他们乐于置身其中。

谷歌的管理之道

现在，再回过头来说我们在谷歌的经历。2003 年向董事会提交商业计划书的时候，我们两个人明白，摆在我们面前的，是众多商业领导者都需要面对的任务：重设管理原则，创造并维持一种新的工作环境，在这家飞速发展的企业中为我们卓越的创意精英们提供茁壮成长的沃土。虽然谷歌当初邀我们加入的目的是让我们提供所谓的"成人监督"，但为了完成任务，我们俩不得不将有关管理的既有知识全盘推翻，将谷歌总部与我们朝夕相处的各位同人当作自己最好的老师。

从此以后，我们在学习上坚持不辍，像所有模范学生一样，我们俩还专门做了笔记。只要在管理会议或产品评鉴会上听到有趣的东西，我们就会随手记下。埃里克会定期为谷歌员工写一些备忘录，提醒大家公司亟待解决的事项，乔纳森会从中选取精华记录下来，以备后用；乔纳森给产品研发团队寄发电子邮件，或称颂褒奖或批评提醒，埃里克则在邮件中添加自己的意见并做分析。长此以往，我们俩渐渐总结出了适用于这种新环境的管理模式。

几年之前，谷歌全球销售和业务运营主管尼科什·阿罗拉邀请乔纳森为来自世界各地的谷歌销售主管做一次演讲。尼科什自己就是一位典型的创意精英，他在印度理工学院获得电气工程学学位后，于2004年加入谷歌。虽然他在此前并没有领导如此规模的销售组织的丰富经验，但还是担起了欧洲区的销售重任。2009年，他来到加州，领导全球业务团队。尼科什才华出众，因此乔纳森明白，这次演讲的要求非常高。谷歌已经走过了第一个10年，正在疯长。乔纳森与埃里克从谷歌的管理工作中积累了不少经验，尼科什希望乔纳森能够将这些智慧传递给谷歌的下一代领导者。这是一个绝好的机会，正好可以让我们这两位"学生"把这些年向"老师"请教的学习笔记整理归纳一番。

这次演讲得到了非常积极的反响，因此我们顺势把演讲转化成了一场管理研讨会，与谷歌的董事和领导者会面，反思我们的企业原则，交换对创意精英的管理经验。最后，像每一位拥有雄心壮志的伟大管理者一样，埃里克也提出了一个构想，他在邮件中这样写道：

谷歌取得的成绩让我惊叹。因此，我提议我和乔纳森一同写一本有关管理的书。

不必说，我们已经一致同意：这本书的撰写工作全部由乔纳森完成，而我只需坐享所有的荣誉。哈哈，开个玩笑。

不管怎样，我觉得这对于我们两个人来说，会是一个很有趣的项目。

乔纳森，你意下如何呢？

德高望重的思科公司首席执行官约翰·钱伯斯曾说过，在20世纪90年代初期，他经常与惠普公司首席执行官卢·普拉特会面，探讨战略和管理问题。有一次，钱伯斯不无赞叹地问普拉特为什么要花如此多宝贵的时间帮助另一家公司的一位年轻高管。普拉特先生回答道："这就是硅谷。我们就是来帮你的。"这件事让埃里克深受启发。

同样，苹果公司已逝的创始人兼首席执行官史蒂夫·乔布斯也秉承着同样的理念。生前，他常常为他的邻居拉里·佩奇出谋划策，他的表述更加生动。硅谷历史学家莱斯莉·柏林是我们的朋友，她在为英特尔公司创始人鲍勃·诺伊斯的传记收集资料时曾经访问过史蒂夫，问他为什么在他职业生涯起步阶段诺伊斯给了他那么多帮助。史蒂夫回答说："这就好像叔本华对魔术师的评价一样。"他一边说，一边拿出一本由19世纪德国哲学家亚瑟·叔本华所著的论文集，从中挑出一篇给莱斯莉朗读起来。这篇论文的名字很响亮，叫作《论生存的痛苦与虚无》："谁要是历经了两至三代的人事都会萌生类似这样一个观众的心情：这个观众已经看完了集市戏台上演的所有魔术杂耍；如果他一直坐在观众席上，他会看到同样的表演连续重复进行；因为这些表演项目只是为表演一场而设，所以，在了解了内容、不再感到新奇以后，这些重复的表演对他再也无法造成新的印象了。"[18]（我们觉得，能在访谈中信手拈来叔本华的文章加以引用，这不正是文中所说的一种"魔法"吗？）

我们两位作者都是以资深企业高管的身份加入谷歌的，对自己的才智与能力充满自信。但是经过十载的打磨，我们终于参透了篮球教练约翰·伍登"学习知识，只有融会贯通，才算真正学到手"这句话的含义。[19]我们帮助谷歌创始人和同人们打造了一家令人称奇的企业，收获了第一手的经验。可以说，我们坐在第一排，目睹了"魔术师"的魔法。这颠覆了我们对管理的理解。现在，世界各地不同行业大大小小的企业和组织涌入硅谷，希望吸收让硅谷大放异彩的灵感与活力。人们渴望改变，而这本书就是为改变而写的：秉承着硅谷前辈的精神，我们希望将"魔术师的秘密"转化为人人皆可利用的经验，与大家分享。

本书的框架旨在反映一个成功企业、新兴企业或新创企业的发展阶段，这个过程构成一个自我永续的良性循环，就像从山上滚下来的雪球，体积越来越大，势能越来越猛。我们会分步骤介绍吸引和激励创意精英的方式，每一步骤都会推动企业向前迈进。这些步骤互为基础、相辅相成，每一个步骤都永远向前，永不衰竭。

在书的开头，我们会谈到如何吸引最顶尖的创意精英。我们首先从企业文化谈起，因为企业文化与企业的成败息息相关，如果连你自己不都信服自己的企业口号，那么你的企业又能走多远呢？此后，我们会谈及战略，因为最吸引创意精英的，莫过于那些有着强大战略基础的构想。创意精英明白，商业计划远远没有支撑计划的支柱重要。之后，会谈到人才招聘，这是领导者最为重要的一项职责。延揽足够的俊才，让他们碰撞融合，必能激发出创意与成果。

团队招募完毕，企业开始成长，就到了制定艰难决策的时候。这时，我们会谈到如何才能达成共识。接下来的一章中，我们会谈到沟通，随着企业的发展，沟通会变得越发重要（也越发困难）。之后，我们会转到创新上。要想取得长久的成功，保持产品的高质量是不二法门。而要想在产品质量上获胜，打造让人受到创意熏陶的环境是关键。在书的结尾，我们谈了对当今主流企业的一些看法，并探讨了如何才能敢于想象不可想之事。

待建的金字塔

这些经验得来不易，其中许多经验都是我们两位作者在冗长的会议、激烈的辩论以及惨痛的失误中学来的。同时，能在互联网风靡全球之际有幸加入一家由杰出的创始人领航的企业，我们深感三生有幸。

在这个新兴行业中，科技至高无上，员工被充分授权，面貌焕然一新。我们两人对这个行业绝非无所不知，但可以说有深入了解。我们认为我俩的这些认识或许可以为各种组织的领导者提供一些灵感，无论是大企业还是新创公司，无论是非营利组织、非政府组织还是政府组织。我们最大的心愿，是通过本书带给你一次愉快的阅读体验，同时给你提供创新所需的灵感和工具。

我们所说的"你"，指的就是创业者。"你"就是你。或许，你不认为自己是个创业者，但实际上，你就是。你心中有一个你确信将改变一切的构想，这个构想或许是一个模型，或许已经演变成了一款产品的雏形。你聪明、野心勃勃，在会议室、车库、办公室、咖啡厅、公寓或宿舍中，你或者与一小撮同人埋头苦干，或者孤军奋战。即便是在学习、上班或是陪伴伴侣或孩子的时候，你依然会走神，去考虑你的宏大构想。你的创新事业就要启动，而我们，希望能助你前进。

我们所说的"事业"，并非仅仅指硅谷随处可见的高科技新兴企业。

当今，员工希望从企业中获得的满足感与以前不可同日而语，但这种需求却往往得不到满足。本书提供了一个绝佳机会，书中谈及的原则和方法适用于任何想要创业或创新的人，无论你是白手起家还是想在一家既有企业中实现突破。书中内容并不局限于初创企业，也绝不囿于高科技企业。实际上，如果经验丰富的领导者能够充分利用运营中的组织的一切资源，便会促使组织爆发出远大于初创企业的影响力。因此，即使你不像 IT（信息技术）精英那样穿连帽衫，也没有风险投资家给你开出的 7 位数支票，你也有望成为下一个弄潮儿。你只要知道，你所处的行业的变革一日千里，你不仅要具备投身于这场变革的冒险精神，还要乐于且有能力吸引最顶尖的创意精英，领导他们助你完成伟业。

说的是你吗？准备好了吗？就如彼得·德鲁克所说，几千年前设计和建造金字塔的埃及人，堪称世界上最伟大的管理者。[20] 互联网时代到处都是尚未起建的金字塔。还等什么呢？开始动手吧！

只是这一次，我们不用奴隶。

第一章

文化：相信自己的口号

20 02 年 5 月一个周五的下午，拉里·佩奇在谷歌网站上闲逛。他键入搜索词条，想看看会搜出什么样的页面和广告，而得到的结果让他非常不满意。他键入一个搜索请求，虽然谷歌弹出许多相关的自然搜索结果，但有的广告却与搜索词条完全不沾边。[21] 如果你搜索的词条是"川崎 H1B"，搜索结果中会包括许多律师帮助移民申请 H-1B 美国签证的广告，但没有一条是有关搜索词条所指的川崎老款摩托的。如果你键入的词条是"法国洞穴绘画"，那么你会搜出标题为"在某某处购买法国洞穴绘画"的广告，广告中出现的网上零售商一眼就能看出不是拥有法国洞穴绘画的主儿（甚至连复制品都不会有）。谷歌的关键词广告搜索引擎本应按照搜索词条筛选出最搭配的广告，谁知却偶尔会为我们的用户搜出如此无用的信息，这让拉里不寒而栗。

当时，埃里克仍觉得谷歌是一家普普通通的初创公司。但是，之后的 72 小时发生的事却完全颠覆了他的这种感觉。在一家普通的公司，如果首席执行官看到某款产品有问题，便会把负责人叫来问责，还会召开两三次会议，商讨可行的解决方案，然后决定应该采取的行动。大家会就解决方案的实施制订出一份计划，经过一系列的质量保证测试之后，再将方案付诸实施。在一家普通的公司，这个过程一般会花去几周的时间。然而，拉里并没有这么做。

拉里把自己不喜欢的搜索结果打印出来，把存在问题的广告特意做了标记，又将打印出的文件贴在台球桌旁厨房墙壁的公告板上。他在纸张上端用大写字母写了"这些广告糟透了"几个字，然后便回家了。他没有打电话，也没有给任何人发电子邮件；他没有召开紧急会议，也没有对任何人提及此事。

第二周的周一清晨 5 点零 5 分，一位名叫杰夫·迪安的搜索引擎工程师寄发了一封电子邮件。他与其他几位同事（包括乔治斯·哈里克、本·戈麦斯、诺姆·沙希尔以及奥尔坎·塞尔奇诺格鲁）都看到了拉里在墙上的留言，也觉得拉里评价这些广告糟糕在情理之中。但是，这封电子邮件不仅是对创始人的意见表示附和，也不仅仅是发表督促大家深入调查这种问题的不痛不痒的陈词滥调。杰夫在信中详尽地分析了问题出现的原因，提供了一份解决方案，并给出了 5 人利用周末时间编写出的解决方案模型以及超链接，还附加了测试结果，证明新模型与当时通用的系统相比有哪些优越性。这份解决方案的细节烦冗且专业性强，但其大意就是：我们准备计算出"广告相关度数值"，以此来评估广告与搜索请求的相关性，然后根据得出的数值来决定广告是否出现，以及出现在页面的什么位置。广告的先后排列应以其相关性为判断标准，而不是只以广告商愿意支付的费用或每条广告所获的点击量为依据，这个核心理念成为谷歌 AdWords 引擎赖以生存的基础。由此，一项价值几十亿美元的业务应运而生。

这件事最重要的细节是什么？广告根本就不属于杰夫及其团队的管辖范畴。他们只是碰巧在那个周五的下午来到办公室，看到了拉里的留言而已。他们明白，既然谷歌的使命是"整合全球信息，使人人皆可使用并从中受益"，那么糟糕（也就是无益）的广告（即信息）就自然是个问题了。因此，即使牺牲周末时间，他们也决定解决这个问题。

这几位员工并不直接负责广告业务，即便广告业务出了问题也不会归咎到他们头上，但他们竟然贡献出周末时间，不仅解决了别人的问题，还在解决过程中为公司赢利。这个例子，将谷歌企业文化的力量彰显得淋漓尽致。杰夫及其同事对谷歌的当务之急熟谙于心，也明白自己可以放手解决任何阻碍谷歌成功的严重问题。如果他们失败了，没有人会以任何方式斥责他们；如果他们成功了，也没有人（包括广告团队的成员）会对他们的成绩起嫉妒之心。实际上，并不是谷歌文化将这五位工程师在短短的周末变身拯救公司的"忍者"，而是一开始谷歌文化就吸引了这五位"忍者"加入公司。

在考虑一份工作时，许多人首先关注的是职位、职责、公司以往的业绩、行业的整体情况以及薪酬福利。接着往下数，我们或许会在"通勤用时"和"餐厅咖啡品质"这两项之间找到企业文化这一项。然而，创意精英却会将企业文化放在首位加以考虑。要办事有效，员工必须在乎工作环境。因此，在新加入一家企业或一项事业时，文化是最应重视的因素。

对于多数企业而言，企业文化是自然生发的，不是人工植入的。这样的做法或许有效，但这意味着，你将对成功至关重要的因素交给了命运。我们虽然在书中提倡尝试的益处以及失败的价值，但是对于一家尝试失败而遭受重创的企业而言，文化或许是最应重视的因素。企业文化一旦形成，想要改变绝非易事，因为企业在成立之初容易受"自我选择倾向"的影响。也就是说，与企业秉持相似理念的人会被吸引而来，而与企业理念相左的人则不会。[22] 如果一家企业的文化支持员工拥有发言权，也支持由委员会来制定决策，那么便会吸引持相似观点的员工。但如果这家企业后来又试图采取专制或强硬的作风，那么员工就会很难适应。这样的改变不仅违背了企业的初衷，也违背了员工的个人理念，因此注定走不下去。

在企业成立之初就认真考虑并且确定你希望的企业文化，这才是明智之举。最好的方法就是询问构成企业核心队伍的创意精英，因为他们不仅了解企业秉承的信条，也与你一样信奉这些信条。创始人是企业文化的源头，而创始人为实现大计而物色并信赖的团队，才是企业文化的最佳体现。所以，你要问一问你的团队：我们重视什么？我们的信念是什么？我们想要成为什么样的企业？我们希望企业在实际行动和制定决策时采取什么样的方式？然后，把他们的回答记录下来。毋庸置疑，答案中一定包含着创始人的价值理念，但同时也会掺入不同的视角和经验，为创始人的价值观锦上添花。

多数企业都没能重视这一点，它们往往在成功之后才意识到记录企业文化的必要性，因此这项任务就落到了人力资源或公共关系部门肩上。这些部门的人员大多不属于企业的创始团队，他们的任务只是编纂出一份凸显企业精髓的使命宣言。他们写就的宣言中，往往堆砌着"顾客满意"、"股东权益最大化"以及"富有创新精神的员工"等陈词滥调。而一家企业是否成功，要看员工是否信服使命宣言中的说辞。

我们来做一个小小的思想实验：请想象一家你曾经工作过的企业。然后，试着背诵这家企业的使命宣言。怎么样，背得出来吗？如果能，宣言中的话让你信服吗？宣言里有让你觉得真诚的内容吗，它是企业和员工实际行为的真实写照吗？抑或，这宣言一看就是营销和宣传部门的人在某天晚上喝着啤酒、照着同义词词典杜撰出来的？比如："我们的使命，是通过企业成员的知识、创意及努力，为客户建立起坚韧无比的合作关系，为客户带来无可匹敌的价值，为股东创造可观的利益。"[23] 这句话可谓面面俱到，客户、员工、股东统统写了进去。这则使命宣言的"主人"是雷曼兄弟公司，或者说至少这是 2008 年雷曼破产前的使命宣言。不可否认，雷曼拥有自己的理念，但其理念在这则企业宣言中是遍寻不到的。

与雷曼的领导者相反，大卫·帕卡德严肃对待企业文化。1960 年，在一次面对惠普管理者的演讲中，他提出，企业之所以存在，就是为了"做些有意义的事情，为社会做一份贡献……放眼四周，我们仍然能看到那些只盯着钱的人，但是多数人之所以有动力前进，是因为他们想要做一番事业：制作一款产品，提供一种服务。一言以蔽之，就是想要做些有意义的事"。[24]

在面对商业用语的时候，人们的"测谎仪"已经被磨炼得异常灵敏了。也就是说，言不由衷的漂亮话躲不过他们的火眼金睛。因此，当你把企业使命写在纸上的时候，还是实话实说为好。一个检验方法是，如果表述企业文化的使命宣言有所变化，看看结果如何？以安然公司的宣言"尊重、正直、沟通、卓越"为例。如果安然高管决定将这句话"改头换面"，变成"视钱如命、见钱眼开"，这虽然可能会引得笑声四起，却不会产生什么实质上的影响。与此相反，一直以来，谷歌都将"聚焦用户"奉为自己的信条之一，如果我们把这个信条改成"以广告商或发行商为重"，那么管理者的收件箱非要爆炸不可，而我们恼羞成怒的工程师一定会在每周五的 TGIF 大会上（大会由拉里和谢尔盖主持，鼓励员工大胆发表对企业决策的反对意见，而员工们通常也不会放过这个机会）慷慨陈词一番。员工都有判断能力，因此，如果你歪曲事实，无异于玩火自焚。

先思考一下你理想中的企业文化或现有的企业文化。然后，让我们把时间快进几个月或几年，想象一下这样一个场景：一位员工为了一个困难的抉择纠结许久，一直熬到深夜。[25] 他走到厨房里去拿一杯咖啡，回想起企业的价值观。这些价值观，领导在会议上传达过，同事们在午餐休息时议论过，德高望重的公司前辈也身体力行过。那么对于这位员工或者所有员工而言，这些企业价值观应当简明扼要地阐述出企业最为重视什么以及企业成员最为关注什么。否则，这些价值观宣言就毫无意义，根本无法帮助创意精英们做出正确的抉择。在这个例子中，你希望让这位迷茫的员工考虑到哪些因素呢？把答案言简意赅地表述出来，然后把所得的内容与大家分享。注意不要通过海报或手册形式分享企业价值观，而要进行不厌其烦、推心置腹的交流。正如通用电气公司的前首席执行官杰克·韦尔奇在《赢》①一书中写道的："如果你不能时常传达你的目标，不能通过奖励巩固你的目标，那么，你的愿景还不如打印愿景的纸有价值。"[26]

谷歌于 2004 年上市，谢尔盖和拉里决定，趁着首次公开募股这个绝佳的机会，将指导企业决策和行动的价值观编成条文。这些价值观不仅涉及企业最重大的决策和行动以及领导者的决策和行动，还包括每个人在日常工作中的一举一动、一思一念。这套价值观深深扎根于创始人的个人经验，从谷歌 6 年前成立之初就一直引领公司前进。受沃伦·巴菲特致伯克希尔 – 哈撒韦公司股东信的启发，两位创始人起草了一份"创始人公开信"，附在招股说明书中。

起初，美国证券交易委员会认为这封信中不含有对投资者有用的信息，因此不应纳入公司的招股说明书。我们据理力争，最终还是把信附在了说明书里。然而，信中的一些内容惹得律师和银行家们忧心如焚，在一次会议上，他们联手对乔纳森展开围攻。乔纳森援引两大论点对信中的言论坚定地做了申辩：第一，这封信的内容大部分是拉里和谢尔盖亲自写的，只参考了少数谷歌人的意见，他们二人不会改变信的内容（在谈判中，如果你所代表的一方决意不妥协，那么你的立场就很容易守住）；第二，信中所写都是至诚不昧的肺腑之言。

2004 年 4 月，这封信被公之于世，引发了一片好奇，也引来一些批评。让许多人匪夷所思的是，谷歌创始人为什么要花这么多

---

① 《赢》的中文版已于 2005 年 5 月由中信出版社出版。——编者注

时间来斟酌这封信的内容呢？（他们也不理解，为何银行家或律师想要修改信的内容，乔纳森却坚决反对、寸步不让？）这封信的主要内容并不涉及荷兰式拍卖和股东表决权，也无意挑衅华尔街的规矩。要是我们有拂华尔街的尊意，还请见谅。[27] 两位创始人并不想追求短期利益的最大化，也不关注公司股票的变现能力，因为他们知道，记录谷歌独特的价值观以备未来的员工和合作伙伴参考，才是决定企业长远利益的重要因素。回望过去，10 年前那次公开募股中一些鲜为人知的细节已成历史，但"着眼于长远"、"为用户服务"、"不作恶"以及"让世界更美好"，依旧是谷歌行事方式的真实写照。

除此之外，谷歌文化的许多其他细节，比如拥挤的办公室、"河马"、"恶棍"以及以色列坦克指挥官等都没有在这封信中出现。但是我们可以通过接下来的内容发现，这些都是营造和维持谷歌文化的要素。在这样一种文化中，一切改变仅仅需要短短的一句"这些广告糟糕透了"。

拥挤出成绩

第一次参观谷歌的访客，一眼就会注意到谷歌员工享有的五花八门的娱乐设施：排球场、保龄球场、攀岩壁、幻灯片放映室、带有私人教练的健身房、小型游泳池、供人在办公楼间代步的彩色自行车、免费的高档餐厅，以及配有各式小食、饮品和顶尖意式咖啡机的厨房。这些配置会让访客毫不怀疑谷歌的员工整天都过着"小资"生活，从而错误地认为奢侈享乐是企业文化的一个组成部分。给予努力工作的员工额外的奖励，是硅谷自 20 世纪 60 年代起传承至今的做法。当时，比尔·休利特和大卫·帕卡德在加州圣克鲁斯山区买下了数百英亩的土地，建成了"小盆地"[28] 露营地，作为员工及家属的休闲娱乐之地。[29]20 世纪 70 年代，ROLM 通信等企业纷纷开始在办公区域周边设置娱乐设施，其中包括配套齐全的健身房，以及可使用津贴补助消费的美食餐厅。后来，苹果公司凭借著名的周五啤酒狂欢活动加入了潮流。谷歌在斯坦福大学学生宿舍里成立，我们的娱乐设施建造风格与大学校园也有着千丝万缕的联系。拉里和谢尔盖努力打造出一派大学气氛浓厚的环境，为"学生们"提供了世界顶尖的文化、体育以及学习设施，让"学生们"花时间充实自己。多数的来访者都忽略了谷歌的办公场所，谷歌人的大部分时间是在这里度过的。如果你能跟随一名谷歌人（领英、雅虎、推特或者脸书的工作人员也行，但是上次我们俩的跟踪计划被保安打破了）的行迹，跟着他们从排球场、咖啡厅或厨房走出来，回到办公室里，你会发现怎样一番情景呢？映入你眼帘的，是一排排物品堆积、混乱不堪的隔间。这里，就是培育创意的温床。

你现在在办公室里吗？你的同事是不是就在你旁边？在椅子上转一圈，挥挥你的双臂，你有没有打到谁？坐在办公桌旁打电话的时候，你的同事能否听到你的对话内容？我们猜，他们八成是听不见的。你是管理人员吗？如果是的话，你是否有条件关上门与人密谈呢？我们觉得，答案估计是肯定的吧。实际上，你所在企业基础设施的整体设计目标很可能就是（以最小的花费）提供宽敞和安静的环境，级别越高的人，工作空间就越宽敞，环境也越清静。刚入职的新人被硬塞进办公隔间，而首席执行官除了敞亮的大办公室以外，室外还拥有大片空间，一是用来安置助手，二是用来与其他人"划分界线"。

占领地盘是人的天性，职场中也不例外。在多数公司里，办公室的面积、摆设物的品质以及窗口的景致都是办公室主人成就与地位的象征。如果想要把机敏的员工变得牢骚满腹，用新的办公位置就能立马搞定。不少企业都会利用办公位置限制员工的自由发展。在贝尔实验室工作时，埃里克的一位上司因为办公室常年阴冷，于是买了一张地毯铺在水泥地上。但人力资源部的工作人员却强制要求他把地毯拿掉，原因是他的级别还不够格，无权使用这么高级的用品。在这样的环境中，所有特权都与职位挂钩，而不看员工的实际需求和具体业绩。

硅谷也难逃这种风气的侵袭，毕竟，艾龙（Aeron）办公椅就是在这里被打造成为地位的象征的。（"我选这种椅子，是因为这椅子对背好。"互联网老总都这样说，但事实真是如此吗？这种至少500美元一把的椅子，最好能让你的肚子和侧腰也都舒舒服服的。）这种"办公设施至上"的风气必须纠正，这种风气必须予以根除。办公室的设计应本着激发活力、鼓励交流的理念，而不要一味制造阻隔、强调地位。方便的交流可以为创意精英们提供灵感，把创意精英聚集在一起，你就能引爆他们的思想。因此，我们必须为他们提供一个拥挤的环境。

如果你轻松伸手就能拍到同事的肩膀，那么你们之间的交流和创意的互动就是畅通无阻的。传统的办公空间设有独立的办公隔间和办公室，让员工在办公时享受到安静的环境。员工之间的互动要么需要提前计划（比如在会议室里开会），要么纯属偶然（比如在走廊里、饮水机旁或是停车场偶遇）。而我们的理念则完全相反，我们认为，办公状态应鼓励大家多多交流，让大家在喧闹拥挤的办公室里畅所欲言、激情碰撞。在参与完团队活动后，员工可以到清静之地换换脑子。正因如此，谷歌的办公室里设置了许多休闲设施：咖啡馆和小型厨房里有僻静的位子，另外还有私密的会议室、露天阳台和院落，甚至还有睡袋呢。然而，休整完毕后，他们应当回到同事中间继续办公。

乔纳森在 Excite@Home 就职的时候，公司的办公设施部门租了一幢房子，想用作客户支持中心的办公室。但是，在工作人员即将搬入新办公室的时候，公司的管理团队否决了办公设施部门的提议，让客户支持中心的工作人员在原先拥挤的办公室里多待几个月的时间，而用新办公室来供大家在午餐时间举行室内足球赛。足球比赛为大家提供了一个聚在一起的机会，而把员工安排在宽松的办公空间则会让大家日渐疏远。另外，让员工挤在一起还可以消除因办公设施的好坏而起的怨气与不平。如果人人都没有属于自己的办公室，那么也就不会有人抱怨了。

一起吃住，一起工作

那么，哪些人应该在这种挤得满满当当的办公空间里办公呢？我们认为，不同职能的团队应该整合在一起。许多企业都会将员工按不同职能分隔开来，这可能造成产品经理和工程技术人员所在的办公楼在马路两旁"遥相呼应"。这样的格局比较适合传统的产品经理，他们通常对"网络图"以及"甘特图"[30]驾轻就熟，在看过一场令人眼花缭乱的PPT（演示文稿、幻灯片）演示后，他们看着投射出的高于投资门槛收益率的财务回报率，对管理团队认可的"正式计划"的具体实施方案大加评论。他们的任务，就是按照制订好的计划行事、带领大家克服一切困难、用所谓的"发散思维"思考问题、对首席执行官的朝令夕改阿谀逢迎、想方设法地让自己的团队迎合高层的决定。在这样的模式中，只要产品经理和工程技术人员能够经常通过工作总结和详尽的现况报告来为产品把脉，那么二者分开工作不仅不会造成负面影响，有时反倒是上策。我们对此并没有强烈的反对意见，只是觉得这种模式比较适合20世纪产品经理的工作，但对当今社会却已显落后。

在互联网时代，产品经理的任务是与设计、策划以及研发人员通力合作，共同打造高质量的产品。这样的模式要求产品经理通过涉足一些传统概念中的管理工作来影响产品生命周期、制定产品营销结构图、为消费者说话，并把这些理念传递给自己的团队和管理层。最重要的是，创意精英式的产品经理还需要从技术入手，让产品质量更上一层楼。这就要求这些经理对消费者使用产品的方法有所了解（也要把握科技发展对消费者的使用方法带来的影响），也就是说，他们不仅要学会解读和分析数据，还要看懂科技潮流，预见这些潮流对他们所在的行业带来的影响。这就要求产品经理与工程技术人员（或是化学家、生物学家、设计师以及公司其他负责产品设计研发的创意精英）一同吃住、并肩工作。

别听父母的：杂乱是种美德

办公场所一旦拥挤不堪，就容易变得乱七八糟。如果真是如此，就顺其自然吧。2001 年，埃里克在第一次踏入谷歌大门时，曾要求办公设施部门的负责人乔治·萨拉帮他把办公室清理干净。乔治照做了，可谁知他得到的"奖励"却是拉里·佩奇翌日发给他的一张纸条，上面写着："我的东西都哪儿去啦？"原来，那堆看似胡乱堆砌的杂物，实际上正是谷歌员工辛勤工作、才思泉涌的结果。[31] 加入谷歌后，谢丽尔·桑德伯格（脸书的首席运营官）曾发给她的销售支持团队成员每人 50 美元，让大家用这笔经费装饰自己的办公空间。乔纳森在全球范围内发起了"谷歌艺术墙"比赛，参赛的谷歌团队使用魔方、照片以及彩弹枪射出的彩弹（彩弹是谷歌芝加哥分部的点子，真有芝加哥黑帮教父阿尔·卡彭的风格）等形式将谷歌的标识拼接了出来。已故的卡内基 – 梅隆大学教授兰迪·鲍许在他著名的"最后的演讲"中，用照片为大家展示了他童年时在卧室墙壁上手写的满满一墙的公式。[32] 他告诉听讲座的各位家长："如果你们的孩子想要在卧室里信手涂鸦，看在我的面子上，就让他们画吧。"制造混乱并非目的（如果这真是我们的目标，那不少青少年一定能成为绝好的员工），但是，混乱往往是自我表达和创新的衍生品，因此可以算是一种好事吧。[33] 我们看到，许多企业对工作环境的凌乱往往竭力反对，而这种做法常常会带来令人意想不到的消极影响。其实，你完全可以抛开顾虑，让你的办公室潇洒地乱一回。

虽然办公室可以杂乱拥挤，但办公室要为员工提供工作所需的一切条件。拿谷歌为例吧，谷歌是一家计算机公司，所以计算能力是我们的创意精英们最需要的。出于这个原因，谷歌向工程师们提供世界上最强大的数据中心和谷歌的整个软件平台。慷慨向员工提供工作中必须用到的资源，不失为一种根除职场办公资源相互攀比风气的方式。在奢华的办公设施和宽敞的办公室等无足轻重的资源上，我们能省就省，但对于那些关系重大的资源，我们则不惜倾力投入。

这种疯狂举动背后自有其道理。我们购买办公室，是因为我们希望员工在办公室办公，而不是在家里办公。许多人认为，正常上班时间在家办公代表了一种进步文化的"高境界"。但正如乔纳森常说的，在家办公其实无异于一种会在整个公司内蔓延、让员工士气萎靡不振的瘟疫。已故的贝尔实验室前董事长默文·凯利就是本着鼓励员工相互沟通的理念来设计公司办公室格局的。[34] 走过长长的走廊，贝尔实验室的工程师和科学家们要么会与同事打个照面，要么就直接被拽进某间办公室里去了，而这种偶遇的机会是在家办公者绝对不会碰到的。谷歌的 AdSense[35] 服务已成长为一项价值数十亿美元的业务，而这项服务，就是不同团队的几位工程师在办公室打桌球时突发奇想的结果。就算你的配偶或室友机智过人，就算你家真有台球桌，你们在下午茶时间在家想出一个价值几十亿美元大计的概率也小得可怜吧。所以，还是在你的办公室准备好各种设施，然后欢迎员工来使用吧！

别听"河马"的话

河马是世界上最危险的动物之一，它们的速度比人类想象得快许多，只要有敌人挡路，它们便会把对方踩扁（或是咬死）。职场中的"河马"同样可怕。我们所说的职场中的"河马"，指的是"高薪人士的意见"。[①] 从本质上来讲，薪金的高低与决策能力完全无关，而只有在决策人使用个人经验作为有力凭据时，我们才能说经验的多寡对决策有所影响。但遗憾的是，在多数企业中，个人经验就是最有力的论点。我们说这样的企业使用的是"年资制"，它们将权力与任职时间挂钩，而不看个人具体能力。网景公司前首席执行官吉姆·巴克斯代尔有一句话让我们觉得非常有趣，放在这里很贴切："如果我们手上有数据，那就依数据行事。如果大家只有想法而没有数据，那就按我的想法办。"[36]

如果把"河马"的声音屏蔽掉，有价值的观点就会受到重视。我们的同事肖娜·布朗说这是一种"提议不问出处"[37]的做法。这句话听起来很简单，但实则不然。"河马"一言九鼎，主导着公司，而勇敢的创意精英们则冒着被河马踩死的风险捍卫质量和业绩，只有河马与创意精英平等参与，才能打造出任人唯贤的环境。

在一次会议上，谷歌的一位广告主管斯里达尔·拉马斯瓦米讲了一则故事，放在这里非常恰当。当时，谷歌主打的关键词广告产品AdWords尚处在研发早期，谢尔盖·布林有一个构想，希望斯里达尔

---

① 河马的英文为 hippo，而"高薪人士的意见"的英文则是 highest-paid person's opinion。也就是说，这个英文首字母简写与 hippo（河马）是一样的。——译者注

的工程技术团队帮助他把构想付诸实施。毋庸置疑，谢尔盖是在场各位中薪酬最高的人，但他给出的论点并不是非常充分，因此斯里达尔没有同意采纳他的构想。当时，斯里达尔还不是高级主管，因此，作为"河马"的谢尔盖完全可以强迫斯里达尔服从。但谢尔盖并没有那样做，而是选择了妥协：他让斯里达尔一半的团队负责将他的构想付诸实施，而另一半仍归斯里达尔指挥。但斯里达尔对这样的决定仍不满意，在对双方的理由进行了深度探讨之后，谢尔盖无奈放弃了自己的构想。

之所以会出现这样的结果，是因为谢尔盖本人也是一位创意精英。他对摆在面前的数据、技术平台的成熟度以及他的决策所处的大背景均有深刻的了解。那些对业务生疏的"河马"常常靠恐吓施压来达到自己的目的。如果身处要职的你被工作搞得焦头烂额，那么你就容易抱着"我说了算"的态度威慑他人服从你。你不仅需要对你的团队抱有信任，也必须有足够的自信，这样，你才能给员工自由，让他们自己去寻找更好的答案。

谢尔盖并不介意将控制权拱手让给斯里达尔，因为他知道，之所以聘用斯里达尔，就是因为斯里达尔的很多构想都比他自己的想法更好。作为"河马"，谢尔盖的任务就是在自己的构想有所欠缺时把机会让给别人。但在这件事中，斯里达尔必须大胆说出自己的观点，不能只是旁观。要营造任人唯贤的环境，我们必须创造一种强调"质疑"的文化。如果员工对某个问题存在疑义，就必须把自己的顾虑提出来。如果因为员工三缄其口而让不尽如人意的构想占了上风，那么这些员工也难辞其咎。依经验来看，多数创意精英都有很强的个性，无法把想法藏在心里。这种将提出疑义当作个人义务的文化正好给了他们一个自由表达的渠道。也有一部分人在提出反对意见时会觉得磨不开面子，在公开讨论场合更是如此。正因如此，我们才应当把"提出疑义"作为一种硬性规定，而不是可做可不做。这样一来，那些生性含蓄寡言的人也必须动起来，与"河马"相抗衡。

这会促使人们做出更好的决策，营造每个员工都觉得受重视且有自主权的环境。"河马"肆无忌惮，而质疑权威正是这种环境的克星，还能消弭那些阻碍伟大事业的偏见与不公。我们的同事埃伦·韦斯特与我们分享了她从"谷歌同志群"（谷歌的这个同性恋群体包括男女同性恋、双性恋以及变性人）成员那里听到的一件事。原来，"谷歌同志群"曾经讨论过谷歌是否算是他们就职过的第一家"后同性恋"公司，几乎所有人都认为，谷歌是一家"不看身份地位，只看实干成绩"的企业，因此离"后同性恋"已经非常接近了。

他们说对了！

7 的法则

在企业词典里，"重组"估计是最惹人厌恶的词条。而"重组"二字的出现，往往意味着外包以及大大小小的会议。有的高管认为企业问题的源头来自组织结构，觉得一旦调整了结构，一切问题就会不攻自破。因此，原本权力集中的企业立即忙着权力下放，或者按职能划分的架构改成事业部。通过整改，有的高管如愿以偿，有人则悔不当初。而与此同时，全体员工几乎一片茫然，担心饭碗不保，又猜测未来的新老板是哪种风格，也不知自己还能否保住靠窗的办公隔间。又过了一两年，另一批高管（或者可能还是同一任高管）逐渐意识到企业的问题仍没有得到改善，于是又发起了另一波整改。这可以说是计算机编程语言中有名的"for 循环"语句在企业的表现。[38]

企业的结构设计绝非易事。有的模式可能适用于只有一个办公场所的小型企业，但随着企业的扩大以及全球分部的设立，老模式就不再有效了。一劳永逸的答案并不存在，因此，企业才会在不尽如人意的备用模式之间反复调整，也就造成了企业重组现象的风靡。要跳出这个怪圈，最好的方法就是剔除头脑中对企业应有组织结构的先入之见，并遵守以下几条关键原则。

首先，保持扁平。有一种矛盾，几乎所有的企业都难逃其扰：虽然人人都声称希望通过扁平式结构拉近与上层之间的距离，但实际上，多数人仍然从心底希望等级制度延续下去。而创意精英们却不然，他们之所以渴望扁平的企业结构，并不是因为他们想与上层平起平坐，而是因为他们希望多干实事，因此需要加深与决策者之间的沟通。为了满足创意精英们的这一需求，拉里和谢尔盖曾经尝试过取缔整个管理层，还将这次改革称作"解散组织"。改革过后，有一次，工程负责人韦恩·罗辛竟一下子收到了 130 份直接报告。其实，创意精英们与正常人并没有太大的不同，他们也需要在正规的企业结构下工作。"无管理层"实验结束后，韦恩终于又有时间和家人团聚了。

我们最终敲定的解决方案虽然与上文中实验的措施一样简单，但没有那么极端。我们将这个解决方案叫作"7 的法则"。我们之前供职的企业虽然践行过"7 的法则"，但这个法则在他们那里指的是，管理者的桌上堆放的直接报告数不能超过 7 份。不过在谷歌，我们要求每位管理者的桌上至少要放 7 份直接报告（在管理谷歌产品团队的时候，乔纳森的桌上通常会堆放 15~20 份报告呢）。谷歌虽然依然保留有正式的企业组织结构，但这一法则（不如说是指导方针，因为我们例外的现象也时有出现）会让企业的组织结构趋于扁平，减少管理层的监督并赋予员工更多自由。桌上堆着这么多直接报告（许多管理者面对的报告要远远多出 7 份），管理者哪还有闲工夫对你的工作事事插手呢？

切莫自扫门前雪

埃里克在太阳计算机系统公司就职时，这家公司正处于飞速扩张阶段。随着业务越发复杂，公司决定进行重组，分设业务单元。新设的业务单元叫作"行星"，因为这些"行星"是围绕着太阳公司的主业计算机服务器销售而设的，每个单元都自负盈亏。（太阳公司的员工经常会用"自扫门前雪"来形容每个单元各自为政的情况。）

这种做法的问题在于，整个企业的总收益几乎都来自硬件销售（也就是太阳，而非行星），因此公司需要专门聘请一个会计团队来评估公司的收益，再把收益分配给各个行星。具体的分配制度是保密的，因此就连各个单元的负责人也拿不到有关分配细则的文件，只能由别人读给他们听。

谷歌坚持按职能划分部门，将企业分为工程、产品、财务以及销售等部门，每个部门直接向首席执行官汇报。谷歌会把这种组织结构尽可能长期地延续下去，因为我们认为，以业务或产品线为基础的组织结构会造成"各成一家"的局势，从而对人员和信息的自由流动形成扼制。每个部门自负盈亏的措施看似有利于衡量业绩，却会使各业务部门的领导者把自己部门的盈亏置于企业整体利益之上，从而对部门的发展方向造成误导。如果你所在企业的分部各有自己的利润表，请确保让外部消费者和合作伙伴成为部门赢利的主要推动力。最终，太阳计算机系统公司的行星结构对企业的生产力造成了重创，因为这种制度使得各业务单元的领导者（以及会计）不再潜心研发那些能为企业真正赢利的高质量产品，而是一心盘算着如何提高会计等式结尾的那几个阿拉伯数字。

另外，也请尽量不要把企业组织结构文件作为秘密藏起来。

重组工作的关键

有的时候，企业重组工作势在必行，在这种情况下，谷歌会在重组过程中遵循几条原则。第一，留意不同团队的不同倾向：工程人员喜欢复杂，市场人员喜欢增加管理层，销售人员喜欢招助理。你需要从中做出权衡（实际上，能够认识到这一点已经算是跨出一大步了）。第二，把所有重组工作安排在一天内完成。这听起来或许像是痴人说梦，其中却有意想不到的玄机。如果你的员工都是创意精英，那么你就应该容忍这种混乱。实际上，创意精英们会将棘手的任务看作大显身手的机会，而并不会因此不知从何下手。

2012 年，尼科什·阿罗拉对谷歌的业务部门实施了重组，这项工程牵扯到销售、运营以及营销等团队的数千名员工。尼科什选择了速战速决的方式，在他敲定重组的具体细则之前就把决定透露给了他的团队。谷歌的产品线从 AdWords 这一主打业务起步，在短短数年内便扩充到了数项业务（包括 YouTube 广告、Google Display Network 以及 Mobile Ads），打造了数支新的销售团队，但与此同时也在业界造成了一些困惑。就像许多拥有多款产品的销售负责人一样，尼科什希望打造出"一个谷歌"，将企业的关注点再次放回用户身上。但与一般的销售负责人不同，尼科什在短短数周时间里就完成了整个重组的计划和实施工作（好吧，他虽然没能把全部工作挤到一天内做完，但克莱伦斯·丹诺可能会辩称，有的时候，一天的时间不一定指 24 小时）[39]，因为他知道，自己的团队一定会雷厉风行地把重组工作完成。在接下来的几个月中，谷歌的业务部门的确进行了几处调整，不但实现了这次重组的初衷，还获得了比预期更好的效果。重组的关键，一是要速战速决，二是要在重组敲定前就开始实施。通过整改，业务部门的组织结构比预期的更加稳固，团队成员也因自己的融入和参与而更加关注集体的成败。完美的组织结构是不存在的，不必枉费心机去苦心设计，你只需尽力做出接近完美的设计，剩下的事就让你的创意精英们去完成吧。

贝佐斯的"两个比萨"原则

组织应由小规模的团队构成。亚马逊创始人杰夫·贝佐斯曾对"两个比萨"原则推崇备至，这个原则规定，团队人数不能多到两个比萨还吃不饱。[40] 小团队要比大团队更有效率，他们不会花那么多时间钩心斗角。小团队亲如家人，大家可能会起口角、争对错甚至闹分裂，但往往能在紧要关头团结一致。随着产品的增加，小团队也往往会扩大规模，最初由一小撮人负责的业务渐渐发展到需要更多人的共同努力才能维持。这是可以接受的，只要较大的团队不阻碍原有的小团队进行突破性创新就行。在一家大规模的企业中，大小团队的存在都是必要的。

组织要以最有影响力的人物为中心

一条至关重要的组织原则是：找出最有影响力的人物，组织就以此人为中心。不要把岗位或经验作为选择管理者的标尺，而要看他的表现和热情。工作表现比较容易衡量，但热情比较难以评估。热情是卓越领导者与生俱来的特质，这种人即便自己不主动请缨也会被别人推到领导位置上，他们身上的热情就像磁铁吸引铁屑一般把人们聚集在自己的身边。财捷公司的前首席执行官比尔·坎贝尔是埃里克和乔纳森长期以来的导师，他常常引用苹果公司前人力资源主管黛比·碧昂多利洛的话："你的头衔可以让你成为管理者，但让你成为领导者的，是你的员工。"

埃里克曾经问过沃伦·巴菲特，在收购企业的时候，他看重的特质是什么。巴菲特回答说，他需要的是一位不依靠于他的领导者。如果一位领导者的斐然业绩是出于想带领企业走向成功，而不仅仅是想让企业攀上伯克希尔－哈撒韦这棵大树，那么巴菲特就会投资。在面对企业内部的团队时也应抱有这种态度：那些无论你是否批准都按自己的想法做事的人，才值得你投资。你会发现，这样的人往往会成为企业最为宝贵的创意精英。

但这并不意味着你应该打造一个明星体系。实际上，最好的管理体系都是以某个群体为中心而建立的，这个群体并不是一组超级明星，而更像一个舞蹈团。这样的组织原则有助于建立长期稳定的人才储备，使大量表现出众的板凳队员在机遇来临时能担当领袖。

在管理层的顶端，最有影响力的人（也就是执掌企业运营大权的人）应该是产品负责人。在首席执行官召开的会议上，至少有一半与会者应是产品与服务方面的专家，负责产品研发。这样可以确保领导层将注意力放在卓越的产品质量上。对于一家企业的成功而言，财务、销售以及法规等运营要素当然不可或缺，但会议探讨的重点不应放在这些方面。

在物色领导者的时候，要挑选那些不会将一己之利置于企业整体利益之上的人。就像我们在上文中写的，在不少企业中，业务单元或事业部的利益竟然会凌驾于整个企业的利益之上。有一次，还在太阳公司任职的埃里克想要换一台新的服务器。当时正值假期，因此他没有通过公司内部的购货系统，而是直接来到仓库，从货架上拿了一台服务器。打开包装盒，他发现里面竟然装着6份"使用说明"，每一份都是部门"河马"认为重要的信息。

这是许多政府部门的网站常犯的错误。（电视机遥控器也难辞其咎。要不然，我们真不知道遥控器的设计为什么这么恼人。认真地想想，遥控器上的静音键为什么又小又难找，但点播键不仅大而且颜色还很醒目？原因就是，点播业务的负责人有必须完成的指标，但谁也没法从广告静音上赚到钱。）一款产品的设计绝不应该带有企业组织结构的痕迹。打开 iPhone 手机的包装盒，你能推测出苹果公司的大权掌握在谁手里吗？当然能。苹果公司地位最高的人就是你们这些消费者，而不是负责软件、制造、零售、硬件、应用程序的主管，也不是签署支票的头头儿。所有的产品都应如此。

一旦找出了最有影响力的人，就应当赋予他们重任。把担子交到你最出色的员工手里时，你要相信他们会乐于承担，达到极限时他们会如实告诉你。有句话说得好：要把事情办好，就把任务交给忙人吧。

驱逐恶棍，保护明星

还记得小时候有关骑士与恶棍的谜题吗？在一座小岛上，有一位只说实话的骑士，还有一个总是撒谎的恶棍。你走到一个岔路口，一条岔路通往自由，另一条通向死亡。你面前有两个人，其中一人是骑士，一人是恶棍，但你无法分辨。你只能问一个问题来决定往哪儿走，那么，你该怎么问？[41]

人生就好像那座小岛，只是情况更加复杂一些。因为现实生活中的恶棍不仅品行不端，还自私自利，能够悄然潜入任何企业之中。举例来说，自高自大就是成功常见的一种副产品，毕竟，要想成功，你必须有过人之处。原本谦逊的工程师如果认为下一个全球性科技突破的钥匙就握在自己手中，就会自信心膨胀，令人难以接受。自负会让人产生盲点，因此非常危险。

想要辨别恶棍，我们还有其他依据。你会对同事的成功产生嫉妒之心吗？如果答案是肯定的，你就是个恶棍了。[42] 你会抢占属于同事的功劳吗？你会推荐消费者购买不需要或对他无益的产品吗？如果你加热午餐时把公司的微波炉弄脏了，你会不会不收拾就扬长而去？你会不会在大堂的墙壁上乱涂乱画？如果答案是肯定的，那么你就是恶棍了。

一家企业的品格是所有成员品格的总和，因此如果你想打造一家高品格的企业，就必须要求员工也有高品格。你不能给恶棍留任何钻空子的机会。"一日为恶，终身为恶"，这是我的个人经验。（正如管理大师汤姆·彼得斯所说的："所谓的'小恶'是不存在的。"）

幸好，员工的行为大多是符合社会规范的。在骑士价值观主导的文化中，骑士们会对恶棍的恶行进行检举，直到恶棍端正品行或灰溜溜地逃走。（这也是我们倡导拥挤的办公环境的另一个原因：人们在社会约束下最注意自己的言行，而拥挤的办公室里处处都是社会约束！）这种震慑对于多数恶行都有抑制作用，因为恶棍通常要比骑士更渴望个人成功，所以一旦发现无法通过恶行取得成功，大多会选择逃离。作为管理者，一旦在团队中发现害群之马，最好的方法是减少其职责，并让骑士接手剩下的工作。对于极端败坏的恶行，你需要立即动手，把恶棍铲除出去。想象一下那些试图从其他海象妈妈那里偷奶吃的小海象（恶棍），它们不仅会被哺乳的海象妈妈撕咬，还会被其他雌海象（骑士）群起而攻。[43] 绝不要放过那些有损企业利益的人，不必像海象一样撕咬他们，但一定要迅速果决地采取行动，把疯狂恶行扼杀在萌芽状态。

恶棍所占的比例有一个临界点。这个比例达到一定数值时（这个数字比你们想象的要小 [44]），大家就会认为自己必须迎合恶棍的做法才有出路，而这只能让形势愈演愈烈。创意精英或许具备许多优秀的特质，但他们并非圣贤，因此，切记要注意团队中恶棍的比例。

切记不要把"恶棍"和"明星"搞混。恶棍的恶行是人品不端的产物，而明星的行为是出类拔萃的结果。恶棍把私利置于集体利益之上，而明星虽然自我感觉良好，但对个人利益和集体利益同等重视。恶棍一经发现，就需要及时处理；明星对企业的贡献足以支撑其狂妄，你就需要对他们多加容忍，甚至悉心保护。伟大的人才往往不循常规且难以相处，他们的怪癖有时的确让人抓狂。文化遵从社会常规，而明星偏偏不循常规，因此企业文化的条条框框常会在扫除恶棍的同时把明星一并扫除。只要你的员工能找到与明星共处的方法，只要明星的成就足以抵消他们的大牌做派给企业带来的损失，你就应该努力为明星提供保护，而明星常会带来意想不到的回报。

"过劳"有道

工作与生活的平衡，是检验某种管理方式是否合理的试金石，但对于精明能干的员工而言，这个标准却缺乏合理性。其实，这个标准本身就存在问题，因为对于很多人来说，工作是生活的一个重要组成部分，二者不可分割。最理想的企业文化会让员工无论在家或办公室都有许多有趣的事情去做，这是在鼓励大家以合理的方式"过度工作"。因此，如果你是一位管理者，便有责任将职场环境营造得生机勃勃、多姿多彩，但那种强迫员工每周40工时的工作强度就不大必要了。

在职场中，有些年轻妈妈在晚间与家人共处或哄孩子睡觉的时候会完全屏蔽工作。而晚上9点钟一到，随着她们的电子邮件或语音信息涌入办公室，便意味着她们的注意力回到工作上来了。我们都有过与这种女同事共事的经验。（当然，有的年轻爸爸也会出现这种情况，只是这种情况在妈妈身上比较明显。）这些职场妈妈的工作担子重不重？当然重。她们在家里的担子是不是也很重？没错。她们是不是为了工作而牺牲了家庭生活？可以说是，也可以说不是。这是她们自己选择的生活方式。有的时候，工作重于一切，迫使她们不得不牺牲休息时间，对此，她们会坦然接受。但是有的时候，她们也需要从工作中抽身一个下午，带孩子去海滩玩耍，或让孩子到办公室和她们共进午餐或晚饭。（夏季傍晚的谷歌主园区看起来就像家庭野营地，父母们怡然自得地享受晚餐，而孩子们则成群结队地在一旁跑来跑去。）工作紧张期可能会持续数周甚至数月时间，初创公司更是如此，但这种特殊情况并不会一直持续下去。

面对这种特殊时期，作为领导者，你需要给员工以自由和责任。不要强迫他们加班加点，也无须规劝他们早些回家陪伴家人。你只需让员工知道他们需要对自己的工作负全责，这样，他们就会全力以赴地确保完成工作。给他们足够的空间和自由，让他们自己做主。2012年，玛丽莎·迈耶成为雅虎公司首席执行官，这让她成为硅谷最负盛名的职场妈妈。她说，疲惫不是因为工作过度而引起的，而是因为不得已放弃重要的事。[45] 把控制权交到创意精英的手上，他们通常会自己找到工作和生活之间的平衡点。[46]

控制团队规模也不失为一种方法。在小团队中，如果某个成员身心俱疲，需要早些回家或是请假休养，那么其他成员很容易就会有所察觉。在大团队中，请假的人可能会给别人偷懒的印象，但小团队却能理解成员偶尔的缺席。

谷歌鼓励员工享受假期，但这么做，并不是宣扬"工作与生活平衡"的理念。如果某个人对企业的成败至关重要，以至于如果他一旦抽身一两周，企业就运转不下去了，那么这个问题是绝对不容忽视的。没有人对企业来说是真正不可或缺的。有时候，有的员工会有意把自己打造成企业不可或缺的人物，这或许是因为他们的自负在作祟，也可能是因为他们错以为"不可或缺"意味着工作上的保障。给这种人安排一个假期，让别人填上空缺。这样一来，不仅骨干人物会因休假而神清气爽、干劲十足，其代班人也得到了锻炼。（这也是产假和陪产假的隐性好处。）

营造说"好"的企业文化

我们都有孩子，因此这几年来，我们亲身体会到了家长条件反射般说"不"的习惯有多恼人。"我能喝瓶苏打水吗？"不行。"一勺冰激凌不够，给我两勺好吗？"不行。"我知道作业还没写完，但我能不能玩会儿电脑游戏？"不行。"我能把猫咪放到烘干机里烘干吗？"不行。

这种"万事都说不"的毛病也悄然蔓延到了职场上。在给出否定答案时，企业往往会精心设计出层层障碍，通过烦冗的程序、层层的审批还有一场场的讨论会，用"冷暴力"的方式说"不"。"不"对于创意精英而言犹如当头一棒，这表明企业已然失去成立之初的活力，披上了过于形式化的外衣。在遭遇一次次"不"的重重打击后，创意精英们便不再多费口舌，开始盘算另谋高就了。

为了避免这种情况发生，我们应该营造一种乐于说"好"的企业文化。成长中的企业会出现混乱，而管理者大多会试图通过设置更多流程来加以控制。其中一些流程的确有助于企业的前进，但即便如此，不到必要时请不要轻易尝试。添加流程或增设门槛的前提条件一定要严格，如果不是出于能够让人百般信服的业务上的考量，就不要增设这些障碍。我们两人都很喜欢康涅狄格大学前校长、美国学者迈克尔·霍根说过一句话："说'好'，是我的第一条忠告。这个字说得越多越好。'好'能够帮你打开大门，'好'能够促进事物的发展，'好'能带来新的体验，而新的体验能让你获取新的知识与智慧……在这个变化无常的时代，说'好'的态度可以伴随你披荆斩棘。"[47]

几年前，YouTube 的前负责人萨拉尔·卡曼加亲身体验到了说"好"的益处。那是在他主持的每周员工大会上，大家就"高清重播"这一视频新添功能展开了讨论。功能测试进行得非常顺利，萨拉尔表示，如果没有反对的理由，这项功能马上就能投入使用。有人发言说："按照计划表，这项功能还要等几周才能投入使用，我觉得我们可以继续测试，确保万无一失。"萨拉尔回答："好的。除了计划表的规定之外，还有没有什么理由阻止我们马上把这项功能投入使用？"没有人能想出任何理由。翌日，高清版 YouTube 问世。没有任何差错，也没有任何纷争，就这样，一个人坚持说"好"，让几百万 YouTube 用户提前几周享受到了便利。

快乐工作强扭不来

在每周五举行的谷歌 TGIF 大会上，所有新入职员工都被安排在同一区，戴上彩色的螺旋桨帽子作为新人标志。谢尔盖热情地对大家表示欢迎，大家热烈鼓掌，然后，谢尔盖便抛出一句："好了，回去工作吧。"这句话的确不是什么惹人捧腹的笑话，但加上谢尔盖那严肃的语调和淡淡的俄罗斯口音，总能引人拊掌大笑。作为创意精英的领导者，幽默感是谢尔盖的伟大天赋之一。在主持周五会议的时候，他常会即兴发挥说一些小段子，逗得大家前仰后合。大家可不是为了博创始人开心而强颜欢笑，每个人的笑都是发自内心的。

一家初创的伟大企业、一个炙手可热的项目或者一份好工作，都应该充满乐趣。如果你忙得焦头烂额，却没收获快乐，那就有问题了。对未来成功的憧憬会令人振奋，但更多的乐趣却来自同事间的欢声笑语、幽默调侃。

多数企业都试图制造"快乐"。比如，这周五我们会举行每年一度的公司野餐会、节日派对或员工出游；我们会安排有趣的音乐，设置有趣的奖项，还会举行一些有趣的竞赛，让一些员工出出糗博大家一乐；我们安排了有趣的画脸活动，还请了有趣的小丑和占卜师，活动的小食也很有趣（但是我们不提供有趣的含酒精饮料）。大家都要参加，都必须玩得开心！然而，这样的游乐活动有一个致命伤，那就是，这些活动不能让人真正"快乐"。

其实，这些活动并非必需。只要组织有方，公司举办一些集体活动无可厚非。实际上，组织一次有趣的公司派对并不困难。有趣的派对与有趣的婚礼一样：有趣的人群（你招聘的人才应该都不错，对吧？）+ 美妙的音乐 + 可口的食物和饮料。这就行了。虽然那些天性无趣的客人有可能破坏活动气氛，但只要出动一支 20 世纪 80 年代金曲翻唱乐队或是搬出一打上好的啤酒，一切不快就会烟消云散。无论是谁，只要手拿一瓶啤酒，随着乐曲舞动起来，都会变成开心果。

除此之外，公司和团队还会组织拓展活动。拓展活动通常秉着"团队建设"的初衷，旨在让团队成员彼此磨合。活动内容往往包括绳索课程、烹饪课程、性格测试以及解决团队问题。一番训练之后，大家就像机器一样被微调到位了。但是，事实真的如此吗？在谷歌，我们认为拓展活动不应考虑什么"团队建设"，让大家好好去玩儿就行了。乔纳森对远足的标准是：（在天公作美的前提下）选择一个从未到过的地方进行户外活动，地点要离办公室足够远，让人觉得自己真是在远行，又可以在一天内完成，还要给人独自无法收获的体验。

就这样，乔纳森带领他的团队把北加州游了个遍：我们游览了红木林和尖峰石阵国家公园，在新年岛公园一睹著名海象的真容，还徜徉在圣克鲁兹海滨步道。这些活动花费不多，因为乐趣并不一定来自高消费（但营造出来的快乐却往往很珍贵）。谷歌刚成立的时候，只要你有一根球棍和一双轮滑鞋，而且不介意在进球时让创始人用屁股顶你一下的话，那么你就可以免费参加拉里和谢尔盖举办的滚轴冰球比赛了。谢丽尔·桑德伯格为她的营销团队开设了一个读书俱乐部，这个俱乐部在我们的印度分公司人气极高，每位员工都加入了。韩国流行歌手"鸟叔"曾经到谷歌的韩国分公司参观，于是，埃里克便带领首尔分部全员跟随他一起跳了一曲《江南Style》。（舞技并不重要，重要的是你愿意跳。）

乔纳森曾经和市场部的负责人辛迪·麦卡弗利打赌，想看看谁的团队参加谷歌年度员工调查问卷（Googlegeist）的积极性较高。作为惩罚，输的一方要为赢家洗车。结果，乔纳森输了，于是辛迪便租了一辆加长悍马，涂上厚厚的泥巴（我们至今也不知道她到底是怎么做到的），然后把自己的团队招来，一边观赏乔纳森清洗这辆庞大的SUV（运动型多功能车），一边往他身上砸注水的气球。还有一次，乔纳森带来几套拼装式篮球架，向几支工程团队发出挑战，看哪支队伍能在最短时间内把篮球架装好。这样，谷歌就有篮球架了。其中有些工程人员连扣篮是什么都一头雾水，但是一旦出现工程方面的挑战，他们的斗志就燃起来了。

快乐文化与创意文化有一个共同点：快乐无处不在。关键在于，要尽量放宽限制，没有什么是"神圣不可侵犯"的。2007年，我们的几位工程师发现埃里克在谷歌内部网站的头像照片被误放在了公共资料库里。他们在照片背景上放上比尔·盖茨的肖像，在愚人节那天，把修改过的照片放在了埃里克的个人主页上。这样，任何一个打开埃里克主页的谷歌员工都会看到以下这张照片：

这张头像照片，埃里克使用了整整一个月。

在这个例子中，谷歌员工把比尔·盖茨的头像放在墙上来开玩笑，然而，精英的玩笑可不总是这么"和谐"。这个时候，有一些底线还是有必要的。2010年10月，谷歌工程师科林·麦克米伦[48]以及乔纳森·范伯格发布了一个叫作Memegen的谷歌内部网站，谷歌员工可以在网站上创建meme吐槽图（配有简明吐槽文字的图片），并为同事的meme吐槽图投票。通过这个吐槽网，谷歌员工不仅可以用尖酸刻薄的语言对公司状况"大肆抨击"，也从中获得了无与伦比的乐趣。像歌手汤姆·莱勒和主持人乔恩·斯图尔特一样，吐槽网以诙谐的方式直击公司内部种种矛盾纷争的根源。比如：

埃里克一张口，Memegen 就炸开了锅。

很明显，埃里克是 Memegen 用户的热议人物。

曾记否，正是因为大家的积极批评，谷歌才拥有如此的光辉岁月。

欢迎来到谷歌！

欢迎来到谷歌！自从你开始抱怨之后，谷歌变了很多是不是？

那就赶紧表达你的不满吧！

这也不失为谷歌眼镜的一个新应用功能：

眼镜啊眼镜，让我看到一只松鼠吧。

在谷歌"热气球计划"（Project Loon，我们会在下文中为大家详细介绍）公布于世之后，一位谷歌员工觉得他的"OKR"（Objective and Key Results，目标与关键成果，也就是季度业绩目标，我们会在第五章详细介绍）也需要与时俱进了。

跟"热气球计划"一比，我的季度业绩目标显然弱爆了。

热气球计划

与韩国流行歌手"鸟叔"一起在首尔起舞。

其中一位因为搞怪的舞蹈动作而为世界熟知……

另一位的名字叫：鸟叔。

这些都不是强扭的乐趣，这样的快乐是佯装不来的。信赖你的员工，不要因惧怕出纰漏而杞人忧天，真正的快乐只有在这样自由放任的环境中才能绽放。这样的快乐多多益善，员工越快乐就越能干。

别光着身子就行

出任诺勒公司首席执行官后不久，埃里克从一位熟人那里得到了一条中肯的建议。这位熟人告诉他："在企业变革时期，你需要先找一批精明的人才。要找到一批精明的人，你就得先找到其中的一个。"几周之后，埃里克与一位他很看好的诺勒公司工程师一起搭乘飞机从圣何塞去犹他州（诺勒公司所在地），他猛然忆起熟人有关企业改革的建议，于是问他能不能列出几位诺勒最精明的人才的名字。几分钟后工程师的单子就列好了，之后，埃里克与单子上的每个人都安排了见面。

几天后，清单上的第一个人如约来到了埃里克的办公室，他面色惨白地问道："我是不是做错什么了？"接下来的几场会晤也类似，每位人才来到办公室时都会满腹戒心。埃里克很快就意识到，诺勒的人员只有在被炒鱿鱼的时候才有机会与首席执行官进行一对一的会面。原来，他在无意中让诺勒最优秀的人才误以为自己要丢饭碗了，虚惊一场。

诸如此类的事情让我们很早就体会到，改变一家企业的固有文化有多困难。"寻找精明人才"的建议听上去的确在理，但在具体过程中，埃里克却出乎意料地遭遇了企业根深蒂固的文化阻力。为一家初创企业奠定文化基础并不困难，而让一家已处在经营阶段的企业改变文化却难上加难。可相比之下，对现有的企业文化做出改变对一家企业的成功更为关键，因为对于大部分创意精英而言，停滞不前、流于形式的企业文化就是他们的大敌。

2012年，谷歌将摩托罗拉移动公司收入麾下[49]，我们亲身体验了企业文化改革的困难。要改变企业文化，首先要找出症结所在。请考虑一下，你所在企业的文化到底是什么（这不是指使命宣言或企业价值观中所写的企业文化，而是指员工日日践行的真正文化）？这样的企业文化为企业带来了什么样的影响？注意，不要只是草草地对现行的企业文化大肆抨击，因为这对员工而言是一种侮辱。实际上，我们可以试着找出企业的问题以及企业文化在其中所起到的作用，以此作为切入点。

接下来，阐明你希望塑造的企业文化。借用2010年世界杯上耐克的广告语，你应当"书写未来"，并态度明确、脚步坚决地向未来进发。支持部门之间的沟通和创意共享；把员工的日程公布出来，好让同事们知晓彼此的进度；多多召开公司会议，鼓励坦诚提问，而当问题指向你时，你也需要毫无隐瞒地如实作答。在谷歌的一次以摩托罗拉为主题的周五TGIF大会上，几位员工就摩托罗拉的产品提出了几个尖锐的问题，领导者尽量坦诚翔实地给出了回答。会议后，乔纳森偶然听到几位摩托罗拉的员工在担心提问的人会不会被开除，他告诉这些员工，他们的担心是多余的。

在尝试重新定义企业文化时，参考原有文化有时会对你有所启发。曾参与IBM复兴计划的郭士纳在《谁说大象不能跳舞？》[①]一书中

---

① 本书已于2003年1月由中信出版社出版，2010年1月再版。——编者注

谈道："有人说，一家公司就是某个领导人影子的延伸。[50] 对于 IBM 而言，这个领导人就是托马斯·约翰·沃森先生。"[51] 在书中郭士纳还提到，在重建 IBM 的同时，他秉承了沃森先生"精通各项业务"、"做优质客服"以及"尊重每一个人"的理念。但要注意，在弘扬前人理念的同时，我们也应大胆剔除糟粕。郭士纳废除了沃森制定的蓝西装、白衬衣的着装要求，因为当年这个规定是为了表示对顾客的尊重而制定的，但现在这个目的已不那么明显了。"我们没有用新的着装标准代替老标准，我只是借鉴了沃森先生的智慧，决定让大家参照当天的环境以及周围的人来自行决定着装。"[52]

（在公司会议上，曾经有人要求埃里克阐述一下谷歌的着装标准。埃里克给出的答案是："别光着身子就行。"）

上述措施实施起来非常费时。要想运用我们在本书中传达的理念来改变一家企业的文化，所用的时间要远远超出你的想象。这是我们在重组摩托罗拉时得到的最重要的经验，估计许多职场人士都能感同身受。

跟我来

如果你决心开创一番新事业（或是对现有的事业做出彻底改造），就要面对冗长的工作日、无眠的夜晚，甚至连参加生日派对的时间都要被砍去。另外，你还必须聘请那些跟你志同道合、甘愿与你做出同样牺牲的人。要做到这一切，你必须拥有坚信自己定会成功的激情，也要拥有为梦想而实干的理性。这不仅需要你潜心投入、坚韧不拔，更重要的是要心无旁骛。在迎战敌军的时候，以色列坦克指挥官们并不会大喊——"冲啊！"而是会用"Ah'cha'rye"来动员自己的部队。这句话是希伯来语，翻译过来就是"跟我来"的意思。任何有志于做创意精英领导者的人，都需要拥有这样的态度。

埃里克与马克·扎克伯格在脸书位于帕洛阿尔托的总部进行过一次会晤。当时，脸书和马克日后的大展宏图已是板上钉钉的事情。两个人聊了几个小时，在大约下午7点时结束了会谈。埃里克正准备离开时，一位助理帮马克端来晚餐，放在他的电脑旁边。马克坐下来，没有吃饭却继续投入了工作。这件事充分表现了马克的敬业。

谷歌的一位资深工程师马特·卡茨回忆道，他经常看到负责谷歌数据中心基础设施的高管乌尔兹·霍尔泽在穿过办公室的途中一路捡拾垃圾的情景。首席执行官在公司大门收取大摞报纸，公司创始人擦拭前台……类似的现象在硅谷比比皆是。通过这些行为，领导者践行了平等理念：我们同舟共济，职责共担。但实际上，他们这么做，主要还是出于对公司的热爱。热情对领导力不可或缺，如果你缺少热情，就马上走人。

不作恶

来到谷歌大约6个月后，埃里克深深参透了"不作恶"的意义。这句话是谷歌工程师保罗·布赫海特和阿米特·帕泰尔在公司成立不久的一次会议上提出的。可是，埃里克完全没有料到，这句简短的口号会如此彻底地渗透到企业文化的方方面面。一次会议上，大家讨论到对广告体制做出一项改变可能带来的好处。虽然这一改变有可能为公司带来丰厚的利润，但一位工程负责人却拍桌反驳道："这是在作恶，这事我们不能做！"屋里顿时鸦雀无声，让人不禁想起老西部片里打扑克的场景：一名玩家指责另一名玩家做了手脚，所有人从桌旁退开，等着看谁会先掏枪。埃里克暗自思忖：没想到，谷歌的这句话真不是开玩笑的。沉默过后，是一场相持不下的讨论，最终，做出改变的提案被否决。

"不作恶"这句广为流传的谷歌口号其实并不只是字面上那么简单。没错，这句话的确真诚表达了谷歌员工感同身受的企业价值观与目标。但除此之外，"不作恶"这句话也是给员工授权的一种方式。在做出决策时，谷歌的员工经常会以自己的道德指针作为衡量标准，因此埃里克在那次会议上的所见所闻并不罕见（除了拍桌子那个小插曲以外）。

在丰田公司发明的著名的"及时生产看板制度"（Kanban system of just-in-time production）中，有一条质量管理原则就是：在发现质量问题时，流水线上的任何一位员工都有权拉绳中止生产。[53]而谷歌这句简短的口号中也包含着同样的洞见。埃里克所说的那次会议中，那位工程师在对提案中的新改动冠以"作恶"之名时，其实就无异于拉绳中止了流水线。这样，所有人都要参与评估这项新改动，还要判定它是否与谷歌的企业价值观相符。每家企业都应"不作恶"，这句话就如北极星一般，为管理方式、产品计划以及办公室政治指明了方向。

营造根基扎实、深入人心的企业文化，最根本的价值就在于此。

这成为你与企业行事的基础，也能防止企业偏离正确的轨道——因为，企业文化本身就是正确的轨道。最卓越的企业文化，都会立足高远。对于本章中的每一条洞见，我们都配以实例，来说明谷歌的洞见并非无源之水。其实，谷歌做得不好的例子也不少，但相比之下，超越标准的情况更为常见，也正因为如此，我们的标准也在不断提高。这就是伟大的企业文化的力量：它让公司的每一个成员不断进步，也会让整个企业变得更大更强。

第二章

战略：你的计划是错误的

我们不知道读者从事什么事业，所处何种行业，因此我们不会越俎代庖地指导你如何制订商业计划。但我们敢百分百地打包票：如果你有商业计划，那你的计划一定是错误的。只要是 MBA 式的商业计划，无论经过怎样的深思熟虑，一定在某些方面存在硬伤。如果你硬要一心一意按照这份有瑕疵的计划一步步走下去，那么就会像企业家埃里克·莱斯说的一样"实现失败"。[54] 因此，风险投资家应永远遵守投团队而不投计划的准则。既然计划会错，那么人就得对。成功的团队懂得如何发现计划中的瑕疵，并及时做出调整。

那么，新创企业在没有计划的情况下该如何吸引优秀人才和其他重要资源（比如资金）呢？实际上，制订计划无可厚非，但是要明白，随着你对产品和市场了解的加深及事业的发展，计划也要随之做出调整。要取得成功，除了对计划进行及时反复调整之外，我们还需注意制订计划的基础。互联网时代为科技和社会结构带来的剧变，让我们从学校和职场中学到的一些曾经广为接受的战略原理变得不再适用。[55] 因此，你的计划虽然可以调整，但必须以合乎现今社会运作方式的基本原理为基础，并在转型时以这些原理为指导。计划可变，基础则应岿然不动。

计划的无常可能会让一些想加入团队的人望而却步，因为绝大部分人都不喜欢不确定性。而创意精英与一般人不同，他们就爱自己动脑筋想对策。就像乔纳森给一位员工写的评语一样，创意精英们"适应性强，能够在这令人眩晕的环境中保持随机应变的灵敏"。[56] 实际上，一纸宣称能解决一切问题的计划得不到创意精英的信赖，他们宁愿为"不完美"的计划投入精力和热情，只要这计划建立在正确的基础上。

这个经验，是乔纳森的团队传授给他的。那是 2002 年，乔纳森刚加入谷歌时，谷歌对商业计划的战略基础考虑得非常全面。但是，这些原则并没有被仔细记录下来。实际上，自从 1998 年谷歌成立以来，就没有一个人专门拿出时间来完整记录谷歌的战略。乔纳森立马采取行动，想要填补这个不容忽视的漏洞。他习惯那种笔墨未干就注定过时的传统商业计划，于是便想要制订一份这样的计划。但由玛丽莎·迈耶、萨拉尔·卡曼加以及苏珊·沃西基组成的助理团队却及时阻止了他。[57] 他们认为，谷歌并不需要记录什么商业计划（甚至连商业计划也不需要），但为了招纳新人和保证大家前进方向的一致，谷歌必须把计划所依据的基本原则记录下来。他们三个人说，只要把基本原则告诉谷歌人，接下来他们就知道怎么做了。

于是，题为"谷歌战略：过去、现在与未来"的计划应运而生。

2002 年 10 月，我们把计划提交给董事会（翌年夏天，迈克·莫里茨之所以让我们递交一份更加全面的商业计划，正是由这份计划案而起的）。在此后的数年，这份计划的一部分内容仍被用来概述谷歌的运作方式。计划中所述的原则与 20 世纪 90 年代大部分高科技互联网企业的原则大相径庭：用基于科技洞见的创新方式解决重大难题，优化规模而非收入，让能影响每个人的优秀产品带动市场增长……时至今日，这些原则仍是互联网时代企业成功的基本指南。

信赖科技洞见，而非市场调查

20 世纪 90 年代中期，拉里和谢尔盖开始着手进行他们的博士论文研究项目，这个项目就是谷歌的前身。当时，主要的几家搜索引擎是按照网站的内容为搜索结果排序的。如果键入"大学"这个关键词，你有可能搜出一所大学的网站，也有可能搜到一家书店或是自行车店的网站。在参观一家搜索引擎公司的时候，拉里提出了他在使用引擎搜索"大学"一词时出现的状况。工作人员告诉拉里，这件事责任在用户自身，他们应该让自己的搜索请求更加准确。

因此，拉里和谢尔盖找到了一个更好的方法。他们发现，通过调查某个网页与哪些其他页面链接，可以判断出此网页的质量（即网页的内容与用户搜索请求的关联性）。一家与其他许多网站链接的网站，一般而言内容的质量更高。[58] 谷歌搜索引擎甫一问世就脱颖而出，究其原因，除了为网页排序的方式之外，还有许多其他的因素。比如，谷歌搜索引擎比较重视学术性网站上搜到的结果就是一个突破。但归根结底，利用网站的链接结构作为路径来寻找最佳匹配结果的科技洞见，才是整个搜索引擎各种优越性的源泉。

从那以后，谷歌几乎所有的成功产品都是由坚实的科技洞见作为基础的，而那些不尽如人意的产品则大多缺少科技洞见的支持。谷歌最赚钱的广告引擎 AdWords 背后的洞见是：在为广告排序时，应该以广告信息对用户的价值作为标准，而不是看广告商们愿意出多少广告费。[59] 通过计算，按主题而非出处为新闻归类的科技洞见，催生了能将成千上万媒体渠道的新闻标题汇集在一起的谷歌新闻网站。而谷歌的开源浏览器 Chrome 基于的科技洞见是，随着网站越发复杂和强大，浏览器也应随之提速。随便选一款新颖而强大的谷歌产品，你都会在产品背后发现至少一项重要的科技洞见，也就是那种可以在科技杂志上占一席版面的突破性洞见。谷歌的 Knowledge Graph 搜索功能，就是为了将互联网上有关某个人物、地点或事件的大量杂乱信息加以组织整理，以易于浏览的格式展现出来。YouTube 内容识别系统为每个视频及音频文件建立独有的数据描述，以此与全球版权数据库的内容相比对，以便于版权所有者在 YouTube 网站上找到自己所拥有的视频和音频内容（甚至可以从中获利）。在庞大的多语种用户群的共同建设下，谷歌翻译软件的性能日渐提升。Hangouts（一对一或多人实时视频聊天工具）实现了各种视频代码的云端转换，而不再依靠电子设备来转换视频格式，让用户只需一键操作，便可轻松在全球范围内使用任何电子设备进行视频会议。

产品计划由产品负责人制订，但产品计划常常（几乎总是）会遗漏最为重要的因素：创造这些新功能、新产品或新平台，其背后依据的科技洞见是什么？这所谓的科技洞见，是指用创新方式应用科技或设计，以达到生产成本的显著降低或产品功能和可用性的大幅提升。依靠科技洞见生产出来的产品，可以与同类竞争产品拉开显著差距。这样一来，产品不仅得到了显著的提升，而且无须大肆宣传也照样能让消费者感受到其独一无二的魅力。

有的时候，科技洞见可以信手拈来。比如美国家居用品品牌OXO，就是靠对家居用品的创新设计而建立的。但大多数情况下，科技洞见都来之不易。正因如此，多数企业都不愿以科技洞见作为企业战略的基础，而是运用传统的 MBA 模式依据企业的最有利条件来做决策（所谓最有利条件，就是迈克尔·波特所说的竞争优势[60]），并利用最有利条件扩张到邻近的市场。如果你的企业已经在运转中，且用利润百分比来衡量企业的业绩，这样的手段的确非常有效。但如果你仅仅处在起步阶段，这个方法就不适用了。如果你目光狭窄，仅仅想靠发展企业竞争优势来占领相关市场，那么你绝不可能敲开行业大门或实现业务转型，也休想将最优秀的创意精英招入麾下。

企业还可以在定价、市场、分销以及销售方面利用一些巧妙手段，以求扩大企业的市场占有率及提升利润。想想超市食品区那些打着"升级新配方"噱头的产品吧，实际上，除了食品包装和广告宣传上有所创新以外，食品的内容仍是换汤不换药。商家的这些花招往往是通过市场调查总结出来的，常常需要召集一批顾问，让他们将企业的潜在顾客群细分为千禧一代、X 一代，连 10 岁以下的小孩也要具体分年龄层，搞得设计师不得不拿多达 31 种口味的产品来应对。那么，雇用这些市场调查顾问有没有什么好处呢？我们觉得最大的好处就是：想挑这些顾问的毛病非常容易，他们一旦犯错，你就可以让他们卷铺盖走人了。

20世纪90年代末，乔纳森主管Excite@Home的产品团队。正是这家公司背后的科技洞见，使得为千家万户输送电视节目的同轴电缆与宽带网线之间的转换成为可能。Excite@Home研发的电缆调制解调器可谓一项突破性的产品，无奈却遭遇"市场调查"这个大敌。有线电视网络运营商的数据表明，多数有线电视用户都拥有使用英特尔80286及80386处理器的个人计算机，因此，Excite@Home的调制解调器也必须支持这些系统。但Excite@Home的工程师明白，这些老款的处理器即便连接宽带也根本无法展现出宽带的优越性能，因此把调制解调器硬推给这些计算机用户，完全是种浪费。但有线电视运营商仍然固执己见，他们将市场调查的结果奉为不可动摇的标准，鼓动Excite@Home为过时的计算机用户推销不适用的服务。根据摩尔定律，个人计算机的性能大约每过两年就会提高一倍，因此不用多久，这些老旧的计算机都会被淘汰。[61] 然而很遗憾，市场调查却没能将摩尔定律考虑在内。

虽然Excite@Home最终在这场争论中占了上风，但它无法不受市场调查结果的误导。Excite@Home曾让潜在顾客回答他们最为关心的性能是什么，答案显示，大家最关心的是速度。于是，公司便在市场营销中极力强调"高速"。宽带网线的速度的确很快，但一旦接通服务，最能抓住用户的心的，却是宽带网线"保持在线"这一特点。有了宽带网线，用户不用忍受调制解调器的拨号声和嘶嘶作响，也不必再等待服务器的层层连接，就能方便上网了。乔纳森和他的同事们将顾客的回答作为市场营销的重点，但市场调查不能指导你去解决连消费者自己也没想到可以解决的问题。与满足消费者的现有需求相比，满足消费者尚未意识到的需求更为重要。

不断改进以及使用巧妙的商业手段无可厚非，但如果把市场调查看得比技术创新还要重要，那就本末倒置了。大多数企业都是以科技洞见为基础起步的，但在前进的路上却往往偏离了航道（这就是舍本逐末）。人们越来越重视西装革履，却忽视了实验室里穿的工作服。从时尚方面来说，这或许不算什么错误，但这样的洞见无疑是企业的陷阱，也为竞争者提供了偷袭的机会。

将科技洞见作为产品的基础，是谷歌一直秉承的一条重要原则。2009 年的一件事，更让我们对这条原则的重要性有了深入了解。当时，我们在评估谷歌的产品线时发现了一条规律：最优秀的产品是靠技术因素而非商业因素赢得成功的，而在那些稍逊一筹的产品身上，技术优势就不那么突出了。鉴于谷歌品牌的影响力，任何产品只要打着谷歌的旗号，就一定能在市场上赢得一定的关注。如果用使用者的人数来衡量产品的表现，我们绝对可以自欺欺人地相信我们的产品是成功的。但事实并非如此，因为有的时候，一些产品一开始展现的势头很快就停滞了。几乎所有这种昙花一现的产品，背后都缺少科技洞见的支撑。

举例来说，谷歌曾计划将我们在网络广告方面的优势推广到其他广告市场，比如纸媒、广播以及电视等平台。这些构想都很巧妙，背后也有创意人才的支持，却缺少让性价比越来越高且让产品拥有突出优势的基本科技洞见。最终，谷歌向三个媒体平台的扩张计划都以失败告终。回顾其他遭遇失利的谷歌产品（个性化浏览工具 iGoogle、桌面搜索工具 Desktop、方便用户整理网络资料的 Notebook、网页注解 Sidewiki、百科全书服务 Knol、健康管理程序 Health，甚至包括著名的阅读工具 Reader），这些产品要么从构想之初就缺少科技洞见的支持，要么就是依靠的洞见随着互联网的发展逐渐过时了。

组合创新时代的到来

那么，该到哪儿去寻找这些神奇的洞见呢？在互联网时代，所有企业都有机会利用科技以创新的方式解决重大问题。借用谷歌经济学家哈尔·瓦里安的话，人类正迈进一个"组合创新"的新时代。当我们的环境中充斥着丰富多样的素材，可供我们通过组合和再组合进行新的创作时，就表示组合创新时代来临了。举例来说，19 世纪，诸如齿轮、滑轮、链条以及凸轮等机械装置的设计标准化，奠定了生产制造业的繁荣。20 世纪，汽油发动机带动了汽车、摩托车及飞机的更新换代。20 世纪 50 年代前，集成电路的普及带动了诸多电器的发展。在以上例子中，科技发明的浪潮都是各种要素共同引发的。

当今，这些要素指的是信息、连接以及计算能力。世界上所有的信息、近乎无限强大的计算能力、通达全球的技术，都为未来的发明者们所用。他们拥有开源软件以及应用程序编程接口 [62]，让他们轻而易举地以别人的工作成果为基础进行开拓。这些准发明家们懂得使用标准的网络协议和语言，可以以集体形式或（在得到准许的前提下）以个人身份在数据平台上获取交通、天气、经济交易、人类遗传学以及他人的社交圈等信息。因此，寻找科技洞见的途径之一，就是将这些可用的科技及数据资料集中起来，为某个行业中存在的问题寻找新的解决方法。

除了这些普遍的技术之外，每个行业都有自己的技术及设计专长。我们俩的工作从未离开计算机公司，而计算机公司的技术专长自然就是计算机科学。但其他行业的技术专长则可能涉及医学、数学、生物学、化学、航空学、地理、机器人学、心理学、统计学等。娱乐产业依靠的技术专长非常特别，包括编剧、表演、作曲以及作词等；消费品企业将科技与设计糅合在一起，研发出具有突破性的产品；而金融服务公司会利用技术专长来打造新的证券及交易平台（只要不遇到经济泡沫破灭或收到一纸诉状，这些公司通常都能赚得盆满钵满）。因此，无论你从事什么业务，你所在的行业都潜藏着一个巨大的技术知识库。在你的公司里，哪些人是极客？是那些在实验室或工作室中进行有趣创新的人吗？无论他们在研究什么，这就是你的技术。找到你的极客，看看他们在研究什么，这样，你就挖掘到了迈向成功的科技洞见。

找到一个具体问题的解决方案，然后想办法对这个解决方案加以拓展，这也是寻找科技洞见的一个方法。这种方法非常符合长久以来尊崇的创新传统。新科技往往是为了解决非常具体的问题而问世的，且在刚刚出现时都非常粗糙。在成为蒸汽机车的动力之前，蒸汽机一直是人们从矿井里抽水的工具。[63] 马可尼在卖无线电设备时，把它当作船上与岸上的通信方法，并没有想到有朝一日人们会在上面听到广播节目。20 世纪 60 年代，激光技术问世，而贝尔实验室却并不看好激光的商业潜力，曾一度想过放弃申请专利。即使是互联网，也在甫一问世时被人认为是科学家与学者之间交流研究成果的工具。虽然互联网的创造者才智过人，却无法想象互联网有朝一日竟能成为共享图片视频、沟通社交以及学习各种知识的平台，更无法预见今天互联网的其他诸多用途。

我们喜欢用成人娱乐业的例子来解释从具体问题的解决方案出发进行拓展的方法。成人娱乐业者很早就将科技为己所用。在谷歌搜索引擎的快速发展阶段，与成人话题有关的内容成为搜索热点。众所周知，当时的色情网站屏蔽功能几乎形同虚设。美国最高法院法官波特·斯图尔特曾这样对色情网站下过定义："只要用谷歌搜索一下，就知道色情网站是什么了。"因此我们安排了一小组工程师，通过计算技术来解决法官大人所影射的这种情况。通过几种科技洞见的糅合，这些工程师终于大功告成：他们找到了一种理解图像内容（也就是皮肤）的方法，并可以通过用户使用图像的方法来界定图像所处的背景。（当用户搜索与色情相关的词条时，如果搜出的是出自医学教材的图片，那么用户通常不会去点击，即便点击也不会在页面上停留太久。）因此，在拦截不雅图像方面，谷歌研究出的 SafeSearch 过滤器的功能是全网其他过滤器无可比拟的。在这个例子中，我们针对一个具体问题（拦截成人内容）研发出了一种解决方案（也就是 SafeSearch）。

但是，就此打住是不是有些可惜呢？在接下来的几年里，我们将针对色情网站问题所研发出的技术在更广的范围内加以运用。在 SafeSearch 的研发过程中，我们基于图像内容得出了数百万种用户使用模式（也就是用户对不同图像的不同使用模式）。利用这些模式，我们判断图像（不仅限于色情图像，而是包括一切图像）与搜索请求相关性的能力得到了提升。接下来，我们增加了新的功能，为用户提供与其搜索的图像结果相类似的其他图像（"我喜欢加州优胜美地的那张照片，帮我再找些类似的图片吧"）。最终，我们研发出了无须通过文字（比如"优胜美地的半圆顶山"）、只需图片（比如你在参观优胜美地时为半圆顶山拍摄的照片）就能进行搜索的功能。所有这些功能，都是由谷歌为 SafeSearch 色情网站屏蔽器研发出的技术发展而来的。因此，当你再次看到一张与你的优胜美地照片几乎如出一辙的图片时，你应该感谢成人娱乐业，你现在享受到的这项科技成果是拜其所赐。

别去找快马

以科技洞见来支撑产品研发，你就能够避免被消费者的需求牵着鼻子走，生产出步人后尘的产品了。（亨利·福特曾经说过："如果我最初问消费者他们想要什么，我就会去找更快的马了。"[64]）如果你是一家墨守成规、对市场占有率的数字斤斤计较的企业，那么渐进式的创新方法已经绰绰有余了。但如果你想从事一番新事业，或是对既有企业实施改革，那么这种方法的力量就稍显不足了。

将科技洞见作为产品的基础，这种方法听起来虽然平淡无奇，但做起来却要困难许多。2009 年，我们通过产品测评证实了科技洞见对产品的重要意义，之后，我们要求谷歌所有正在生产的主要产品的负责人写出几句话，说明他们的产品计划背后的科技洞见。其中一些人按照要求做了，但许多人却无从下笔。"请阐述你的科技洞见"，这个问题听起来虽然简单，却不容易回答。因此，你也应该把这个问题用在你自己的产品上。如果你找不出一个有说服力的答案，那就好好反思吧。

为成长而优化

从前，公司的扩张有条不紊、循序渐进。先造一款产品，在当地或区域内获得成功；然后通过建立销售、配给、服务渠道一步步扩张；再接下来，将生产能力提高到与公司发展速度相符的水平。一切按部就班，种瓜得瓜，种豆得豆。

我们把这个过程称为"增长"，一些行业仍然满足于这样的增长模式。比如，如果"本季度公司整体收入增长了8%"，那么你就可以凭此获得奖金或升职。好吧，赶紧享受这种好日子吧，因为这种方法并非长久之计。如果你有志做一番大事业，那么只靠增长是不够的，你还需要扩张，就是指在全球范围内快速发展某项事业。

在互联网时代，这种形式的全球发展任何人都可以做到。随着信息、连接、计算、生产、分销、人才等几乎所有资源的普及，你不必再聚集一众人力，广布办公网点，就能创建一家具有全球影响力的企业。但这并不是指你的战略可以忽视如何扩张，相反，必须重视。全球扩张必须成为企业的基础核心。现今的竞争日渐激烈，任何竞争优势都难以持久，因此你必须有一个"快速长大"的战略。

商业生态系统至关重要。互联网时代最成功的领导者，是那些懂得如何创造平台并快速发展平台的人。所谓平台，从本质上来说就是一套能够吸引供应商及用户群，从而形成多边市场[65]的产品或服务。随着社会的发展，平台对科技的依赖越来越大（即使不是所有平台都以科技为基础）。举例来说，YouTube就是一个可供任何人创建视频并全球发布（但多数人都只把自己的视频发给家人朋友看）的平台。电话是个很能说明问题的例子，当平台（也就是电话线和转换器与电话设备连接而成的电话网络，供用户之间进行交流）上只连接一台电话的时候，这个平台没什么意义，因为被呼叫人尚不存在。但随着一部部电话的增加，这个平台对于每位用户而言越来越重要（因为可以呼叫的人越来越多）。

现在把固定电话搬出来讨论，难免显得不合时宜。当时，电话业的全球扩张意味着连接数以百万计的用户，比如，全球电话网络经历了89年的发展，才连接了1.5亿部电话。[66]而今，网络平台却能在短暂的时间内发展到连接几十亿人。在转变为应用程序平台之后，脸书脱颖而出，在创建8年后不久，其用户数便飙升到10亿之多。[67]作为市场领先的手机操作系统，安卓仅仅用了5年时间就有10亿部手机设备安装该系统。[68]亚马逊的赢利状况虽然一直引得财经分析师蹙眉，但这家公司一直专注于发展，现在，亚马逊已在零售、媒体以及计算领域形成了最具颠覆性的力量。

1999年，乔纳森与拉里·佩奇初次会面。两人穿过谷歌的停车场去取乔纳森的车子，途中，拉里不经意地提到，他知道搜索业务一定有办法赢利。拉里的理由是，用户在使用搜索引擎的时候，其实是将个人喜好完全暴露给了谷歌。当时，谷歌搜索引擎的使用量虽然处于上升阶段，公司却没从中赢利。拉里和乔纳森正在讨论谷歌与 Excite@Home 合作的可能，后者的资金充足，是由电缆调制解调器行业的先锋 @Home 公司、与率先开发互联网搜索引擎的 Excite 公司合并而成的。然而，在 Excite@Home 不惜通过一切可能的手段从访问量上赢利的时候，谷歌却耐心专注于企业的发展。赚钱的机会就摆在眼前，随着谷歌网站使用量的飙升，公司本可以像每一家商业网站一样将广告放在主页上。但谷歌并没有这样做，而是一心一意提升搜索引擎的性能。

谷歌对于 AdWords 广告平台也采取了相似的做法。我们与美国在线（AOL）以及 Ask Jeeves 这样的广告发行合作伙伴达成交易。这些公司使用谷歌的广告系统将广告放在自己的网站上。对于这些合作交易，我们一直斟酌收入如何分成。比如，谷歌将广告放在美国在线或 Ask Jeeves 的网站上，广告被网站用户点击，广告商就要支付谷歌一定费用，而谷歌则要将这笔钱与发布广告的合作伙伴分成。怎么分呢？谷歌最重视公司的发展，而不是如何赚取更多的钱，因此我们的做法是尽量给合作伙伴多分。这自然深得合作伙伴的心。这些公司制定的收入目标都很有野心，于是当谷歌搜索引擎流量飞速增长时，它们的收入目标已越来越高。结果，为了到每季度末弥合实际收入与目标之间的差距，它们选择了增加广告发布量。

为此，乔纳森亲自拜访美国在线，建议他们不要增加网站的广告量。他告诉美国在线，这样做有损用户的利益，到头来会伤及他们自己的访问量。他的苦口婆心无济于事，美国在线仍然重收入轻发展，但谷歌恰恰相反。

毋庸讳言，一个成功的企业必须有可靠的赢利途径。过去高科技公司"对赚钱之道一窍不通"的说辞，无论放在当时还是现今都毫无意义。谷歌的创始人明白，公司要从广告中赚钱。具体的获利方式，两人在刚开始的时候还不甚明晰，于是他们便一边扩展谷歌平台，一边等待时机。但是，两人对一般的赢利模式非常清楚。

平台还有一个重要的优势：随着平台的不断扩张和不断升值，越来越多的投资会涌进来，有助于平台支持的产品与服务的升级。因此我们说，科技行业中的企业永远"只看平台，不看产品"。

科斯与企业的性质

互联网极大地激发了建立平台的能力与需求，这不仅适用于科技行业，在任何行业都是如此。互联网的这一优势虽然强大，却未受到应有的重视。

企业都会建立网络，但以往的企业网络往往都设在内部，旨在降低成本。这一点，与诺贝尔经济学奖得主、芝加哥大学教授罗纳德·科斯的观点相符。科斯认为，由于寻找卖主、商榷合同以及确保工作按要求完成的交易成本很高，所以企业往往会选择在内部而非通过外部合作来完成工作。援引科斯的原文："如果在企业内部组织的一笔额外交易与通过在公开市场上完成同一笔交易或是在另一个企业中组织同样交易的成本相同，企业将倾向于扩张。"[69]20世纪的不少精明企业通过对具体盈亏的计算，发现科斯的理论在多数情况下都是正确的，内部管理经费的确要比外包交易成本低。在这一洞见的驱使下，他们尽量将工作放在企业内部完成，在不得不走出办公室时，他们也会选择与那些可以严密控制的小规模团队合作。因此，20世纪的企业大多是等级制度严明的集团，至多也只能算是形成了封闭式的企业网络。

时至今日，科斯的理论体系仍然适用，但它带来的结果却与20世纪不可同日而语。现在，企业不再对封闭式的体系进行最大限度的扩展，而是将越来越多的业务外包出去，与更多且更多样化的合作伙伴建立网络。为什么会这样？唐·塔普斯科特在《维基经济学》一书中说得好："互联网的出现，使交易成本急剧下滑。现在我们应该把科斯法则倒过来：如果企业内部交易的成本不再高于外部交易的成本，企业将倾向于缩小。"[70]多数企业采取这种方式，纯粹是为了方便运营和降低成本：通过将工作外包给劳动力较为廉价的市场，企业可以削减成本。

但是，这些企业忽视了重要的一点：在互联网时代，创建网络不仅仅是为了降低成本和方便运营，更是为了从根本上提高产品质量。许多企业建立网络是为了削减成本，很少有企业是为了转变产品模式或商业模式。对于各行各业的现有企业而言，这样做可谓错失了一个巨大的良机，也为新竞争者提供了参与竞争的绝好机会。

推特不仅是一家高科技公司，也是一家出版发行公司。爱彼迎（Airbnb）是一个旅游住宿平台，打车应用程序优步（Uber）则提供个人交通服务。23andMe既是互动平台，也是一家消费者服务企业。在收取一定费用后，这家公司会为用户提供个人基因信息；如果收集的基因信息足够多，那么公司便能够创建一个强大的数据平台。比如，制药公司可以利用 23andMe 的数据寻找新试验的参与者，并将新的数据补充给 23andMe。

类似的例子不一而足：Square 提供小企业支付服务，耐克通过健身腕带涉足健身，Kickstarter 经营众筹，MyFitnessPal 是减肥平台，网飞（Netflix）提供在线影片租赁，Spotify 是音乐平台。这些企业将既有的科技因素以创新的方式结合在一起，对企业模式进行了全新的思考。他们创建了可供消费者与合作伙伴互动的平台，并利用这些平台打造与众不同的产品和服务。这样的模式在旅游、汽车、服饰、酒店、餐饮以及零售等行业都适用，随着用户量的提升，任何行业的产品都有提升的机会。[71]

这就是 20 世纪与 21 世纪经济的不同之处。在 20 世纪，单一而封闭的网络是主流，而 21 世纪的企业却靠全球开放网络制胜。我们的身边充斥着建立平台的机会，成功的领导者就是那些善于发现平台的人。

专注的力量

另一种方法，是寻找专业化途径。有时，创建平台的最好方法就是寻找一个有发展潜质的领域。[72]20 世纪 90 年代末，谷歌专注于一件事：将搜索业务做好。我们通过五把标尺来衡量搜索引擎的好坏：速度（快比慢好）、准确（搜索结果与用户的搜索请求有多接近）、好用（所有的爷爷奶奶级用户是否都可以轻松使用谷歌）、全面（我们是否搜索了整个网络）、新鲜（搜索结果是否是最新的）。谷歌致力于为用户提供正确的答案，常常将雅虎、AltaVista 以及 Ask Jeeves 等搜索引擎的链接放在网页的下方，如果用户对谷歌的搜索结果不满意，就可以轻松尝试其他网站。

当时，多数具有竞争力的网站都在竞相转变为"门户网站"，也就是为满足用户的多种兴趣和需求而设立的综合性媒体网站。包括网景、雅虎以及美国在线在内的门户网站对搜索并无兴趣，因此它们很乐意与谷歌合作，让我们来负责这方面的工作。[73] 谷歌坚信，在欣欣向荣的互联网行业中，搜索是最为重要的应用之一。但即便如此，我们之所以选择将搜索作为专攻的目标，并不是因为我们的水晶球告诉我们，搜索有朝一日终会比当时更受瞩目的门户网站商业模式更赚钱、更成功。之所以专注于搜索，是因为谷歌认为自己在这方面比任何企业都要领先。[74] 因此，在互联网的发展早期，谷歌没有像行业内的其他企业一样忙于打造和经营自己的门户网站，而是不断地改进搜索引擎，为用户提供越来越好的搜索结果。

（通过谷歌引擎的改进，用户可以越来越方便地在信息发布网站上找到新闻资讯以及娱乐消息，这些网站的点击量自然会攀升，从而刺激在线内容的传播。）

开放为王

开放的平台更容易实现快速扩张。我们可以看看最大的平台——互联网的发展。在 20 世纪 70 年代初，温特·瑟夫和罗伯特·卡恩设计了 TCP/IP（传输控制协议／互联网互联协议），并通过这一协议实现了不同计算机网络（比如互联网的始祖阿帕网）之间的连接和沟通。[75]当时，两人对于连接的网络数量及规模并不清楚，因此并没有为可连接网络数量规定上限。实际上，只要遵从 TCP/IP，任何网络之间都可以连接。这个决定赋予互联网开放的特性（当时人们并没有预见这个结果），直接催生了今天人们天天使用的神奇的互联网。（经济学家哈尔·瓦里安说，互联网其实是"一次结果失控的实验室实验"。）

我们也可以看看固定电话这个经典的例子。开始，AT&T（美国电话电报公司）在美国的电话网只是作语音交流之用的单一功能平台，随着时间的推移，AT&T 电话网的发展逐渐趋于停滞。其间，固话并没有出现任何创新，唯一的增长来源，就是靠人口的增长及成长为青少年的"婴儿潮"一代对个人电话专线的需求。但当时出于政府的硬性要求，AT&T 不得不开放网络，允许新的设备及通信公司加入，从而开启了创新的大门。新型的电话、传真机、数据调制解调器、廉价的长途通话（还记得"长途电话"这个说法吗？以前这可算是一项专门服务呢）……所有这些新发明，都是在网络解除封闭后才进入我们的生活的。[76]

另一个例子是 IBM 的个人计算机。1981 年，IBM 推出个人计算机，其构造可以让软件研发者和计算机生产商在上面安装应用程序和附件，甚至可以"克隆"出自己的计算机，且不必向 IBM 支付授权费用。这一决策帮助 IBM 个人计算机成为当时刚刚崭露头角的"微机"市场上不可撼动的标准，极大地推动了微软和英特尔等几家当时尚不成气候的企业的发展。[77]同时，众多应用程序、计算机配件以及野心勃勃的计算机生产商也因此涌入了行业之中，为接下来 25 年的计算机主流市场奠定了基础。如果个人计算机的平台是封闭的，那么后续这一切也就不会发生了。[78]

"开放"这个词带有些"罗生门"的意味，不同的企业会为不同的目的而对这个词做出不同的定义。从总体上来说，开放的意思是，推进软件编码或搜索结果等知识产权信息的共享，遵守通用标准而非自己订立标准，让消费者享有随时退出你的平台的自由。传统的MBA思考方式要求针对竞争对手建立起可持续的竞争优势，然后关闭城门，严防死守。但就像多数"异端"洞见一样，开放对于当时的既有主流思想而言可谓是一个严重的威胁。把消费者妥妥地锁进你的封闭领地，自然要比踏入未知的荒野，靠创意和优势取胜容易许多。选择了开放，你虽然放松了控制权，却换来了规模和创新。[79]相信你的创意精英们吧，他们知道该怎么做。

如果你正在与一家地位根深蒂固的企业相抗衡，你可以让其根基成为你的利器。你的竞争对手实力超群，你可以用你具有颠覆性的产品配以颠覆性的企业模式，向对方发起挑战。开放的模式非常有助于进行这样的竞争，因为开放不但有助于吸收创意（比如为企业平台增添新的卖点，从合作伙伴那里获取新的应用程序），也可以降低互补性元素的成本。这不仅能让用户得利，也有助于企业生态的发展，而这些机遇，（可想而知）通常都是由于传统企业闭门造车而产生的。举例来说，可汗学院（Khan Academy）[80]、Coursera以及Udacity课程在教育市场中争取的地位是有目共睹的。它将互联网时代的科技成果（比如在线视频以及互动式社交软件）与开放式的商业模式（任何人都可以免费听取所有课程）相结合，颠覆了主流教育机构根深蒂固的运作方式（用高学费来弥补高成本）。没有人能够预见这些颠覆模式会不会或有哪些将蓬勃发展，也不知道那些身手敏捷的既有企业会不会扼制后来者的袭击。但有一点是肯定的：科技与开放相结合的模式会为我们营造更好的学习环境，就如可汗学院的使命所述的那样："给所有人提供免费的世界级教育平台。"

开放也可以让成千上万人的才能为你所用。正如太阳计算机系统公司的创始人之一比尔·乔伊所说的："无论你是谁，世界上最精明的人才大多都在为别人效力。"[81] 开放可以刺激更大的创意，因为人们不必再去重复已有的成果，转而全身心地用新的创意推动整个行业体制的发展。在线影片租赁提供商网飞就是一个很好的例子。2006 年，这家影片租借公司想对影片推荐指数的计算方法做一改进，但内部人员却没能商量出什么好方法。之前，网飞曾将1 亿条匿名用户的影片评分汇总在一起，作为公司的专有数据。公司把这些数据发布了出来，并且宣布，谁能第一个使用这些数据计算出比现行计算法准确 10% 以上的电影评分，这支团队或个人便可以获得100 万美元的奖励。也就是说，这场竞赛本身也是开放式的：网飞将各参赛组的结果公布在选手分数榜上，并在三年之内找到了问题的解决方法。[82]

除此之外，开放还有一个同样重要却不太明显的好处。如果你把所有的信息都放在网上，这说明你没有什么好隐瞒的。如果谷歌把软件的源代码公开，那么这代码是否偏向某一公司的利益，大家是有目共睹的。如果果真如此，就应该采取行动，纠正这种偏向。实际上，开放源代码意味着我们关注网络平台的培育，关注整个行业乃至全社会。这让大家看到，竞争环境是公平的，没有谁占有特殊的优势。排除对不公平竞争的质疑，对发展是非常有利的。[83]

开放模式的另一个优势是让用户享受到了自由，来去自如，这与将消费者禁锢起来的做法正好相反。在谷歌，我们专门有一支团队，如果用户选择离开谷歌，这支团队会尽量为他们提供方便。我们希望在公平的环境中竞争，靠自己的优势来赢取用户的忠诚与信赖。如果用户可以轻松选择退订你的服务，那么你就得付出努力，让他们愿意继续留下来。

选择封闭系统的前提

开放无关道德，开放往往是激发创意和降低成本的最好方式。因此，我们可以将开放当作一种战略措施，问问自己：开放能否帮助扩张业务和赚取收入？开放可以为企业带来道德光环，从而吸引创意精英的到来。没有什么比全球平台更能改变世界。

除了几种例外，谷歌一般采取开放模式。在这些例外情况下，我们常常会背上"虚伪"的指责。因为有人会认为，谷歌虽然在某些领域大力推崇开放模式，却偶尔连自己也做不到言行一致。其实，这并不算虚伪，而是务实的表现。谷歌通常最推崇开放，但在有些情况下，封闭也能取得良好的效果。如果你的产品有明显的优势（通常是因为产品背后有强大的科技洞见做支持），而你处在一个快速发展的新兴市场，那么你无须公开你的平台，也可以快速成长。起初，谷歌的搜索和广告引擎就是这样发展壮大起来的，但是，这种情况非常罕见。

另外，开放的平台有时对用户和创意无益。多数封闭平台的既有企业都会说，开放会对品质造成打击，因此，封闭平台是为消费者利益着想，充分表现了他们的行业良心。对于上面所举的谷歌的例子而言，这样的说法的确有一定的道理。如果开放我们的搜索和广告算法，就会使质量遭到重创，因为在搜索领域，许多人都不惜以降低用户体验的代价来增加收入，他们不希望让用户找到与搜索请求最相关的结果和广告，而希望用户浏览他们给出的结果和广告，即便为用户添乱添堵也在所不惜。因此我们认为，谷歌对用户搜索请求与搜索结果进行匹配的演算法进行保密，对搜索引擎的大环境最有好处。

2005年，谷歌收购了安卓手机操作系统公司。当时的安卓规模尚小，有关是否开放安卓系统的问题，谷歌的高管们各执己见。安迪·鲁宾以及安卓团队原本打算封闭系统，但谢尔盖的意见却完全相反。他认为，开放又有何妨呢？安卓系统的开放，可以帮助谷歌在四分五裂的手机操作系统市场中快速实现扩张。因此，谷歌选择将安卓做成了开源系统。与此同时，苹果公司推出了iPhone手机。苹果选择了控制，因此他们采用了封闭式的iOS系统。而安卓则继续保持开放，实现了惊人的发展。安卓系统的平台对谷歌搜索引擎的使用量起到了积极的推动作用（使用智能手机上网的人越多，就意味着使用搜索的人数与频率都在上涨），从而帮助谷歌顺利实现了从个人计算机到个人手机的转变。iOS系统虽然保持封闭状态，也实现了规模和利润双丰收。对于一家新成立的企业而言，谷歌与苹果的两条路都是康庄大道。但请注意：苹果iPhone的成功与谷歌搜索引擎的成功一样，都有一套非同寻常的科技洞见做支持，两家企业之所以能在如此急速发展的市场中制造出卓越的产品，靠的都是科技洞见。如果你能像苹果一样通过封闭系统大获全胜，那么当然可以选择封闭。如果不能，那就选择开放吧。

莫被竞争对手牵着鼻子走

许多企业领导者非常关注自己的竞争对手，这让我们颇感诧异。走进一间坐满大企业资深管理者的会议室，你会发现他们常常因查看手机和想别的事而分心，而一旦提到有关竞争对手的话题，他们就会立即正襟危坐。这就好像你在企业中升到某一级别，竞争者的一举一动和自己部门的表现同样令你关切。坐在企业最高位置上的人，往往更是感觉危机四伏。

这种心态会让人渐渐落入平庸。一些企业领导者花费大量的时间来观察和模仿竞争者，等到最终有所突破、敢于做新的尝试时，他们却在探索的路上瞻前顾后，只敢小心谨慎地做出收效甚微的改变。紧盯你的竞争对手能够给你带来慰藉。企业往往喜欢扎堆，这样一来，谁也没有好机会。就像拉里·佩奇说的一样，如果你的工作只是击败那些和你套路基本相当的公司，那又何谈乐趣呢？[84]

如果你把注意力放在竞争对手身上，那你绝不会实现真正的创新。当你与竞争对手为了市场占有率的几个百分点争得不可开交时，半路往往会杀出一个不在乎市场占有率的竞争者，用全新的平台颠覆整个游戏。在这里仍引用拉里的话："毋庸赘言，我们也会在一定程度上思考竞争的问题。但我认为，我的工作任务几乎可以说是让大家不要去为竞争者分心。我觉得一般人都倾向于思考那些既已存在的事物，而谷歌的任务就是去思考那些一般人尚未想到却非常需要想的事。反过来说，如果我们的竞争者也会这样想，按理来说他们是绝不会把这个秘密透露给谷歌或任何人的。"[85]

这不是说可以对竞争对手视而不见。竞争对手可以促使你前进，让你保持警醒。无论如何要提醒自己时时保持警惕，我们总有掉以轻心的时候。但是，没有什么比竞争对手更能燃起我们的斗志了。2009年，微软公司推出的必应搜索引擎引起了谷歌的极大警惕，我们调动全员，全力以赴地加强谷歌搜索引擎的建设。这一系列的努力，催生出了 Google Instant（在用户输入要求时就能显示搜索结果）以及 Image Search（将图片拽入搜索栏，谷歌就能辨别出图片内容并用图片作为搜索请求）等新功能。不难看出，必应的出现与谷歌搜索引擎这些激动人心的新功能之间，有着千丝万缕的联系。

就像尼采在《查拉图斯特拉如是说》一书中所写的一样："必须以你的敌人为傲，这样，敌人的成功就能变成你自己的成功。"[86] 为你的竞争对手骄傲吧，但不要追随他们。

埃里克的战略会议笔记

我们与我们的团队在企业战略上花费的时间不计其数。如果你已经召集好了创意精英小组，准备为你的新事业起草基本理念，这时你会非常享受这种体验。这些年来，我们参加了不少战略会议，从会议室的白板板书、墙壁上的即时贴、信手记下的摘要以及自己发给自己做备忘的电子邮件中，我们筛选了一些智慧的精华（但愿是精华吧）。在你准备进行第一次战略会议之前，不妨做一参考。

正确的战略有一种美感，众人为了成功而集思广益。

先想想看，5年后世界会是什么情形？然后以此为基点，往前推算。对于那些你推断必定会发生变化的因素多加留心，尤其是受科技驱使而使成本曲线下降的生产要素，或是很可能出现的新兴平台。

5年后，许多市场中既有机遇也有陷阱。那么，什么样的陷阱会影响你？

现在，市场信息触手可及，资金来源非常广泛，因此你需要靠产品和平台制胜。所以，你应该把大部分时间用来考虑产品和平台。

当某一市场遭到破坏时，会出现两种情形。如果你已在这个市场中站稳脚跟，你可以并购或创建一个破坏性挑战者，也可以采取无视的态度。无视挑战者的做法只会在短期内有效，如果你选择的是并购或创建，你必须对挑战者的科技洞见和进攻套路了如指掌。

如果你是挑战者，你需要发明出新产品，并围绕产品打造你的企业，还需清楚既有企业用来遏制你的工具（比如业务关系、商业规范和法律诉讼）以及为你设置的障碍。

你也应该考虑市场其他参与者的动机，他们可能会助你一臂之力。你的战略应当鼓励既有业务框架（比如企业、部门或团队）之外的人与框架之内的人一起开动脑筋进行创新。

增长是重中之重。在互联网时代，所有主要的成功企业都有自己的平台，随着企业的发展，这些平台也会越来越健全，越来越强大。

确立一个大致的时间表，明确你希望达到的最终目标。

不要使用市场调查和竞争者分析。幻灯片会扼杀讨论，应该从与会人员那里听取意见。

迭代对战略至关重要。迭代必须快速，且必须以研究为基础。

许多大型企业的成功都从以下几点入手：

1. 使用创新的方式解决问题。

2. 利用这个解决方式快速成长与扩张。

3. 成功很大程度上是以产品为基础的。

请务必慎重选择那些与你一起制定战略的人。你不应该只看谁与你共事的时间长，也不应该只看谁的头衔大，而应当选择能力最强的创意精英，以及那些对于未来的改变有非凡见解的人。

第三章

人才：招聘是你最重要的工作

20 00 年 2 月的一天，乔纳森来到山景城，为谷歌产品负责人一职与谢尔盖进行面谈。当时乔纳森是 Excite@Home 的高级副总裁，对自己的工作很满意，对跳槽一事还不太确定。如果决定跳槽，他觉得自己应该成为在线搜索和广告方面的专家。实际上，他是克莱纳·铂金斯投资公司的合伙人兼谷歌与 Excite@Home 董事约翰·多尔推荐的人选。因此，只要他肯张口，这个职务就是他的了，而谢尔盖估计想利用这次面谈说服他就任。

谷歌办公楼距离 101 号公路仅一箭之遥，位于湾岸公园大道（Bayshore Parkway）。乔纳森来到人员拥挤的办公楼，跟随谢尔盖走进会议室。一番简单的寒暄之后，谢尔盖向乔纳森抛出了他在面试中最喜欢问的一个问题："你能不能把一个我不懂的复杂问题解释清楚？"竟然还真要接受面试？这让乔纳森出乎意料。乔纳森在克莱蒙特麦肯纳学院主修经济学，是斯坦福大学一位经济学家的儿子。平复了一下心情之后，他在白板上证明了一条经济学定律：边际成本曲线和平均成本曲线相交于平均成本曲线的最低点。接着，乔纳森想说明如何利用成本与收益函数找到最合适的产量，并通过产量最大化赢利，他打算用这招在谢尔盖面前炫炫技（对于主修经济学的人来说，这当然再简单不过了）。不一会儿，谢尔盖便开始一边把玩着他的溜冰鞋一边往窗外看去，这让乔纳森意识到，他的讲解并不透彻。他没能教给谢尔盖任何新知识，讲解的经济学定律也没什么趣味性，而且，作为数学达人，谢尔盖很可能已经对白板上经济学等式的解法了然于心了。乔纳森必须赶紧改变策略，因此他停止卖弄经济学，重新提出了一个话题：求爱的秘籍。他以自己的太太为例，以如何"抛下诱饵"作为引子，开始讲起自己是如何"钓"到与太太的第一次约会的。[87] 谢尔盖渐渐来了兴致，乔纳森最后得到了这份工作。[88]

如果你问大企业的高管："你工作中最重要的事情是什么？"多数人都会条件反射似的回答："开会。"如果你非要刨根问底，"不，我不是在问你最无聊的事情，是在问你最重要的事情"，那么他们估计会想出几条在商学院学到的基本原则，比如"通过制定巧妙的战略以及创造协同机会，在竞争日渐激烈的市场中实现增长"。想想看，如果你把同样的问题抛给顶尖的体育教练或俱乐部总经理，他们会如何作答呢？这些人整天也有开不完的会，但他们回答的最重要的事情，可能是举行选秀、招募或购买最棒的运动员。这种聪明的体育教练明白，再多的战略也无法替代人才，这一点不仅适用于体育场，在商场上亦是如此。物色人才好似刮胡子：如果你不每天下功夫，别人就会看出来。

对于管理者而言，"工作中最重要的事情"是招聘人才。谢尔盖在那次面试乔纳森时，不仅仅是在按流程办事，还要认真做好。起初，乔纳森觉得谢尔盖之所以对面试这么认真，是因为自己铁定会成为谷歌高管、要与谢尔盖紧密合作。但来到谷歌后乔纳森发现，谷歌的领导人对每位面试者的态度都是一丝不苟的。无论面试者应征的是初级软件工程师还是高级总经理，谷歌的面试官都会认真投入时间和精力，尽其所能地为谷歌引入顶尖人才。

你可能觉得这样尽职尽责的做法不足为奇，但事实并非如此。多数高管在上任之前，都要通过"递简历、电话约谈、一次又一次面试、开出条件、反复讨价还价、接受工作"这个常规的流程。但一旦上任，他们就会对招聘事宜避之唯恐不及。他们觉得招募人才是面试官的活儿，像阅读简历这样的事，完全可以委派给年轻的助理或人力资源部的工作队员。面试是个苦差事，而冗长的面试反馈表又让人望而却步，因此免不了把填表任务拖到周五下午快下班的时候，但这时，面试过程中的细节早已模糊不清了。因此，面试者仓促地赶出一份报告，暗自希望他们的同事能给出更靠谱的反馈意见。在多数企业中，高管职位越高，对于招聘事宜越是不管不问。但实际上，这样的做法是本末倒置。

要在互联网时代招聘到优秀的人才，还有一个更为重要的因素。传统招聘模式的层级制度非常严明：决定大权掌握在用人部门的经理手中，用人部门的其他成员提出自己的意见，无论经理做出怎样的决定，高管都会盖章批准。这种模式的问题是，入职新人进入的公司（应该）团结协作，公开透明，员工享有高度的自由，不重视等级。

而现在，单凭一位部门经理的意见就做决策，会对其他团队产生直接的影响。

传统的层级招聘制之所以不适用，还有另外一个原因。领导者（以及管理学书籍的作者们）常说自己会招聘比自己更聪明的人，但实际上，这种情况在层级招聘制度下很难发生。"这个人挺聪明，我们就招聘他吧。"这种决策的确很合理，但我们感性的一面可能会盘算："如果他比我做得更好，我就丢面子了。这么一来，我的升职计划就泡汤了，不但在孩子面前直不起腰，我老婆也会带着我们的狗狗和卡车和那个她在咖啡馆认识的男人私奔了。"在这种情况下，感性的一面往往会击败理性的声音。也就是说，人的本性会占上风。

谷歌的创始人从刚起步时就明白，要持续地雇用顶尖人才，就不应遵循美国企业的招聘模式，而应参照美国大学的筛选模式。美国大学一般不会开除学校教授，因此他们通常会成立委员会，花很长时间来设置教职员工的招聘与升职体制。正因如此，我们两位作者认为，应该摒弃层级制，招聘结果应该通过同事评估、由委员会来定夺。另外，招聘目的应是尽可能吸引最优秀的人才，即便暂时没有与此人经验相匹配的空缺职位也应如此。埃里克就是在没有适当职位的情况下把谢丽尔·桑德伯格招入麾下的。没过多久，谢丽尔就承担起小企业销售团队的创建工作，而这项业务，正是谢丽尔帮助首创的。（众所周知，此后不久谢丽尔便离开了谷歌，跳槽到脸书做了首席运营官，还成为畅销书作家。在你雇用的创意精英中，一些人最终会巧妙地在公司之外为自己创造机遇。在本章靠后的部分，我们会进一步谈及。）同事评估的招聘体制不以组织为重，而以人才为本。创意精英们比具体职位更重要，公司比经理人更重要。

"人才是企业最重要的资产"，这是老生常谈，但真要按这句话的要求来创建创意精英团队，并不简单。重视人才，必须改变团队成员的招聘方式。好在，这些改变任何人都能够做到。对于运营中的企业而言，第一章就企业文化给出的一些建议采纳起来或许有一些难度，不过招聘方式的改革所有人都能做到。改变招聘方式也有棘手之处，因为要把招聘做好，需要投入许多时间和精力。但即便如此，这也将是你最好的投资。

羊群效应

优秀人才组成的员工团队不仅能做出令人满意的成绩，还能吸引更多优秀人才的加入。[89] 顶尖的员工团队就像一个羊群，也就是说，人与人之间是互相效仿的。你只要招到几个优秀人才，就会有一大群优秀人才跟过来。谷歌以顶尖的环境和设施而著称，但多数创意精英之所以选择谷歌，并不是看中了我们的免费午餐、按摩补贴、绿油油的草坪，以及允许带狗狗进入办公室。他们之所以加入谷歌，是因为想要与顶尖的创意精英共事。

"羊群效应"其实是一把双刃剑：虽然 A 级人才大多会招聘 A 级人才，但 B 级人才却不仅会招聘 B 级人才，还会招来 C 级和 D 级人才。所以，如果你在标准上打折扣，或是掉以轻心招聘了 B 级人才，那么很快你的企业中就会出现 B 级、C 级甚至 D 级员工。羊群效应可能对企业大有裨益，也可能对企业造成毒害，其威力在由创意精英组成的新企业中尤为明显。在这种情况下，每位员工对企业的影响力被相对放大，且最早进入企业的员工影响力更加突出。另外，当你把优秀的员工聚集在一起时，你就为他们创造了共享灵感、为实现灵感而齐心协力的环境。情况通常如此，但在早期尤为突出。

精心策划可以营造出良性的羊群效应。"你很棒，我们就招你了。"[90] 这是句吸人眼球的谷歌早期招聘语，其设计初衷就是让新员工产生"好啊，这家公司想要我，我也挺想加入其中"的想法。虽然谷歌的招聘标准非常高，但这句招聘语不仅没有让求职者对谷歌望而却步，反而成为吸引全球求职者的一个手段。乔纳森的办公桌上曾放着一摞由他招入公司的人的简历，在即将要谈妥一位应聘者的时候，他会把这些简历递给对方，让对方对自己将要加入的团队有个了解。乔纳森并没有从所有雇用的员工中挑出佼佼者的简历装点门面，而是把他团队的所有简历全部交出。因此，应该从一开始就设置较高的招聘标准，这样才能吸引高水平人才。

这个忠告在招聘产品部门人员时尤其适用，因为这些人非常容易影响其他员工。在产品人员的招聘过程中务必严格把关，如果你能确保产品这一企业核心部门的人员的质量，这种卓越的质量便会感染其他团队。在企业急速发展带来的喧嚣中，人们往往难免在质量上妥协，而你的目标就是在招聘上严格把关，绝不妥协。

有激情的人不把"激情"挂嘴边

激情，是创意精英的一个明显标志，因为他们都是用心之人。但是，真正有激情的人往往不把"激情"一词挂在嘴边，那么，你该如何判断某个人到底是否有激情呢？以我们的经验来看，许多应聘者都知道激情是面试官看重的一个品质。因此，如果一个人一张口就大肆强调"我是个对……很有激情的人"，接下来又讲到旅游、足球或家庭这种非常空泛的话题，那么你就应提高警惕。因为，唯一能让此人激动的，或许就是在各个面试场上拿"激情"侃侃而谈。

有激情的人不会用激情到处招摇，激情在他们的心中，在他们的行动中。坚持、刚毅、认真以及专注，激情的这些特点绝不是简历上的辞藻堆砌出来的。激情也不总是与成功挂钩，如果某人对一件事充满激情，那么即便刚开始没有获得成功，他们也会长时间地坚持下去。失败往往是不可避免的（正因为这样，谷歌才如此看好擅长运动的人。因为运动能教人如何从失败中重新站起来，或至少提供了许多这种锻炼人的机会）。有激情的人一谈起自己的追求往往会滔滔不绝，有的追求是工作上的：对于谷歌而言，"完善搜索功能"这个追求就足够让人毕其职业生涯为之奋斗，同时每天都兴致勃勃、全心投入。有的追求也可以是个人的爱好：安卓系统的创始人安迪·鲁宾就是机器人的狂热爱好者（谷歌正着手机器人领域的探索，安迪就是这方面的领头人），谷歌的第一位工程负责人韦恩·罗辛痴迷天文望远镜，而我们的埃里克"机长"则迷恋于飞机和飞机驾驶（也喜欢讲有关开飞机的故事）。

这些兴趣虽然看似只是业余消遣，却往往能为企业带来直接的利益。安卓伟大的发明 Sky Map[91]，是一款可以将手机变成星象图的天文观测软件。这款软件就是一群谷歌人利用业余时间（我们把业余时间叫作"20%时间"，在后文中会谈及）研发出来的。这并不是因为他们对编写计算机程序情有独钟，而是因为他们是狂热的业余天文爱好者。我们的一位应聘者学习过梵文，另一位则爱好修理老旧的弹球机，他们也同样让我们印象深刻。这些人的狂热兴趣让他们显得更有魅力，正因如此，谷歌在面试过程中绝不会禁止应聘者侃侃而谈，如果说到他们最有激情的话题，我们巴不得他们滔滔不绝。

应聘者一开口，你就应当仔细倾听，看看他们是怎样激情四射的。比如，运动员大都激情澎湃，但企业需要的，到底是独自一人打磨技艺的铁人三项和马拉松运动员，还是与团队一起训练的人？你眼前的运动员是习惯一人行动还是融入集体，性格是孤傲排外还是与人打成一片？应聘者明白，大多数人都不喜欢职场上的独狼，因此在谈论自己的职场经历时，有人会逢迎面试官的喜好作答。但在谈论自己的爱好时，人们往往会放下戒心，而你则可以利用这个机会更好地考察对方的个性。

雇用学习型动物

想想你的员工。在他们之中，你能坦承谁比你聪明吗？在国际象棋、益智问答游戏或是填字游戏双人对决中，你不希望遇到的对手是谁？我们曾经奉劝大家，请务必雇用那些比你聪明的人。对于这个忠告，你遵守得如何呢？

这个忠告今天仍然适用，但不是出于表面原因。毋庸置疑，聪明人博学多识，因此要比那些资质稍逊的人更容易做出成绩。但是，我们希望你在招聘时不要太看重应聘者掌握了多少知识，而要重视他们尚未开发的潜力。雷·克兹维尔曾说过："信息技术正在呈指数级发展……但人们对未来的直觉并不呈指数级跟进，而是线性的。"[92] 依我们的经验来看，非凡的智慧是所有"指数级思考者"的首要条件。想要衡量人们对变化的处理能力如何，智慧是一个绝好的指标。

但是，智慧并非唯一的判断标准。我们认识许多聪颖过人的人，在面对变幻莫测的"过山车"时，他们却选择乘坐自己熟悉的"转转杯"。面对那些令人揪心的上下颠簸，他们只会一味地选择规避；换句话说，他们选择了逃避现实。亨利·福特曾经说过："不管你是 20 岁还是 80 岁，只要停止学习，就说明你老了。坚持学习的人则永远年轻。人生中最大的乐事，莫过于保持头脑青春永驻。"[93] 而我们理想的应聘者，都是那些勇于乘坐过山车且学习不辍的人。这些"学习型动物"不仅有处变不惊的智慧，也有乐于享受变化的心态。

心理学家卡罗尔·德韦克用另一种方式来形容这种人，她说，这种人拥有所谓的"成长型思维模式"。[94] 如果你觉得你已经定型，那么无论环境如何，你都会一次又一次地重蹈覆辙。但如果你拥有成长型思维模式，你就会相信，经过努力，你的个性是能够培养和改变的。你能够改变自己，也能够适应环境；实际上，在不得已的情况下，你反而能更好、更自如地做出改变和适应。德韦克做过的实验表明，思维模式可以引发一系列的想法和行为：如果你觉得自己的能力是固定不变的，你就会为自己设定德韦克所谓的"操作性目标"，以保持自己的形象。如果你的思维模式是成长型的，你就会为自己拟定"学习目标"[95]，这些目标会鼓励你勇于挑战，而不会因提出愚蠢问题或给出错误答案而惴惴不安。之所以不因此而担忧，是因为你是好学的动物，而从长远来看，这有助于你积累更多的知识、攀登更高的山峰。[96]

多数人在为某一职位招聘员工时，会寻找曾经在这个职位上有过良好业绩的人。但是，靠这种方法是找不到学习型动物的。随便找一份招聘广告细读，你就会发现，任何职位的选人标准中，"相关经验"这一项都排在前面。如果公司正在招聘一位微件[①]设计师，那么在相关要求中，你定会发现"5~10年的微件设计经验"以及"'微件大学'毕业生"这样的条目。

偏重专业而忽视智慧的做法完全是本末倒置，在高科技行业更是如此。世界上每个行业以及每项事业的发展瞬息万变，你正在为之物色人员的职位自然也会变化。昨日的微件明日就会过时，在这种变动的背景下，雇用专家会留下隐患。本来被视为优势的专业知识和技能，会让专家在解决问题的过程中带有偏见，也会让他们难以接受由新洞见支持的创新解决方案。而聪明的通才不存在偏见，因此能够自如地审视各种各样的解决方案，并从中筛选出最好的对策。

寻找学习型动物颇具挑战。乔纳森常用的方法，是让应聘者对以前犯下的一个错误进行剖析。在刚刚步入新千年的时候，他会问应聘者："1996年互联网发展浪潮中，你错失了哪些机遇？你做对了什么？做错了什么？"这是一个暗藏玄机的问题。这个问题先让应聘者说出自己的预见，又引导他们联系实际的观察和感悟，并逼他们承认自己所犯的错误。这是实实在在地承认自己的失误，而不是用"我最

---

① 微件，是指网络2.0时代所用的小型应用程序，如时钟和天气预报软件等。——译者注

大的弱点就是我的完美主义"这样的话搪塞过去。对于这样的问题，谁也不可能给出虚假答案。

这个问题也可以用于近期发生的任何大事上。提这个问题的目的，不是检验对方是否有先见之明，而是看对方是如何从错误中总结经验、思想是如何走向成熟的。很少有人能给出令人满意的答案，但一旦出现让人眼前一亮的答案，你面前的应聘者很可能就是学习型动物了。当然，有的学习型动物会直截了当地告诉你："我没有什么特殊禀赋，只是抱有狂热的好奇心。"[97]这句话出自爱因斯坦之口。面对这样的人才，我们会毫不犹豫地招入谷歌（虽然他把"狂热"一词挂在嘴边，但创立相对论这个成就足以让我们忽视这一点小小的瑕疵）。

在把学习型动物招入公司之后，请让他们继续学习！[98]为每位员工创造不断学习新东西的机会，即便是不能为公司带来直接利益的技能和经验也要让他们接触，然后，鼓励他们把所学的东西付诸实践。真正的学习型动物乐意利用各种培训和机遇来充实自己，因此，这样的要求对他们而言并不苛刻。但对于那些不喜欢尝试的人就要多加注意了：或许，他们并不是你认为的学习型动物。

机场测试

综上所述，激情、智慧以及学习型思维模式都是招聘中不可或缺的参考条件。而除此之外，应聘者的性格同样至关重要。我们要寻找的人，不仅要待人亲切、值得信赖，也要处事周全、了解世界大势。我们要找的，是有趣的人。

以往的面试就像是电视剧《广告狂人》中演绎的一样，总少不了一顿午餐或晚餐或小酌几杯。因此，要判断对方的性格通常并不困难。这样的场合，可以让面试官看看应聘者在私底下是以怎样的面貌示人的：应聘者放下戒心时是什么样子？他是如何对待服务生的？优秀的人才无论是在清醒还是微醺时，都会待人和善。

而现在，面试官很少再把应聘者灌醉，因此，你必须保持敏锐的观察力，尤其要注意对方在正式面试开始之前和之后的表现。乔纳森还在上商学院二年级的时候，曾经参加过一家大型咨询公司的面试。竞争对手是一位出身豪门、家境优渥的男子（乔纳森肯定，他的名字叫作霍兹沃茨·博兹沃茨三世），他不仅资历优于乔纳森，长得也比乔纳森帅。乔纳森觉得，这工作一定是博兹沃茨的囊中之物，自己没戏了。但乔纳森在等待面试开始时与行政助理闲聊了几句，发现她正准备去加州旅行。加州恰好是乔纳森的家乡，于是他马上和对方分享起旅行小贴士，还为对方介绍起景点来。翌日，那家公司打电话来商讨录用具体条件时，乔纳森以为要么是出了岔子，要么就是公司决定同时雇用两个人。但他弄错了。用面试官的话来说，博兹沃茨之所以没有被录用，是因为"他对我的秘书的态度非常恶劣，但是我的秘书却非常喜欢你"。通常，我们都会询问助理对应聘者的看法，也会听取他们的意见。姑且把这叫作"博兹沃茨法则"吧。

另外，应聘者是否有趣，与好的性格同等重要。想象一下，你要与一位同事一起在机场里因飞机延误而待上整整 6 个小时。你能与他开心聊天打发时间吗？你会享受这段时光，还是没过多久就从你的手提行李中翻出平板电脑，拿查阅收件箱或浏览新闻当挡箭牌，避免和旁边这个无聊的人再有任何交谈机会呢？（电视明星蒂娜·菲也有自己的一套类似的测试，她把这个测试的由来归功于《周六夜现场》制作人洛恩·迈克尔斯："如果你不想和某人在凌晨3点的洗手间外偶遇，那就不要把这个人招进来，要不你一整夜都要守在办公室不敢出来了。"）[99]

在面试反馈表上，我们将"谷歌范儿"（Googleyness）与一般认知能力、职位相关知识以及领导经验并列为评判人才的四大板块，从而将机场测试正式纳入了谷歌面试体系。所谓"谷歌范儿"，包括上进心和抱负、团队精神、服务精神、倾听及沟通能力、行动力、效率、人际交往技巧、创造力以及品行等特质。

（拉里和谢尔盖在物色首席执行官时，把机场测试推进一步，他们邀请应聘者共度周末。埃里克则相对保守："伙计们，我不必和你们一起去参加狂欢节吧，咱们改吃晚餐好不好？"）

客观评价人才

能够通过机场测试、具有谷歌范儿、即便在凌晨3点的《周六夜现场》洗手间偶遇也不会尴尬的人，一定是值得你尊敬、能够与你相谈甚欢的人。不过，你不必非要喜欢他。想象一下，与你一起被困在洛杉矶国际机场的人与你没有共同话题，与你所持的政治立场势不两立，但他跟你在智慧、创意以及谷歌范儿的其他方面势均力敌（甚至更胜一筹），那么，你们两人仍然能够进行一场思想碰撞的对谈，而且你们俩在同一团队也会让团队受益。

我们常听到有人说，想找那种可以一起小酌一杯的人共事（或是选这种人当总统）。其实，我们办事最有效率的一些同事，恰恰是我们最不想一起把酒言欢的人。（何止如此，我们偶尔甚至想把酒泼到这种人身上。）和不喜欢的人共事不可避免，因为一家公司的全体员工不应该千篇一律，千篇一律恰恰是失败的温床。要想避免目光短浅，听到各不相同的观点（即观点多样性）是你最好的法宝。

我们可以把话题扯到一个"政治正确"的方向上，大谈保持人员在种族、性取向、身体条件以及所有其他特征上的多样性（事实也的确如此）。但是，如果仅仅以企业利益为出发点，招聘多样化人才的做法便更显正确了。拥有不同背景的人，世界观各不相同。男人和女人、白人和黑人、犹太人和穆斯林、天主教徒和新教徒、克林贡人和罗幕伦人[100]、亚洲人和非洲人、残疾人和健康人……所有这些不同都可以带来课本上学不到的洞见。如果把这些人集结在同一个工作环境中，众人汇集而成的眼界之宽广，是千金也换不来的。[101]

优秀人才的行为举止往往不拘一格。在准备面试时，请务必在进门前把你的偏见抛到一边，[102]集中注意力，看看应聘者是否拥有成功和超越所必备的激情、智慧以及个性吧。

把人才招进来之后，这些法则同样适用于人才的管理。就像招聘过程一样，管理人才也应将打造任人唯贤的环境作为唯一目标，因此，对业绩的管理也应以数据为基础。我们无法强迫自己摒除对性别、种族以及肤色等因素的偏见，因此，我们应建立以事实为准的客观方式来评判人才。这样，最优秀的人才不论长相如何，不论来自哪里，都能在企业中大显身手。

加大光圈甄才

理想的人选就在那里。他们拥有激情和智慧，为人正派、视角独特。那么，你该如何找到他们并将他们吸引到你的团队中来呢？这个链条上共有四个缺一不可的环节，分别是物色、面试、录用、谈论待遇。

让我们从物色开始说起，在这一环，你需要先勾勒出心目中的人选类型。我们负责人员招聘的同事玛莎·约瑟夫森把这个过程称作"加大光圈"。所谓"光圈，"就是相机上一个允许光线进入内感光面以捕捉画面的装置。一般招聘主管的"光圈"非常小，他们只会考虑那些在某些领域拥有一定头衔的人，也就是那些无疑能够出色完成当前工作的人。然而，有洞见的管理者会把光圈调大，将那些被一般标准排除在外的人也纳入考虑范围。

比如，有一家公司以人才济济而名声在外，你偏偏喜欢挖他们的墙脚。这家公司知道你在"觊觎"他们的员工，于是便设下了重重障碍。但如果你能把光圈调大，去物色一些不仅今天能完成工作，明天也能把工作做好的人，你就能挖掘出一些精英之才，或许还能为这些人提供他们当下的雇主无法提供的机遇。有的工程师想加入产品管理团队，却无法从自己的团队脱身；有些产品经理想做销售，却苦于没有空缺……如果你愿意冒险鼓励人才去尝试他们从未挑战过的任务，你就能得到一些非凡的俊才。这些俊才之所以愿意加入你的团队，也正是因为你愿意冒险任用他们。他们的加入，会引来更多勇于挑战自我的人。

举例来说，如果你想招聘一位软件工程师，而你所有的软件编码都是使用同一种计算机语言写成的，这并不意味着你只能寻找精通这种语言的专家。你应该排除编程语言的限制，聘用你能找到的顶尖工程师，因为任它是 Java、C、Python 还是 Go[103]，最棒的工程师都能做到融会贯通。一旦编程语言更新换代（这是不可避免的趋势），你聘用的工程师会比任何人都更适应这种转变。超级计算机之父西摩·克雷在招聘时会特意聘用那些没有经验的人，因为这些人"通常不知道何为不可能"。[104] 由玛丽莎·迈耶创立的谷歌助理产品经理（APM）项目也沿用了类似的洞见，当时，她是乔纳森团队的一名负责人，负责从应届毕业生中聘用我们能找到的最聪明的计算机科学家。这不稀奇，也不困难，许多企业都会聘用出色的大学应届毕业生。但要从项目中给毕业生安排有实际意义的重要职位，就是难点所在了。把这样的职位交给创意精英，可以让他们大展身手，却会让规避风险的管理者心惊肉跳：这些新人完全没有工作经验！（这反倒是好事！）他们要是搞砸了该怎么办？（出错是不可避免的，但新人也会有出人意料的创举。）作为谷歌的第一任助理产品经理，布赖恩·拉科夫斯基为我们开了一个好头。一从斯坦福大学毕业，他就被招到了谷歌，担任 Gmail 产品经理，在谷歌首席工程师保罗·布赫海特的直接管理下工作。现在，布赖恩已经是安卓团队的一位负责人，且 Gmail 也没有被我们搞砸。

当然，我们也有搞砸的时候。萨拉尔·卡曼加曾对我们一位年轻的市场专员印象深刻，想把他调到助理产品经理项目里。不巧的是，这个项目只接收有计算机科学学位的人，因此这位市场专员并不符合条件。萨拉尔据理力争，说这位年轻人是自学成才的程序员，还拥有"与工程师密切合作及与物流相关的经验"，但包括乔纳森在内的几位说了算的高管仍然坚持己见，他们不愿把光圈调大，否决了为这位年轻人调职的请求。这位名叫凯文·希斯特罗姆的市场专员最终选择离开谷歌，与他人共同成立了一家名叫Instagram的公司，之后又以10亿美元的价格卖给了脸书。[105] 凯文，好样的！

将应聘者的职业发展趋势作为评判标准，不失为"加大光圈"的有效方法。我们的前同事杰拉德·史密斯发现，最优秀的人才通常是那些职业生涯处在上升阶段的人，因为如果顺着他们的职业趋势向前推，你会发现他们非常有潜力获得成长和成功。经验丰富、能力超凡的人有不少都处于瓶颈期，对于这些人，你虽然能准确预测出他们所能取得的成绩（这是好的一面），而他们却不大可能再做出令人耳目一新的创举了（这是坏的一面）。但是，年龄与职业趋势之间未必相关，我们这条有关职业发展趋势的准则也有例外（比如，对于创业者以及不遵循传统职业发展路径的人），这些问题值得重视。

随着你在企业中地位的提升，想加大你的"光圈"也会变得难上加难。雇用高层员工时，我们往往会以工作经验作为评判的基础。不可否认，经验着实很重要，但科技已经使得当今多数行业环境充满了变数，拥有相关工作经验已不再是成功的保证。在为高层职位物色人选时，许多企业都会过于看重相关经验，而实际上，他们应该把注意力放在创意精英的能力上。

比如，2003年，我们要找一位人力资源主管，充实谷歌的高管团队。我们面试了大约50名候选者。从传统意义上来说，其中许多人都拥有非常丰富的经验，但我们明白，这些人中没有一个人能够胜任。我们正在培养一家发展速度史无前例的公司，因此，候选者所具备的中规中矩的实际工作经验并不符合我们的要求。我们需要的高管，懂得如何打造功能强大的引擎，帮助谷歌的发展速度得到质的飞跃。

这个遴选过程非常漫长，埃里克曾一度脱口而出："给我找个获得过罗德奖学金的天体物理学家算了。"经过一番讨论之后，我们认为，天体物理学家的能力虽然够格，但大概没有人愿意加入谷歌来做企业高管。谢尔盖于是发话了："那好吧，给我找个律师事务所的合伙人吧。"不久，乔纳森就在谢尔盖的办公室发现了一位奋笔疾书起草合同的合伙人应聘者。这位合伙人正在完成谢尔盖布置的一项任务：写一份内容全面、有趣的高质量合同。半个小时之后，这位应聘者将他写就的 666 号合同交给了我们，按合同的内容，谢尔盖·布林先生以 1 美元及许多其他附加条款为条件，将灵魂出卖给了魔鬼。这份合同写得既精彩又幽默，但专业性有所欠缺，因此，他最终没能得到这份工作。

找律师事务所合伙人这一招失败之后，与谷歌合作的招聘官玛莎·约瑟夫森提出建议，或许，把麦肯锡合伙人与罗德奖学金获得者的特征整合在一起，才能找到合适的人。她将肖纳·布朗举荐给我们，我们将肖纳招入谷歌，并把业务运营的职务交给了没有相关经验的她。这一招非常令人满意，2008 年，可敬的谷歌首席财务官乔治·雷耶斯离职，我们需要找一位新人来接替他的位置。埃里克要求玛莎"再找一个肖纳·布朗式的人选"，玛莎为我们推荐的是曾担任麦肯锡合伙人的帕特里克·皮切特，同年，帕特里克成为谷歌的新一任首席财务官。

（谷歌对优秀人才的偏好，并不限于招聘资深高管。一次，乔纳森准备到谷歌设在伦敦的办事处，在肖纳主持的会议上对一批获得罗德奖学金的学者发表讲话。他正在思考如何从这些人中选出一部分到总部进行进一步面试，没想到在走廊里碰到了谢尔盖，就将自己的苦恼倒了出来。"何必非要做出个决断呢？"谢尔盖说，"把这些人全都招进来不就行了。"这个建议初听起来着实疯狂，但乔纳森越想越觉得有理。最终，这批罗德奖学金获得者中有不少都在谷歌取得了不俗的业绩。）

加大光圈的做法会带来风险，有时甚至会导致一些失败。在刚起步的时候，招聘初出茅庐但禀赋过人的人才，要比招聘那些不甚出众但身经百战的人更有风险。招聘负责人或许不愿意把这些损失归咎于自己，但为了企业的整体利益，他们必须抛却顾虑。招聘那些才华横溢的通才，会让企业受益良多。

全员出动招募人才

很多人都认识那种履历光鲜的人：攀登过乔戈里峰，是奥林匹克级的曲棍球手，出版过一本备受赞誉的小说，以优异成绩从大学顺利毕业，刚刚举办过一场美术展，成立过一家（实实在在的）非营利组织，能说4种语言，拥有3项专利，用业余时间编写了广受好评的应用程序，担任乐队主音吉他手，跟最火的明星同台共舞。如果你身边有这么一个人，那么与你共事的人都很可能认识这么一个人。可是，你为什么只让招聘官来负责招聘工作呢？如果每个人都认识一个奇才，为什么不把招募奇才的任务交给每个人呢？

要建立一种成功的招聘文化，让杰出人才源源不断地来到公司，你就需要理解招聘官在物色应聘者这项工作中所扮演的角色。一个提示：物色人才不只是招聘官的事。不要误解：我们喜欢优秀的招聘官，终日和他们打交道，欣赏他们明察秋毫的眼力和辛苦的付出。但是，物色人选人人有责，这个洞见需要渗透到企业深层。招聘官管理招聘流程，但人人都应参与到招聘工作中来。

对于小型企业而言，全员参与招聘非常自然，因此并不困难。然而，当企业达到一定规模时（按我们的经验，当员工达到大约 500 人时），管理者会更加关心人员的分配，却会对接管职务的具体人选有所忽略。他们常常会把"为人员分配而纠结"挂在嘴边，却不常谈到"如何寻找精英之才"。因为找人只是招聘官的职责？答案明显是否定的。过于依赖招聘官，会让招聘官不再百里挑一地寻找精英人才，而安于拿平庸之辈甚至无用之才来充数。因为一旦犯错，承担损失的不是招聘官本人，而是企业。另一方面，人才济济的企业很容易在人员规模上翻倍。就像拉里常常告诉我们的，每位员工只需引荐一位俊才，这个目标就可以实现了。如果你把招聘的责任完全委派给他人，招聘质量也会随之降低。

要把招募人才纳入每位员工的职责，并进行评估。统计每个人举荐的人数和带来参加面试的应聘者人数；评估员工填写面试反馈表的效率；鼓励员工为招聘出力，并记录员工参与招聘活动的频率。然后，在评估业绩和提拔员工时将这些数据作为参考。招聘是所有人的工作，因此，也该按此洞见评估员工。

面试是最重要的技能

你对招聘的要求越高，面试的过程就越重要，也越富有挑战性。面试比简历更能说明问题，因为通过面试，你可以对应聘者有一个真正的了解。一个人的简历可以告诉你，此人曾在一所名校主修计算机科学，不仅成绩优异，还是田径队员。但通过面试你却能发现，这个人其实是一个几年都没有什么创见的平庸之辈。

对于商务人士而言，最重要的技能是面试技巧。恐怕没有人在管理类书籍或 MBA 课堂上接触过这个洞见，在谈到成功时，首席执行官、教授以及投机资本家们总会大谈人才至上（这个观点是正确的），而关于如何挖掘出色的人才，他们却闭口不谈。他们总是空谈理论，但做企业需要实践。在实践中，你的职责就是要在有限的时间以及人为设置的环境中辨识出应聘者的优势。这需要一套独特而高深的技巧，实际上，掌握这套技巧的人可谓凤毛麟角。

前文中我们曾说过，如果被问及"你工作中最重要的事情是什么"，人们的第一反应大多是"开会"。不可否认，我们的大部分工作时间的确花在了开会上。开会有一个好处：你在企业"食物链"上的位子越高，你就越不用在会议的准备上下功夫了。会议的准备工作自会有下属去承担，而企业的最高领导（或是接近最高位的领导人物）只需聆听和点头就行了。会议结束后，下属带着各自的任务离席，而你则一身轻松地去赶下一场会议。

要想成功组织面试，就必须做好准备。无论你是资深高管还是刚入职的助理，都是如此。要成为一名合格的面试官，对职位的理解和对应聘者简历的阅读自不必说，不过最重要的，是要细心斟酌你的面试问题。

首先要做些研究，对应聘者的身份和业绩加以了解。浏览应聘者的简历，看看这个人之前做过什么工作，然后用谷歌搜索引擎搜集有关应聘者及其业绩的相关信息。这么做，并不是为了搜出应聘者在狂欢节上的醉酒照，而是要对此人形成一个印象，看看他到底是不是个有趣的人。接下来，把搜集到的有关应聘者以往业绩的信息运用在面试过程中，加深你对此人的了解。必须要用富有挑战性的问题来调动应聘者的积极性：你上一次经手的项目遇到了什么样的阻力？（或为什么能够成功？）你需要识别出你对面的人到底是"鸡蛋"还是"石头"，是弄潮儿还是应声虫。

你的目标不是要进行一次礼貌的谈话，而是找到此人的局限，即便如此，面试过程也不应太过紧张。最理想的面试过程，就像友人之间的知性对话（比如"你现在在读哪些书"）。你的问题应该深刻而广泛，问题的答案应是开放的（以此来试探出应聘者的思维模式），且要留出反驳的余地（这样，你就可以看看应聘者是如何捍卫和维护自己的观点的）。让不同的应聘者回答同样的问题不失为一种好方法，这样，你就可以对他们的答案有总体的把握了。

在问及应聘者的背景信息时，不要只让对方干巴巴地复述自己的经历，而是要让对方分享从经历中获得了什么样的领悟。鼓励对方展示自己的思想，而不是老拿简历说事儿。要想了解对方的思想，"你经历过哪些出乎意料的事情？"这个问题不失为一个好的引子。因为这个问题与一般的面试问题有所不同，是应聘者始料未及的，这样，他们就不能用事先拟好的答案来应付，而必须稍微换个角度来审视自己的经历了。"你是怎么支付大学学费的？""从你的网页历史记录里，我能得到哪些从你的简历上得不到的信息？"这些问题都能让你对应聘者有更深入的了解，因此都是好问题。除此之外，这些问题还非常具体，可以帮你判断对方对问题的倾听能力以及组织答案的能力。

面试中，情景问题往往很有帮助，这些问题尤其可以让你看到较为资深的应聘者给下属分派任务的方式以及是否信任下属，因此比较适于向资历较深的应聘者提出。比如："当你遭遇危机，或是需要做出一个重大决断的时候，你会怎么应对？"这样的问题，可以让你看出对方是那种"自己动手，丰衣足食"的类型，还是喜欢依靠他人帮助的类型。前一类型的人比较容易对下属产生不满，因此看重控制权；后一种类型的人则倾向于雇用优秀人才，也更信赖自己的员工。如果对方给出的答案过于空泛，说明此人对问题的认识有所欠缺。应聘者给出的答案应该能引起你的兴趣，至少也应做到有的放矢。如果你得到的回答一听就是从营销报告中摘录下来的，或只是在泛泛地复述一些常识，那么你面前的应聘者就是个一般人，不擅长深入地钻研问题。

另外，我们不得不提一提谷歌那些令人"闻风丧胆"的智力谜题。近几年来，我们一步步地将这些谜题从面试中剔除了出去。我们的许多智力谜题（以及答案）都出现在了网上，有的应聘者的确是凭真本事找到了这些难题的答案，但有的应聘者则是先在面试前做足了准备，还表现出一副事前对所有谜题一无所知的样子（高超的演技当然是一种可贵的能力，但谷歌并不需要），因此，这些谜题已逐渐失去了检验应聘者能力的功能。除此之外，作为筛选精英人才的工具，我们的谜题还成了舆论的众矢之的。对于这些提出批评的人，我们要说：你们是对的。谷歌想要把那些头脑最灵光的人招入麾下，因为我们相信，优秀和卓越的人才之间存在着千里之别。为了将这两种人才区分开来，我们会尽一切努力。如果批评者还固执地认为在招聘上奉行精英主义是错误的，那么，我们也有一个问题要问你：如果有 12 枚硬币，其中有 1 枚的重量与其他 11 枚不同，那么利用一架天平，你如何能只称 3 次就找出假币呢？[106]

在为组织面试做准备的时候，不要忘了，应聘者并不是唯一接受面试的人。一位能力过人的应聘者在接受你的评估，同时也在对你进行审视。如果你把面试刚开始的几分钟时间用在阅读应聘者的简历和东拉西扯上，这位正在考虑如何在几个工作机会之间做出选择的应聘者（优秀应聘者的工作机会绝不止一个）对你可能就不会有什么好印象。第一印象是双向的，你在审视别人，别人也在审视你。

你不仅需要斟酌你提出的问题，也要留意那些提出深刻问题的应聘者。这些在提问时语出惊人的人充满了好奇心，要比一般人更聪明、更灵活、更有趣，他们有自知之明，明白自己并非无所不知。这些创意精英特质，不正是你苦苦求索的吗？

想要拥有主持面试的技巧，唯有靠练习。因此，我们鼓励年轻人抓住一切面试机会来锻炼自己。一些人听取了我们的意见，但多数人还是更愿意把时间花在自己最重视的工作上，而没有意识到我们委派给他们的这些主持面试的机会有多么可贵。想一想吧，你不仅能锻炼一项最为重要的技能，还能拿到酬劳，除此之外，你不大可能成为应聘者的上司，那么即便你看人看走了眼，也不会自食苦果。但任凭我们苦口婆心，他们还是听不进去。要想让员工主持面试，简直像拔牙一样痛苦。

当然，主持面试并不是人人在行，而那些不愿磨炼面试技巧的人是不会为此下功夫的。在谷歌，我们执行一种名叫"面试官委员会"的模式，这支精英团队的成员不仅面试技术高超，还乐在其中，面试的主要任务就落在了他们肩上（相应地，他们会在业绩评估时得到高分）。想加入这支团队的产品经理不仅要接受面试技巧的培训，还需陪同面试官参加至少 4 次面试，才有主持面试的资格。一旦加入面试官委员会，就要接受一系列业绩指标的评判，包括主持面试的次数、可信度（竟然有那么多人觉得在最后关头取消面试是无可厚非的，甚至有人干脆爽约，真叫人不可思议）、反馈信息的质量以及给出回复的速度（面试 48 小时后给出的反馈信息质量会大打折扣，我们的顶尖面试官会专门在面试后腾出时间来给出反馈）。我们会公布评分，让那些非团队成员"挑战"现任面试官，表现更优者甚至可以取而代之。换句话说，得不到主持面试的机会本身就是一种惩罚。有了这种模式，面试不再是讨厌的杂活儿，而成了少数人享受的特权，谷歌的面试质量也得到了全面提升。

就算你在网上搜到了应聘者在狂欢节上的醉酒照，如果这照片不能说明此人在人格上存在严重缺陷，我们也不会因为网络照片和某些评论而产生成见。不要忘了，激情是我们在招聘时看重的特质，而有激情的人在网络上也往往是活力四射的人物。这充分彰显了他们对数字媒体的热爱，而这一特质，正是当今社会所看重的。

将面试时间设为 30 分钟

有谁规定面试时间必须要持续一个小时？走进面试现场不过几分钟，你往往就能判断出应聘者于这家公司和这项工作都不适合。谁规定你必须要用毫无意义的闲聊苦挨到一个小时结束？这纯属浪费时间。正因如此，谷歌的面试时间只有半个小时。多数面试都会以失败告终，因此你应该少在这些面试上浪费时间，而大部分有能力的面试官只需半个小时就能判断是否该给对方否决票了。如果应聘者赢得了你的欣赏、让你有继续聊下去的欲望，那么你随时可以再安排一次面试，或是当下就拿出时间继续聊（如果你在面试后专门安排了 15 分钟写反馈信息，那么聊天的时间就很好找了）。如果面试的时间紧迫，双方就没有时间闲扯家常，也无暇提没有意义的问题。这可以让你们的谈话内容多点蛋白质，少点脂肪。这样一来，面试双方（特别是你）就能进行一次实实在在的交流了。

许多公司的面试不仅时间过长，次数也过多。刚刚加入谷歌的时候，我们对一位特殊的应聘者进行了 30 多轮面试，可还是下不了录用他的决心。这种做法简直是失策。于是我们果断宣布，每位应聘者参加的面试次数不得超过 30 次。之后我们做了一些调查，在 4 次面试之后，面试官的人数每增加一位，只能为面试决策的准确度带来不到 1% 的提高。换言之，4 次面试之后，每次额外面试所产生的增量成本都要大于额外的反馈信息对最终录用决定带来的价值。因此我们规定，每位应聘者至多只能接受 5 位面试官的面试，巧合的是，5 这个数字正好还是个质数呢（至少计算机科学家会觉得这是好事）。

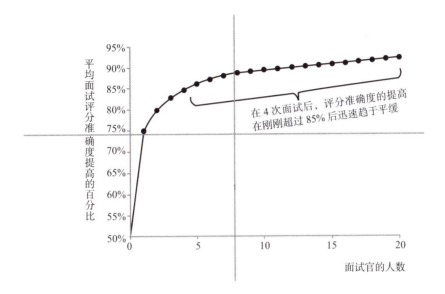

自有主张

谨记：从面试官的角度来说，面试的目的就是要形成自己的意见。这个意见不能模棱两可，要么行，要么不行。面试官平均打出的分数是 3 分，意思就是："如果有其他面试官大力推荐这个人，那我觉得把工作交给他也可以。"如果各位面试官打出的平均分是 3 分，这毫无问题，但如果单个面试官打出了 3 分，这便是逃避的表现。因为这个数字说明这位面试官不置可否,推卸责任,让别人来做决定。我们觉得,面试官必须要有自己的明确立场。比如,在产品管理团队招聘新人时,如果某位面试官为应聘者打了 4 分,就是宣称:"这个职位非此人莫属。如果其他人反对录用这个人,就等着和我理论吧。"这样的评分不仅是说"录用这个人吧",更是在说"如果有人妨碍这个应聘者入职,我是一定会追究的,我会拿应聘者简历里的客观数据跟你据理力争"。

这种评分背后所暗含的情绪非常强烈:我有话要说。因为创意精英对加入自己团队的成员非常在乎,就好像在迎接新的家庭成员的到来。他们觉得,每次面试都应该有一个结论,而不应优柔寡断、模棱两可。

要想让别人有自己的主张,你就要让他们意识到自己该对什么有所主张。做出是否录用应聘者的决断自不必说,除此之外,还需有人指导面试官如何做决断。在谷歌,我们从 4 个方面对应聘者做出评价,且保证不同领域的应聘者在这四个方面的评判标准一致。无论是销售人员、财务人员还是工程人员,各类创意精英无论在哪个业务领域,无论级别高低,都在这 4 个方面取得了不俗的分数。具体分类如下:

- 领导力:我们想要知道,应聘者在不同情形下是如何运用手腕来调动团队的。无论是领导某个团队还是机构,甚至是没有正式领导头衔却为团队的成功出力的事例,都可以包括在内。
- 职务相关知识:我们寻找的是那种爱好广泛、激情四射的人,而不是仅在单一领域富有造诣的人。我们也希望应聘者具有帮助他们胜任新职位的经验和背景。特别是在工程师的选拔过程中，我们会检验应聘者的编程能力以及专业技术水平。

- 一般认知能力：比起成绩单，我们更感兴趣的是应聘者的思维方式。我们常会突出一些与具体职务有关的问题，来看看应聘者是运用怎样的洞见来解决问题的。

- 谷歌范儿：我们希望感知每位应聘者的独特之处，也希望他们能在谷歌这个平台上大展宏图。因此，我们会观察应聘者是否拥有不斤斤计较、敢于行动、乐于合作的天性。

设立招聘委员会

许多企业在面试上常犯的另一个错误，就是将录用的决定权交给用人部门的经理。这种做法的问题在于，企业人员的流动性大，人才进入公司之后，用人部门的经理很可能只在几个月或一两年内担任新人的上司。除此之外，在办事高效的组织中，你的同事要比你的上司重要得多。把录用权交到一个一年后就与员工业绩毫不相干的经理手中，实在太过草率了。

因此，谷歌特地成立了招聘委员会来做招聘决策。有了招聘委员会，无论你的身份地位如何，只要想雇用某人，就需要招聘委员会通过。委员会的决策以数据为根据，而不看谁的关系硬或谁说话算数。进入招聘委员会的首要标准是，一切以公司利益为出发点，绝无其他。委员会需要有一定数量的成员，以确保看问题视角的全面，但同时也要对人员有所限制，确保办事效率，因此，四五个成员的规模刚刚好。委员会在人员设置上要突出观点的多样性，因此，务必吸收资历背景和技能优势各不相同的人选（因为人们往往偏爱那些"和自己是一个模子里刻出来"的人）。在委员会选人过程中，用人部门的经理并非只能坐等结果。他们（或是他们指派的招聘官）可以参与委员会会议，还可以决定某位应聘者能否进入录用环节。也就是说，用人部门的经理虽然没有招聘决定权，却手握一票否决权。招聘委员会需要确保应聘者与用人部门的经理不沾亲带故，除非此人恰巧是个超级明星。

进入新千年后，谷歌开始大量引入人才。而埃里克、拉里和谢尔盖却发现，许多新人虽然优秀，但能力与谷歌的需要还有一定的差距。三人认为，每个团队的具体工作他们或许难以掌控，却可能对各团队的员工进行把关。拉里提议，让高层管理者对录用的每位新人进行审核，这也是招聘委员会制度的缘起。这个制度由乌尔兹·霍尔泽建立，下设不同等级的委员会，位居顶层的便是拉里的"一人委员会"。这些年来，谷歌的每份录用决定都需要经过他的审核。这个制度让与招聘相关的所有人员看到了谷歌对招聘的重视程度，我们这样设置招聘的关卡，为的是提高质量而非效率，是为了实现控制而非扩大规模。当然，这么多年来，我们一直在努力高效地扩大规模。虽然我们现在的员工超过了 4.5 万人，但我们初心不改：没有什么比招聘质量更重要。

在这个招聘体制之下，招聘信息包就相当于流通货币。招聘信息包中包含了谷歌在对应聘者进行层层面试的过程中积累下来的所有信息。这个信息包的内容不仅全面，还必须规范，这样不仅能确保招聘委员会的所有成员都能拿到完全相同的信息，还能保证这些信息能全面反映应聘者的情况。我们的工程师就是本着这样的目标设计谷歌的招聘信息包的（另外，让拉里满意也是目标之一，因为每份录用决定都要经他过目），整个谷歌（不分职能、国别、等级）使用的信息包模板都是标准化的，同时也有一定的灵活性。

理想的信息包在完成后，应包含大量资料数据，而不应满是面试官的私人意见，这一点至关重要。如果你是用人部门的经理或面试官，仅仅表达自己的观点是不够的，你必须用事实支撑你的观点。你不能用一句"他很聪明，应该录用他"了事，而应该说："我们应该录用他，因为他很聪明，他的麦克阿瑟奖学金就是明证。"然而，多数应聘者并没有获得麦克阿瑟奖学金的亮眼经历，因此，想要用具体数据或实际观察来支持每一个观点，要比以上例子困难得多。但是，凡是不包含具体资料的招聘信息包，委员会都不会予以考虑。

信息包是招聘委员会唯一可用的信息来源，这也是一条非常重要的准则。信息包里不包含的内容，一律不予考虑。这样一来，大家就必须在创建招聘信息包时进行缜密的考虑。在信息包中隐瞒信息，然后在委员会上"使出必杀技"是不可取的，如果你想把必杀技留到最后，被杀的人可能反倒是你自己（这只是个比喻）。那些被成功录用的人靠的是强大的信息包，而不是委员会成员的呐喊助威。

强大的信息包包括一份涵盖所有关键信息的摘要，还包括全面综合的支持性材料。摘要由硬性的数据以及支持录用决策的具体证据构成，而支持性材料则包括面试报告、简历、之前的薪酬水平、推荐资料（特别是那些由内部人员推荐的应聘者），以及其他相关材料（大学成绩单、应聘者的专利或奖项的复印件、编程或编码样本）。

在整理招聘信息包的时候，细节不可忽视。举例来说，如果你的应聘者刚从研究生院毕业，那么他的学校在计算平均成绩时使用的是一般美国大学的 4 分制，还是像日内瓦大学那样使用 6 分制呢？在考虑刚毕业的研究生的班级排名时，我们注意到了细节：由于分数虚高现象，A 这个成绩有可能不再像以前那么能说明问题了，但如果应聘者在班里的成绩位居第一，这依然能说明此人是全班学业最好的人。另外，信息包的格式应简单明了、便于快速浏览。比如，你可以把应聘者最机智和最失败的回答标记出来，让人一目了然。但是，你不需要重新制作一切资料。比如，应聘者的简历原件就应该按照原样放在信息包里，这样，所有打字和排版上的错误就都暴露在众人眼前了。把信息包的细节做好，才能让委员会准确掌握应聘者的方方面面。

但是，即便全部由数据组成的信息包也不一定完全真实。每位面试官的打分标准都不同，一位面试官打出的 3.8 分，在另一位面试官看来可能只值 2.9 分（一位"无理"的面试官，可能直接就拿无理数 π 来打分）。怎样解决偏见造成的问题？那就引入更多数据吧。你可以规定，信息包必须包括应聘者过去面试的一切数据：面试次数、分数范围、平均分。这样，委员会才能在做决策的时候考虑到哪些面试官打分较高，哪些面试官的打分比较容易处在倒 U 形曲线的中间位置。（面试官们在得知这些数据会被收入信息包后，往往会更加严谨负责，打出的分数也更能反映自己的主见。）

一些管理者想在团队建设上掌握绝对控制权，因此，建立招聘委员会的决定引起了一部分人的强烈反对，有人甚至扬言要离职。由他们吧。如果有人想在自己的团队中一手遮天，那么这样的人不用也罢。像这样在工作中某一方面专横独断的管理者，在其他方面往往也会飞扬跋扈。英明的管理者明白，招聘委员会这样的机制对企业大局而言是大有裨益的。

同理，升职决策也应该由委员会定夺，而不应该对管理层的意见言听计从。谷歌的管理者有提名升职候选人的权力，也可以在整个过程中扮演支持者的角色，但是决定的大权却不在他们手中。这其中的原因与谷歌招聘制度背后的原因相同：有关升职的决策事关整个公司，如此重要的事宜，只交予少数管理者的话太欠考虑。相比之下，对晋升事宜使用委员会制度还有一个附带的好处：许多（按我们的经验，应该是多数）创意精英都不喜欢冲突，也磨不开面子回绝别人，而有了委员会制度，他们不必亲口对别人说"不"，只需把这任务交给更为"铁面无私"的委员会。这些细节虽然微不足道，在人们为升职候选人评分时起到的安抚作用却出奇的好。[①]

宁缺毋滥

谷歌对招聘质量的重视，并不意味着招聘的过程注定缓慢。实际上，我们在前文中介绍的有关谷歌招聘方法的一切内容，都是为了加

[①] 有关谷歌招聘人才的方法还有许多，在这里不能一一详述。要了解更多内容，一探招聘过程以及人员管理方法背后的究竟，你可以读一读我们的同事拉斯洛·博克的新书《重新定义团队》（Work Rules!）。谷歌成立初期建立的原则是如何形成任何团队和公司均可模仿的管理体制的呢？欲知详情，且听谷歌人力运营部负责人拉斯洛在书中细细道来。

速招聘过程。我们不仅将面试时间限为半小时，还规定每位应聘者至多只能接受 5 位面试官的面试。我们告诉面试官，一旦结束对应聘者的面试，就应该立刻将是否录用的决定明明白白地告知用人部门的经理。我们对应聘者的信息包进行了特殊的设计，为的就是让掌握最终决定权的招聘委员会在 120 秒内浏览完信息包中的所有内容。（不开玩笑，我们真的会计时。）这些程序不仅让招聘过程具有延展性，也有助于招聘的清晰度和条理性。除此之外，让应聘者连轴参加面试以及苦等结果都是不公平的，因此，应聘者也是这些程序的受益者。毕竟，如果应聘者是你想雇用的人，他们也一定是行动迅速的人。

然而，招聘中有一条黄金法则是不可违背的，那就是：宁缺毋滥。如果质量和速度不可兼得，那质量一定要放在首位。

给优秀人才超出常规的回报

创意精英一旦入职，就要给他们回报，而卓越的人才应当获得丰厚的报酬。在这里，我们依然可以从体育比赛中寻找指引：杰出的运动员，相应地会收获优厚的酬劳。许多顶尖专业选手都能获得千万美元的合约金，而那些坐冷板凳等待替补出场机会的新手，只能赚几十万美元。那么，体育明星到底值不值这么高的身价呢？曾有人问伟大的棒球明星贝比·鲁斯，拿着比赫伯特·胡佛总统还高的薪金，他心里是否坦然。贝比回答说："有什么不坦然的？我去年的表现比他要好。"在这里，我们可以给大家一个理由更充分的回应：没错，高人就是要有高薪（如果他们的表现能达到预期水平的话），因为成功的运动员拥有特殊的技艺，能带来非凡的杠杆效应。也就是说，如果他们发挥得好，带来的影响力也是超乎寻常的。他们能带动团队取胜，胜利可以带来巨大的商业利益：球迷越多，观众越多，球衣和球帽的销量也会越多。这样，球队就会大赚。

现在的创意精英与专业运动员之间的共同点也许寥寥无几，但二者之间却有一个非常重要的共有特征：他们都能产生超乎寻常的影响力。表现优异的运动员能够拿到优厚的薪水，创意精英在商界也理应如此。如果你希望顶尖的员工能拿出更加优异的表现，那就用超出常规的薪酬来做嘉奖和激励吧。

但这并不是说你应该大手笔地给新入职的员工高薪。实际上，你的薪酬曲线的起点应当放低一些。吸引创意精英的因素，不应只限于金钱，还应有大展身手的机会、并肩共事的同事、肩上的责任和享有的机遇、激发灵感的企业文化和价值观，当然了，或许还有免费的美食以及办公桌旁悠闲蹲坐的狗狗。（谷歌的一位资深工程师曾经提出想把他的雪貂带到办公室来。公司同意后，他从未在薪水上跟我们讨价还价过。）一旦这些创意精英成为你的员工、开始投入工作后，你就应该视其表现给予相应的薪酬。员工产生的影响越大，收获的薪水就应该越高。

从另一方面来说，只有在创意精英表现突出时，管理者才能给予优厚的回报。在少年棒球联盟的训练中，即便你一直懵懵懂懂地站在右外野摘雏菊、找幸运草，也能获得奖杯和观众的起立叫好，但管理者面对的是专业人士，而不是少年棒球赛的教练。我们说人生而平等，意思是说每个人都被赋予一些不可剥夺的权利，但这绝对不是指每个人在自己从事的工作中都具有同等的能力。既然如此，那就不要在发薪和提拔人才上本着"人人平等"的洞见。在传统的商界，身居高位（首席执行官们高得离谱的薪酬就是明证）以及工作内容涉及买卖交易的人（比如投资银行家和销售人员）会获得更高的酬劳。[107] 但是在互联网时代，产品质量才是王道，因此，最高的报酬理应属于那些与卓越产品和伟大创意关系最密切的人。也就是说，那些身处低位却对突破性产品或功能有所贡献的人，理应获得满意的回报。无论头衔和地位如何，那些旷世奇才就是应该得到超出常规的回报。在这里我们最为看重的，是人才带来的影响。[108]

换出巧克力，留下葡萄干

你花大力气打造了招聘流程，终于把这些出类拔萃的创意精英招入企业，而他们竟然跳槽抛弃了你!! 这就是对你的回报吗？没错，让我们来提醒诸位：优秀人才被招进来后，有人会意识到，在你的公司之外尚有一片更广袤的蓝天。这并非坏事，实际上，这可以说是健康的创意团队中不可避免的副产品。但即便如此，你也应当极力挽留人才。

想要留住创意精英，最好的方法就是避免让他们太过安逸，而是不断用新的想法保持他们工作的趣味性。乔治斯·海力克是创立 AdSense 的团队成员之一，也参与解决了我们前文中所述的"糟糕的广告"问题。在他提出想离开谷歌时，埃里克建议他列席几次谷歌的管理会议。埃里克将乔治斯添加在了电子邮件的通讯组列表中，如此一来，参加管理会议的除了谷歌的创立者以及所有向埃里克汇报工作的高管，还有乔治斯。埃里克以及谷歌其他的领导者学会了更好地从工程人员的视角看问题，而乔治斯也学到了不少企业运营知识。他的参会经历激发他加入了产品管理团队，在公司里又足足多待了两年。要不是埃里克的这一招，又何来乔治斯这两年对谷歌的贡献呢？

乔纳森在召开管理会议时，也会使用类似的方法激励下属。一般而言，高管都会特别委派一位会议主席，但是，指定会议主席全权负责只会助长等级意识。为了解决这个问题，乔纳森指定了一批产品经理助理，每隔 6 个月就会换一个人作为执行会议主席，在确保完成本职工作的前提下担任乔纳森的直接下属。其余的产品经理助理则可以接手一些被戏称为"苦差事"的项目，也就是谷歌内部网站上登出的一些辅助性任务。比如，2003 年 9 月发布的一项任务，就是帮助拉里·佩奇加深对谷歌项目完成情况的了解。这或许不能算是最让人激情四射的任务，但为了争取与公司联合创始人共事的机会，几位年轻的产品经理助理还是踊跃地报了名。这些任务的目的并不是为管理会议增添刺激，也不是要使用廉价劳动力，而是为了给我们聪明能干的员工的生活中增添些乐趣和挑战。

但是，要想让员工全情投入、避免人才流失，只靠有趣的任务是不够的，你还需要确保最有价值的员工的利益不受企业条条框框的制约。萨拉尔·卡曼加的例子放在这里再恰当不过了，因为他一从斯坦福大学毕业，就被两位创始人招进了公司。萨拉尔参与了 AdWords 的创建，还在产品管理部门任职数年，但当他做好担任总经理的准备、想要承担更多职责时，谷歌却没有适当的职位安排给他。于是，我们特地为他创造了一个职位，让他担任 YouTube 的主管。如果创意精英需要或想要有所突破，谷歌便会尽力想办法来为他们创造条件，这样的例子可谓数不胜数。为了让这些员工大展身手，公司情愿自我调整、全力配合。

想要鼓励员工尝试新的角色，可以通过轮换制来实现，但如果不在具体实施上多加注意，则可能事与愿违。谷歌的助理产品经理项目（及其在市场营销及人才管理方面的衍生项目）规定，项目人员每隔 12 个月必须轮换一次。这种要求对于初级员工参与的小型项目而言非常合适。但是，要想在一家企业大范围推广这种有组织的人员轮换制度，难度可想而知。因此，我们的应对方法是鼓励岗位间的人员流动，尽可能减小流动的难度，并将有关事宜列为管理层的常规讨论事项。我们在管理会议和与管理者的一对一面谈中都会将有关事宜拿出来探讨：你的团队中有谁适合参与人员轮换？你想让这些人员调换到哪些岗位上？你觉得调换后的职务真的适合他们吗？

在谈论这些事项的同时，请确保人员轮换的候选人是团队中的佼佼者。管理者就像在万圣节挨家挨户地要完糖果之后彼此互换“战利品”的小孩：如果你逼迫他们把自己团队中的成员轮换出来，他们便会想把巧克力留给自己，而把葡萄干换给别人。这也许助长了他们的一己之利，却有损公司整体利益。这样一来，你迫切希望接受挑战和获得启发的最有价值的那批员工，也就被禁锢在某一支团队中不得脱身了。埃里克邀请乔治斯·海力克列席他的管理会议时，并不是将海力克当成一位平庸的员工来提拔，而是将他当作一位顶尖的员工来挽留。希望管理者能把他们的巧克力换给他人，把葡萄干留给自己。

爱他，就让他走（但得先做完这些）

即便你为顶尖人才准备了充实的任务和刺激的挑战，他们还是会打另谋高就的算盘。在这种情况下，你应该集中力量去挽留那些表现突出的明星员工、领导者以及有创意的人（这三种人可不一定是一个人），竭尽全力让他们留下来。这些人才的流失会造成巨大的连锁反应，因为这些人的下属或追随者往往也会和他们一起离开。因为对薪酬不满而离职的员工只是少数，想要挽留人才，你首先要学会倾听。你的员工希望有人能听取他们的意见，他们希望能融入企业之中，也希望得到应有的重视。

在进行这种谈话的时候，领导者不应只站在企业的角度发话，（比如说："拜托了，留下吧！"）而应当体谅那些考虑离职的创意精英的感受。在考虑问题时，许多员工都比较容易考虑眼前的利益，以年纪较轻的员工为甚（也许他们还尚未从以学年来衡量时间的生活节奏中解脱出来）。遇到挫折时，这些年轻人比较难以控制情绪，而拿着崭新的笔记本迎来一个个新学期的日子又显得那么值得回味。你的任务，就是帮助他们把眼光放得长远些。对于那些下决心离职的人，留在公司怎么能让他们获得更大的成就呢？他们有没有想清楚离职的决定在经济上对他们的影响呢？他们有没有制订明确的财务规划、是否了解他们放弃的机会成本有多大？聆听驱使他们离职的理由，看看能不能找一种方式，在挽留他们的同时帮他们充满能量。在此之后，如果他们愿意继续与你进行探讨，就帮他们制订一个如何才能在公司得到发展的职业规划。这不仅能表现出你对公司利益的重视，更能彰显出你对这些员工个人利益的关心。

顶尖的创意精英之所以考虑离职，是因为他们想要自立门户。不要打击他们的积极性，而要主动听取他们的"电梯演讲"。（"电梯演讲"是风险投资行业的行话，意思是"给你 30 秒的时间，看你能不能用你的商业构想打动我"。）你的战略基础是什么？你设想中的企业文化是怎样的？如果我是一名潜在投资者，你会对我说些什么？如果他们给出的答案不充分，他们很显然还没做好离职的准备。在这种情况下，我们通常会建议他们先留下来，一边继续为公司效力，一边完善自己的构想。我们还会告诉他们，一旦拿出能够说服我们投资的提案，我们不仅会欣然送行，还会奉上最美好的祝福（说不定还会递上投资资金呢）。对这样的提议，很少有人能拒绝，通过这种方法，我们挽留的人才不计其数。

有的时候，你百般青睐的创意精英接到了其他公司抛来的橄榄枝，有的人会拿"如果你不这样做，我就要离职"的条件给你下最后通牒。能够使出这种招数的人往往对企业已经不抱有什么感情了，重新全心全意为企业奉献的可能性也微乎其微，在这种情况下，双方决裂的大局往往已定。但如果员工与企业的缘分未尽，而你还想给出更好的待遇条件来试着挽留，那你出手一定要火速（间隔时间最好不要超过一个小时）。因为时间一长，这位员工在心中就越发倾向于那家新的公司了。

毋庸赘言，如果员工的离职对于个人发展的确是正确的选择，那就让他走吧。里德·霍夫曼[1]是乔纳森以前在苹果公司的同事，也是

---

[1] 里德·霍夫曼，著有《联盟：互联网时代的人才变革》（中信出版社，2015 年 1月）。——编者注

领英公司的创始人。他曾经说过："就算员工离职了，你与员工之间的关系也不一定终结……当一位有价值的员工向你宣布离职决定时，你应该做的第一件事就是努力扭转他的决定。如果这么做没有收效，你就应该对他的新工作表示祝贺，并欢迎他加入你们公司的离职员工交流群。"[109]

杰西卡·尤因曾是谷歌的一名产品经理，年轻有为的她帮助我们推出了 iGoogle（这款可以让用户对谷歌主页进行自定义的应用程序于 2013 年关闭），在公司可谓前程似锦。然而，她同时对写作抱有强烈的兴趣。我们建议她好好考虑一下自己的职业规划，再想想那些将要到手的股权。经过一番考虑后，她依然选择了离开。杰西卡啊，这么久都没有你的消息了！你为什么还不写点什么呢？

宁可"漏聘"，也不"误聘"

当然，炒别人鱿鱼绝对没有被炒鱿鱼糟糕，但也令人备受折磨。如果你有过这种经历，你一定知道把某个背运的人拉到一边告诉他缘分已尽是多么大的考验。有的员工心里早有准备，也接受得很平静；而有的人完全没有防备，气急败坏；还有的人则会搬出劳动法作为撒手锏，发誓与你对抗到底。激情、自信、无畏，这些因素不仅能让你在雇用人才时找到天使，也能让你在解雇人才时遭遇魔鬼。因此你从一开始就要时时牢记：要想避免解雇不得力员工的窘境，最好的方法就是不要把他们招进来。正是出于这个原因，在人才招聘过程中，我们宁愿"漏聘"（也就是没有招聘那些应该招聘的人），也不愿意"误聘"（也就是把那些不该招入企业的人招进来）。

不妨用这个方式做个自我检测：如果你能把业绩最差的10%的员工换成新员工，这会为企业整体带来改善吗？如果答案是肯定的，你就需要反思公司的招聘方式，看看这些低绩效员工是如何进入公司的，并对这些存在漏洞的环节做出改进。你也可以这样自我检测：你的团队里有没有即便告知你想要离职，你也不想努力挽留的人呢？如果团队里有你想要放手的员工，也许你就应该让他们走。

最后再提一点：世界上有一些人以炒别人的鱿鱼为乐。请注意防范这种人，因为解雇员工会为企业带来恐慌的氛围，而这种氛围定会将企业带上绝路。另外，"解雇他们就行了"这句话，只是那些不愿在人才招聘上下功夫的人用来规避责任的借口。

谷歌招聘之行为准则

雇用那些比你更聪明、更有见识的人。
不要雇用那些不能让你有所收获也不能对你构成挑战的人。

雇用那些能对产品和文化带来价值的人。
不要雇用那些无法为产品和文化带来积极影响的人。

雇用那些做实事的人。
不要雇用那些只想不做的人。

雇用那些满腔热情、自动自发的人。

不要雇用那些只想混口饭吃的人。

雇用那些能启发别人且善于与人相处的人。

不要雇用那些偏爱自己单干的人。

雇用那些能随着团队和企业一同成长发展的人。

不要雇用那些枯燥乏味、不具备全面技能的人。

雇用那些多才多艺、兼有独特兴趣和天赋的人。

不要雇用那些只为工作而活的人。

雇用那些道德高尚、坦诚沟通的人。

不要雇用那些趋炎附势、工于心计的人。

务必雇用优秀的候选人。

宁缺毋滥。

选择行业中的战斗机

经常有人向我们寻求职业方面的建议。崭露头角的企业家，刚走出校门的新谷歌人（Noogler），以及风头日盛的明日之星，都知道如何规划自己的前程。如果我们有幸再度受邀发表一次毕业演讲——比如在我们的母校（普林斯顿和克莱蒙特麦肯纳），那么演讲的内容估计与下文大同小异：

→ 职业选择，有如冲浪

还在读商学院时，乔纳森就对产品管理很感兴趣，于是，他参加了几场他希望加入的公司举行的招聘说明会。其中一场说明会的主办企业是个人日用品行业的龙头老大，营销的产品包括洗发水以及家用清洁剂等。他们说，产品管理在他们公司就像一门科学，通过焦点小组实验和产品业绩得出的数据，是他们准确依凭的基础。"这就好像盯着后视镜往前开车一样"，这是他们的原话，不难看出，他们觉得这是个值得炫耀的亮点。

在此之后，乔纳森又参加了一家顶尖硅谷高科技公司主办的招聘说明会。他们说，在硅谷，产品管理这项业务就像是"在《重装机甲2》游戏里，以离地两米的高度在巨砾遍布的地形低空驾驶一架 F–16 战斗机一样。另外，如果你不幸坠机，那你就得像玩儿电玩一样重新投币开始，而我们有足够的游戏币让你重玩"。这话太精辟了！在最好的行业中，你就像是在驾驶一架 F–16 战斗机，虽然你口袋里装满了游戏币，但还是提防不要撞机为好。

在商场上，尤其是在高科技领域内，仅仅有高超的技能是不够的，你至少必须抓住一轮大浪，借力一路到达彼岸。应届毕业生最看重的往往是公司，然后才考虑职位和行业。但是，在职业生涯的起点，这样的排序恰恰是本末倒置。在职业生涯中，许多人往往会换好几次公司，而改变行业却要困难得多，因此，选择好行业才是重中之重。把行业视为你冲浪的地点，把公司当成你赶上的海浪。选择海浪最大最棒的地点，才是你明智的决策。

如果你置身一个鲸波万仞的行业之中，那么即便你不幸入错了公司，或是在第一次乘上浪头时就遭遇了盛气凌人的上司，那你至少也能玩得不亦乐乎。而反过来说，如果你在职业生涯的初期就入错了行，那么你在企业中的发展空间也会受到很大的限制。你的老板的位置岿然不动，阻碍了你的晋升，而当你做好跳槽的准备时，你会发现你所能利用的优势简直少得可怜。

幸运的是，互联网时代的特殊结构决定了，当今的许多行业都能为"冲浪"提供良好的环境。乘上这个浪头的不仅有互联网行业，还有能源、制药、高科技制造、广告、媒体、娱乐以及消费类电子产品等行业。产品生命周期越快，行业就越有挑战性，因为这会创造出更多突破的机会，能让更多后起之秀大显身手。但即便是能源和制药这种产品生命周期较长的行业，也已做好了迎接巨变和抓住良机的准备。

从薪酬角度来看，在你的职业生涯初期，能够获得的员工优先认股权以及其他股票的种类是比较受限制的，因此，在正确的行业磨炼技能要比在某家公司赌上自己的命运更加合算。在此之后，随着经验（以及年龄）的累积，挑选合适的浪头变得越发重要。因为到了那时，股票在你的薪酬构成中所占的比例大幅上升，因此你也应该相应地将对公司的挑选放在优先位置。

→ 听从科技达人的意见

选好想要进入的行业之后，就该挑选公司了。在挑选公司的时候，听听那些真正懂行的科技达人的意见。这些天才级的创意精英可以比常人更早预测出科技的走向以及科技对各行各业带来的转变。比尔·盖茨和保罗·艾伦看到电脑芯片以及电脑的价格变得越来越便宜，同时也预见到软件将会成为未来计算机技术的关键性因素，于是，微软应运而生。查德·赫利发现，价格低廉的摄像机、宽带网以及信息存储空间将会为娱乐视频的制作和浏览方式带来变革，因此，他与人一起创建了 YouTube。里德·霍夫曼明白，网络的连接功能将会对专业人士不可或缺，由此，他创立了领英。马克·贝尼奥夫相信功能强大的软件应当放在云端，他利用此洞见建立了软营公司，并成功挨过了互联网泡沫时期。史蒂夫·乔布斯预见到计算机有朝一日将成为个人电子产品，而这一洞见，让科技和市场整整经历了 20 多年的发展才赶上他的脚步。

如何判断一个人到底是不是科技达人呢？你可以从这个人的过往经历入手。许多科技达人在将科技当作自己的职业之前，已在科技和创业方面积累了不少经验。12 岁时，里德·霍夫曼在一款电脑游戏说明书上标注出产品有待改进的内容，并把修改过的说明书复印件卖给了一家游戏开发商，从而得到了他的第一份工作。[110] 其实他并没有打算找工作，只是想为这款游戏做一些改进罢了。15 岁那年，马克·贝尼奥夫卖出了他的第一款电脑程序《杂耍戏法》（*How to Juggle*），并创立了一家为雅达利 800 游戏机制作游戏的公司。拉里·佩奇更是用乐高积木搭出了一台打印机。

（虽然是点阵打印机，但已经很了不起了。）

除了这些众所周知的名人之外，知名度虽然不高但颇具远见的人也不少。他们，就是那些探索最棒的冲浪胜地、寻找最棒的浪头的人。找到他们，把他们引进你的公司，好好留住他们吧。

→ 规划你的职业

职业规划不仅需要付出努力，还要事先认真考虑，换句话说，你必须做好计划。这一点看似浅显，但这么多年来，想加入谷歌的人中居然很多都忽略了职业规划，这是我们始料未及的。对于这种人，乔纳森通常会安排一系列的职业规划培训，再为大家奉上一句他最喜欢的音乐家汤姆·莱勒的妙语："人生就像下水道。想从中得到什么，要看你往里面扔了些什么。"[1] 另外，他还向大家承诺，只要他们肯在这些职场培训中下功夫，他就一定会为大家提供帮助。

以下是制订规划的一些简单步骤。

思考一下，5 年之后，你理想中的工作是什么样的。你想做什么样的工作？想要什么样的收入？描述一下你心目中的理想职位：如果你在网上看到了这份工作的招聘信息，那么这广告具体会是什么样的呢？现在，把时间快进四五年，假设自己已经得到了这份工作。那么，你 5 年后的简历会是什么样的？想要得到 5 年后心中理想的位置，你从现在起需要如何选择前面的路？

接着规划你的理想工作，从这份工作的角度来看，你的不足和优势是什么？要得到这份工作，你需要做出哪些改进？在思考这一步时，你需要倾听别人的看法。因此，和你的上司或同事谈一谈，听听他们的意见。最后还要思考：如何得到你理想的工作？你需要接受什么样的培训、需要积累哪些经验？

顺便提一下，如果你通过总结发现自己已经达到了理想工作的要求，就说明你的规划不够大胆。不妨重新开始规划，设定一份需要努力争取而非唾手可得的理想工作。

按照这些步骤的要求来做，必定能够收到成效。如果你不实践这些步骤，那你很可能就会应验美国棒球明星尤吉·贝拉的一句话："如果你不知道前进的方向，就要注意了，因为你也许实现不了自己的目标。"[112]

→ 统计分析助你成为职场赢家

统计学充满魅力，要认真对待。在互联网时代中，最性感的工作都离不开统计学，它并不是天马行空的极客世界的专利。经济学家哈尔·范里安认为，哪些产品的价格越来越低廉，人们就应该培养与这些产品相配套的领域所需的专业知识和技能。毫无疑问，数据及数据计算能力越来越廉价。我们处在大数据时代，而大数据需要统计学家来解读。数据的民主化意味着，擅长分析数据的人是这个时代的赢家。数据是21世纪的利剑，谁是舞剑好手，谁就是当代的剑侠。因此，要成为一代剑侠，打磨你们的宝剑，学习统计学吧！

我们听到有人暗自不满："但是，我对数字没有什么感觉啊！"坐在后面那个穿红色 T 恤的同学，你的声音最大了。别着急，希望还是有的。提出问题并在众多答案中找出正确选项的技能，与自主解答问题的技能同等重要。无论你身处什么行业，都要学会对正确的数据做出适当的处理，从而做出更好的决策。要学会判断该以什么形式向数据高手提出什么样的问题，还要学会如何最大限度地利用他们给出的答案。即便你对数字不甚擅长，也可以学习如何通过数字让自己变得更聪明。

→ 阅读

多数企业都有丰富的文字信息，你可以把其中最好的资料拿来阅读。在谷歌，只要有人拿职业规划方面的信息来询问我们的意见，我们就会推荐他们阅读两位创始人在谷歌 2004 年首次公开募股时的致股东信，以及埃里克和拉里在此之后写的内部战略备忘录。这是对谷歌价值观和战略最为翔实的描述，但即便如此，还是有许多人不愿腾出时间好好阅读。不要犯这样的错误。

阅读不要止于公司内的信息。网上有大量的文字信息，虽然其中大部分无关痛痒，但有用信息也不少。要学会利用你手上的工具，找到你感兴趣的网站和你敬重的作者。你可以把与你志同道合的创意人才聚集在一起，一起分享好书美文。要在某个行业里脱颖而出，最简便有效的方法，是加深对行业的理解。要加深理解，最好的方法莫过于阅读。人们总说自己没有阅读的时间，这其实是在说，他们觉得尽量挖掘自己所在行业的相关信息不重要。你知道哪些人会针对自己的行业进行大量阅读吗？首席执行官就会。所以，你也应该学习他们的思维方式，开始阅读吧。

→ 练好电梯演讲

假如你在走廊里遇到了上司的上司，他询问你正在做什么项目。好吧，我们就假设你遇到的是首席执行官吧。那么，你会如何作答呢？首席执行官可不是在跟你寒暄：现在就大声说出你的回答。快点，你只有 30 秒。

呃……你的回答听起来并不精彩。很显然，你从没有练习过电梯演讲。下功夫好好练练吧。你不仅要阐述你的项目内容、背后的科技洞见、你是如何衡量成功的（尤其是创造什么顾客价值），最好也包含你的项目是如何与企业的整体利益联系起来的。做好功课，多多练习，这样，你的演讲才有说服力。

正在求职的人也应当准备好自己的电梯演讲。你的演讲不应只是简历内容的压缩，而应该突出你简历中最吸引人的部分、你最想做的工作以及你认为自己会为顾客和企业带来哪些影响。你能说出哪些别人说不出来的东西？

→ 出国去

无论规模大小，处在哪个领域，业务永远向全球扩展，但人却天生具有地域性。因此，无论你身在哪里、来自何处，你都应该抓住一切机会走出去，到不同的地方工作和学习。如果你所在的公司规模很大，那就积极寻找跨国项目。你的上司会因此而器重你，你也会因此成为一个价值飙升的员工。

如果出国工作的条件尚不成熟，那就出国旅游吧。在外面的世界徜徉时，不要忘了从消费者的视角来审视这个世界。如果你是做销售的，那就进一两家商场转转。如果你是媒体行业的，那就买份报纸、听听广播。你可能想不到，许多人在去国外出差的过程中，单凭从机场到酒店的出租车上与司机的一番攀谈中便汲取了灵感。真希望出租车司机能够意识到自己对全球经营战略的形成做出了多大贡献！

→ 从事富有激情的事业

我们可敬的前同事谢丽尔·桑德伯格曾说过："人生最大的奢侈，莫过于从事富有激情的事业。这也是一条通往幸福的清晰路径。"[113] 这真是一语中的。仅仅因"喜欢"工作而取得的成果，无法与"热爱"工作所取得的成果同日而语。这句话虽是老生常谈，却堪称真理。谢丽尔说从事富有激情的事业堪称人生一大奢侈，这的确是事实：之所以说奢侈，并不是因为这种情况需要很多花费，而是因为很少有人能得偿所愿。许多人要么没有找到途径（有多少人在一踏入职场时就明白自己的激情何在？），要么条件不允许（你或许对园艺很有兴趣，但我们的世界需要的是工程师，而你的伴侣和孩子需要的是你稳定的收入）。

正因如此，我们并没有把这一点在一开始就抛给大家，而是一直留到了最后。很多时候，寻找激情并非易事。或许在刚刚踏入职场时，你并没有考虑到你的爱好，只要能找到一份工作就能让你心满意足。但随着职业生涯的推进，你渐渐发现这份工作并不是你之前预想的康庄大道。或许，你还没有把激情和事业平衡好。

你可以选择放弃一切，从零开始："喂？亲爱的……我很好……哦对了，我把工作辞了，在蒙大拿州买了一片牧场……喂？还在吗？"

或者，你也可以选择一条更加谨慎的道路，也就是对你的职业生涯做一些调整。缩短你5年后的目标工作与你梦寐以求的工作之间的距离，并确保这个目标不太偏离你脚下的轨道。确立正确的目标虽然简单，却能为你的职业生涯带来改变。

第四章

决策：共识的真正含义

2009 年 11 月，我们得知谷歌遭受了黑客攻击。其实，黑客攻击对于谷歌来说几乎每天都在发生，所以并不是什么新鲜事。但这次攻击与以往不同。这次的黑客手段之娴熟，以及这次攻击的目的，都是谷歌从未遇到过的。对方不知通过什么途径，进入了谷歌的公司服务器。在此之前，黑客攻击谷歌的目的不是为了扰乱或关闭我们的服务器，就是想让用户无法进入谷歌网站。而这次，他们想要的，却是谷歌的机密数据。

谢尔盖立即采取行动阻止黑客攻击，并追查黑客的身份和攻击的方法。只用了几个小时，他就找到一批顶尖的电脑安全专家，把他们召集在谷歌山景城总部附近一座不起眼的办公楼里。在接下来的几周内，这批专家建立起防御系统，终于捕捉到了黑客的实时活动。他们的发现让人震惊：原来，黑客行动不仅涉及知识产权信息，还试图进入有些 Gmail 用户账号。

时间向前倒推大约 5 年半，也就是 2004 年年中，谷歌展开了针对中国市场的活动。从企业的角度来看，进驻中国市场的决定并不难理解。那时（以及现在）的中国是一片巨大的市场，不仅有位居世界第一的人口和数千万（现在已升至数亿）的互联网用户，还是一个飞速发展的经济体。谷歌的竞争对手之一是中国的百度，当时百度已在中国网络搜索引擎领域占据了难以撼动的地位。除此之外，雅虎公司也早已蓄势待发。拉里和谢尔盖赶赴中国进行考察，并为他们亲眼所见的创新与热情而啧啧称奇。挖掘世界上最棒的计算机工程师，这是两人怀揣已久的梦想，而中国，无疑是个孕育顶尖工程师的地方。[114]

从各项商业指标来看，谷歌无疑应当选择强势挺进中国市场，但从我们的公司文化理念来看，问题并没有那么简单。在中国，互联网信息的流通并非顺畅无阻。对这一点，我们有亲身体验：大部分时间，中国用户可以访问我们的美国网站 Google.com，不受限制地查询信息（即便这些信息都是英语的）。但有的时候，谷歌网站的中国访问量却一下子跌落至零，想要访问 Google.com 的中国用户会被转到百度网站上（并得到百度上经过过滤的搜索结果）。在遵循中国相关法规的前提下设立中国地区网，这样的决定到底会给中国人民带来便利，还是意味着谷歌不得不违背自己的基本企业文化和价值观默认中国政府的网络管理做法呢？在中国本地建立分公司，会使当地的信息获取更方便吗？这样能促进中国的其他搜索引擎提供商的透明运营吗？

一开始，谢尔盖·布林就稳稳坐定"不进驻中国"阵营。还是孩子的时候，他们举家从苏联移民到美国，在社会主义国家生活的经历，使他不愿考虑发展中国业务。但是埃里克管理团队中的许多人却抱有不同意见，商业上的考量以及想要改变中国信息流通现状的愿望，都使我们的天平倒向了进入中国市场一端。当时谷歌的亚洲区负责人舒克辛德·辛格·卡西迪立即行动，几个月内就建成了谷歌中国分公司。我们在北京设立了办公室，勉强对中国的网络管理制度做出了妥协。但在屏蔽信息的同时，我们会如实告知用户，也就是说，我们对网络管理政策并没有全盘接受。虽然用户无法接收到被屏蔽的信息，但至少他们还能意识到信息被屏蔽的事实。[115]

然而，我们收到的许多要求信息屏蔽的链接，涉及的内容并没有违犯任何明确的书面法规，这一点真让我们匪夷所思。其中有的审查只是想要缓和不同政府部门间的争端（比如，一家机构试图掩盖另一家机构发布的公开声明），要么就是想平息网上传播的负面信息。

2006 年 1 月，我们在中国本地的网站 Google.cn 落成，服务器设在中国。几个月后，埃里克到访北京，为网站造势。谷歌之后的发展可圈可点：在工程师的努力下，谷歌网站性能得到了大幅提升，从 2006 年到 2009 年底，谷歌的访问量和收益实现了稳步增长。

而在黑客的攻击下，我们所有的成果瞬间遭受了威胁。埃里克一向认为，打入中国市场不仅是个英明的商业决策，从道德价值观而言也是正确的选择。虽然谢尔盖对此一直持有不同意见，但拉里一直与埃里克所见略同。然而，这次黑客攻击改变了拉里的看法。他告诉埃里克，眼前发生的蓄意而为的事件，不但毫无停止的迹象，还有愈演愈烈之势。对于这个推断，埃里克表示赞同，但他没有想到，谷歌会以自动退出中国市场来作为解决方案。也就是说，两位创始人现在达成了共识，坚决反对 Google.cn 搜索结果被屏蔽一事。

对于领导者而言，做决策是艰难的。我们常常说"艰难抉择"是有道理的。谷歌撤出中国市场，是我们的决策方式以及行为准则。做决策，是每家企业以及每位企业领导者的基本工作，而制定企业策略、聘请合适的人才、创立独特的企业文化，都是做决策的前提。

每家机构的等级划分不同，制定决策的方法也不相同。海军陆战队的决策方法简单明了（自上而下式）：一人发出攻占山头的指令，全员照做。"没办法，大家都得听他一人的命令，戴上头盔出发吧。"而相比之下，多数（等级制度严明）的大型企业在规划出最佳途径之前，要进行的分析就要多得多了。所需的数据收集齐了吗？数据经过分析师的处理了吗？他们计算过预估收入和税息折旧及摊销前利润（EBITDA）[116] 了吗？几周时间匆匆而过，季节悄然变换，而他们面前的"山头"仍无人攻占。"要不就等到下一季度吧，攻占这座山头现在对我们来说太勉强了。"而在时髦（且理念新颖）的新型企业里，首席执行官觉得自己是为员工而工作的，因此认为公司的决策必须得到大家的一致认同。每个人都有发言权，就会出现合议和审慎的辩论没完没了："大家都放松放松，喝杯卡布奇诺，过半小时再碰头，看看我们的攻山大计该怎么办吧。"

那么，在命令自上而下的海军陆战队、层级分明的大型企业以及理念新颖的新兴公司中间，到底谁的做法对呢？在互联网时代，企业的变化速度决定了决策必须快速。从这个方面来看，海军陆战队的做法略胜一筹。而当今消费者消息灵通且要求苛刻，企业间的竞争越发激烈，这就要求企业为消费者提供尽可能多的信息，在这一点上，大型企业有其优势。拥有一支由创意精英组成的团队，意味着每个人都享有发言权，这样一看，初创公司自然就会胜出。所以，以上决策方式各有所长。

原因在于，必须明白，在制定决策的时候，不能一心只想做出正确的决定。制定决策的方式、时机和实施决策的具体方法，与决策本身同样重要。一旦在这些方面有所闪失，你做出的决策很可能也会出现失误。由于要做的决策不止一个，要不断做出新的决策，因此一个决策过程的失误很有可能会影响下一个决策的制定。

2009年12月下旬，谢尔盖和他的团队继续进行黑客的调查工作。与此同时，埃里克意识到，做出谷歌公司史上一项最重要决策的时刻到了。虽然他认为守住中国市场对于谷歌而言是最好的决定，但他也明白，两位创始人现在都站在了他的对立面。他们俩觉得，谷歌无力改变中国信息传播的现状，也不愿意在这样的条件下继续运营下去。要改变二人的看法，难于登天。于是，埃里克选择了转移注意力。做出最有利于谷歌的决策并不是工作的全部，还要通过协调，让公司以最佳方式落实决策。谷歌还会经历更多的危机，需要做出更多重要的决策，而埃里克团队以及创意精英们都将睁大双眼，从这次危机的处理方式中总结经验。我们不难看出，这次决策的结果很可能违背了埃里克的意愿，因此，处理这次危机对他而言极具挑战性。

2010年1月初，谢尔盖和他的调查团队确定了这次黑客袭击的来源与规模。谢尔盖决定尽快把这件事以及谷歌的处理方式公之于众。

在这一点上，大家的想法几乎不谋而合。1月份首周的埃里克管理大会上，谢尔盖宣布，作为对黑客攻击的回应，谷歌决定不再向中国政府的管理制度妥协。他希望谷歌解除 Google.cn 内容的信息屏蔽，即便这意味着谷歌面临被强制关闭的危险，即便这会为在市场上积累的业绩带来重创。当天，埃里克在外地，只得通过视频参加会议，因此他建议他的团队就会上的所有信息进行思考，做好准备，在下次会议上就公司应采取的措施拿出有力的方案。

由于情况紧急，埃里克在当周周日（1月10日）的下午4点便召开了会议。会议开始时，谢尔盖花了一个多小时的时间详细分析了当前形势。然后，他重申了他在几天前表达的立场：谷歌应当停止对信息的屏蔽。埃里克明白，拉里与谢尔盖的意见统一，也就是说公司的决策实际上已是板上钉钉了，然而他必须确保他的团队有发表意见和投票表决的权利。无论大家的立场如何，谷歌的决策都必须得到大家的一致通过。因此，这次会议一直拖了几个小时。我们对现状进行了分析，展开了一场漫长的讨论，几度唇枪舌剑。最后，埃里克让大家投票表决。当时，与会者的意见明显偏向于谢尔盖的看法，因此投票表决其实并不必要。但埃里克认为，即便如此，每个人也应该有机会表达自己的意愿。结果，一部分人同意埃里克的看法，觉得撤出中国的决定意味着，谷歌与这片市场在今后很长时间内都不会有什么交集了。但多数人还是与谢尔盖站在一边，他们觉得情况最终会出现改观，这样一来，谷歌就能在未来的某一时机再次进入中国。

当天晚上9点，人困马乏的与会者们终于达成共识，决定暂不立即撤出，并尽量以最大的透明度将这次的黑客攻击事件公之于众。我们会宣布，谷歌将解除 Google.cn 网站上的信息屏蔽。我们不会立即做出这些改变，借用谷歌首席律师戴维·德拉蒙德在他的博客上宣布谷歌决策时的措辞，我们会专门留出暂缓的时间，来"与中国政府讨论，看看有没有什么方法或是在不违背中国有关规定的前提下解除搜索引擎上的信息屏蔽"。第二周的周一，埃里克就这一决策与董事会进行了讨论，并在 1 月 12 日周二对外宣布。

我们不会默默撤出。我们采取的决策无异于最后通牒，而埃里克对谷歌所面临的状况心知肚明：谷歌将会坚持与中国官员进行商谈，以求找到一条既不违背谷歌新订立的公开立场，又不触犯中国相关规定的解决途径。然而，这只能是死路一条。谷歌绝不会违背自己的公开立场，中国政府也决不会放弃自己的法律。不出所料，3 月，谷歌关闭了 Google.cn 上的搜索引擎。想在这个页面上进行搜索的访客，会被转到我们在中国香港的网站 Google.com.hk 上。从那一刻开始，谷歌搜索引擎上的搜索结果被中国防火墙屏蔽，谷歌的网络流量随之骤降。

2010 年 1 月 15 日周五召开的大会上，有关中国问题的讨论此起彼伏。谢尔盖和他的电脑安全小组向大家详细介绍了事情的来龙去脉，也解释了管理团队做出决定的具体过程。（谷歌人对公司管理层的决定表示认同和理解，同时，工程部负责人艾伦·尤斯塔斯和几位认真负责的中国区管理人员一起，对中国员工做了沟通和情绪安抚工作，以求在混乱时期保持团队的镇定、团结以及健康发展。最终，这次有关中国的决策没有给全体谷歌人带来负面影响，同时，我们在制定决策时所做的周密考虑和行动，让大家明白了遇到艰难决策时该如何应对。）

用数据做决策

如今，企业的方方面面几乎都可以量化，这是互联网时代最具革命性的一项发展。以前，人们大多以主观想法和传闻逸事作为决策基础，而今，数据成为制定决策的主要根据。像谷歌这样的企业会通过收集匿名手机信号的方式，来实时获取流量数据。伦敦市的供水管道使用数以千计的感应器来监控，从而将渗漏减少了 25% 之多。[117] 牧场在牛身上植入的感应器可以传输牛的身体状况及所处位置等相关信息，每头奶牛每年大约能够传输 200 兆的数据，[118] 从而让牧场主对喂养的饲料、时机以及用量进行精准掌控。

美国哲学家兼作家约翰·杜威曾说过："把问题解释清楚，就如同问题解决了一半。"[119] 杜威的时代跨越了 19 世纪后半期到 20 世纪前半期，那时，想要"把问题解释清楚"，人们往往要加入个人观点和道听途说的消息。然而，就如加州大学伯克利分校的政治学教授雷蒙德·沃尔芬格所说："数据就是逸闻的复数形式。"[120] 在我们看来，这句话的意思是说，少了数据，你就没法做出决定。

正因如此，谷歌的多数会议室都配有两台投影仪。一台用于与其他办公室进行视频会议以及投射会议纪要，另一台用来投射数据。在交流意见和讨论观点时，我们会以公布数据的方式作为会议的开场。我们不希望以"我觉得"这句话来服人，而是用"请看数据"这句话来服人。

如果你不想让观众因你的幻灯片而昏昏欲睡，凭借数据的力量不失为一种好方法。在你参加过的会议中，有多少次会议一开头播放的十几张幻灯片全都被文字堆得满满的，而发言人只是站在那里跟着读？在会议期间表达观点的发言人，不应该把幻灯片当成讲话的依托，而应当把它看作论点的补充材料。幻灯片不应被用来主导会议或论点的走向，而应作为数据的载体，以便让每个人都能接触到相同的数据。如果数据有误或不切题，那么再花哨的幻灯片也无济于事。数据演示与可视化领域的顶级大师爱德华·塔夫特认为，人们应当在更少的幻灯片中放入更多的数据："如果能把相关信息列在一旁，那么视觉推理就更高效。数据越翔实，信息就越清晰易懂。"[121]

这是一件显而易见的事情，但许多人总是对此视而不见，所以我们还是要在此提醒大家：最了解数据的人，是那些工作在第一线的员工，而往往不是管理层。作为领导者，我们要注意不要迷失在无法理解的细节中，而要信赖那些为你工作的人，相信他们会把问题搞明白。举例来说，在做财务决策时，不要关注工商管理硕士和会计师的"税息折旧及摊销前利润、涨跌比率指标、能效与生产维护管理"，而要把注意力放在真正重要的资金和收入等问题上。（在进行有关财务的讨论中，埃里克有一句广为流传的箴言："收入能解决一切问题。"）这一点也适用于做技术和产品决策。一次，埃里克与谷歌一家合作公司的首席执行官会谈，高管们为了一些技术问题进行了争论，却迟迟得不出结果。接着，一位待在角落里的年轻谷歌人站了出来，用几项数据明确了谷歌的立场。在一场大人物云集的会议上，这位资历最浅的年轻女员工明显是整个会议室中最有洞见的人。最终，她凭着对数据的准确把握主导了会议讨论。

谨防"摇头娃娃"的附和

棒球队在比赛时会给观众分发摇头娃娃。其实，乔纳森的办公室里就有一个旧金山巨人队捕手巴斯特·波西[122]的摇头娃娃。实际上，企业的会议室中也充斥着这些"娃娃"的身影。他们围坐桌前，用几乎相同的步调一味地频频点头。曾任职于谷歌的美国在线首席执行官蒂姆·阿姆斯特朗将这一现象命名为"摇头娃娃的附和"。（埃里克在诺勒公司担任首席执行官时，为这个现象取名为"诺勒式点头"。）盲目点头的"摇头娃娃"与那些大家见识过的老好人有所不同，因为一旦踏出会议室的大门，这些"摇头娃娃"便有可能牢骚满腹、怨天尤人、不去实施甚至反对自己刚刚还点头称是的决议。而我们的巴斯特·波西版娃娃绝不会这样表里不一。

如果会议上所有人一致点头，这并不意味着大家意见一致，而只是说明你下面坐了一群"摇头娃娃"。许多领导者都想达成"人人都同意"的决策，但他们对于共识的认识，却从本质上出了偏差。请注意，"共识"这个词并没有"一致同意"的意思，也就是说，"共识"并不是指人人都必须同意，而是指共同达成对公司最有利的决策，并围绕决策共同努力。

要想达成最有利于公司的决策，就需要有异议存在。人们必须在开放的环境里阐述自己的观点并相互辩驳，因为如果不把所有观点都开诚布公地逐一讨论，那么大家只会表里不一地点头称是，一离开会议室便会把自己的表态抛至脑后。这样一来，你其实并没有得到大家的支持。因此，要想达成真正的共识，意见的分歧不可少。如果你是负责人，那么请注意，不要在会议一开始就申明自己的立场。你的任务，是抛开大家的职位差异，鼓励每个人发表自己的观点。如果领导者在这时明确表态，那么大家就难以各抒己见了。

巴顿将军有一句名言："如果人人想的都一样，那就是有人没有思考。"[123] 如果你招人有方，那好消息是：如果各个级别之间有意见分歧，那就说明你的人员在动脑子思考。以资历最深的管理者为首的创意精英通常会把自己看作企业的主人，而不只是自己特定领域的负责人。因此，即便是对于那些超出自己所管范围的事宜，他们也应该能给出可贵的见解。你应当鼓励这种做法，因为这不仅能在团队间建立牢固的纽带，也能为最终做出的决策提供更有力的支持。

数据并不针对个人，因此有利于广开言路。[124] 特别要注意那些三缄其口的人，把那些还没发言的人点出来。他们或许因心有顾忌而不愿公开反驳你（但他们必须克服心理恐惧），或许拥有很棒的想法却不爱抛头露面。抑或，他们当真无话可说，如果真是这样，那他们压根儿就不该来参加会议。你可以试着抛砖引玉，让大家对反驳上司的感觉有个适应过程。你应该一开始就尽力让可能出现的异议"现形"，因为对于那些在决策截止日期将近时才出现的反对意见，人们会自然（且合理地）偏向于采取排斥态度。[125]

等到大家都表态之后，就可以开始讨论了。每个人都可以加入讨论，把自己的想法说出来。为达成共识而进行的讨论需要大家秉持包容精神（也就是说，你要鼓励所有有利益关联的人参与进来）、合作精神（即便牺牲少数人或个人的利益，也要争取做出最有利于团队的决策）以及一视同仁的精神（讨论时团队中的每个人都很重要，至少他们可以表现出短暂的阻断行为①）。寻找解决方法是最终目的：最好的决策应该是正确的决策，而不是竭力争取大家一致同意而找出的最低标准，也未必是领导人自己的决策。就如约翰·伍登教授所说："积极寻找最佳途径，而不要一味坚持自己的意愿。"[126]

该响铃时就响铃

如果有一位管理者执掌着决策大局，且此人有权设置决策的最

---

① 阻断行为的呈现方式有闭眼、揉眼或用手挡脸等。这些都是当事人不愿接受某些事实或信息时采取的肢体动作。——译者注

后期限，也有能力在讨论僵持不下时打破僵局，那么，前文中广开言路的决策方式才能见效。但通常而言，信息过多及信息不准确的现象时有发生，在这种情况下，人们往往能争辩几个小时。这不但浪费时间，而且往往只能得到乏善可陈的折中妥协。这样的做法带来的机会成本绝对不可小觑，因为比起对同一个决策翻来覆去地修改，创意精英们总有更重要的事情要做。超过了一定的度之后，越发缜密的分析并不一定意味着你的决策也会更好。对于决策者而言，最重要的任务就是：设立最后期限，进行决策工作，按最后期限完成。这就好像课间休息时孩子们在操场上玩耍一样，他们一玩就没完没了，但当上课铃响起时，大家便明白要回去上课了。（但愿员工比孩子更守纪律，希望他们不要像孩子那样霸占着猴竿儿不下来。）决策者有权决定课间活动的时间长短，也有权拉响上课铃。[127]

我们两位作者的教练兼导师比尔·坎贝尔给我们讲过一个故事，当时他刚刚担任财捷集团首席执行官，听说有一个重要的产品决策迟迟未决。负责这款产品的高管搜集了大量资料，但是这些数据并没有很强的说服力。因此，这位高管又进行了一系列研究，而所得的数据仍然无济于事，于是他又下力气挖掘数据。听闻此事之后，比尔下令，不能再这样拖延下去了。他告诉这位高管："不管你的决策是对是错，赶紧做点实事吧。"

比尔在这件事中所持的态度，用汤姆·彼得斯的话说，就是"贵在行动"。他在《追求卓越》一书中，将"贵在行动"列为他所研究的企业中一种最为常见的特质。[128] 不少设计师也认为，采取行动是一种积极的力量，用斯坦福大学设计学院[129]的口号来说，行动的态度与"设计型思考的核心"相差无几。这种态度鼓励人们亲自动手、反复尝试：如果你不确定某种行为是否正确，那么最好的解决办法就是尝试，然后加以改进。[130]

然而，一些行为经济学家却认为，偏重行动可能会让人未经周密考虑就草率做出决策，因此可能带来不利影响。我们认为，这一论点有一定道理。在谈判过程中，埃里克就有一套"PIA"准则，能帮他收到最佳效果。所谓"PIA"，就是要有耐心（patience）、信息（information）以及备选方案（alternatives）。其中，耐心尤其重要：在决心采取行动之前，应该尽可能长时间地静观其变。这一点在商场适用，在其他领域同样适用：在足球中罚点球的时候，一般人会采取事先猜测进球方向并扑球的"行动法"。而实际上，如果守门员在对方射门时什么也不做，扑救成功率反而会翻倍。[131] 在这方面，守门员应该学习飞行员的经验，因为在训练中，飞行员在面对紧急情况时不能轻举妄动，而是要沉着地分析形势，然后再做出判断。

因而，决策者的职责就是准确地拿捏时机。把乐于行动的劲头拿出来，中止没有意义的讨论和分析，让团队行动起来，为实施决策而团结一心。但要注意，不要成为紧迫感的奴隶。在最后一刻来临之前，都要保持灵活变通。

少做决策

有关企业创始人与其招入公司的首席执行官之间闹出的不快，埃里克在刚进公司时早已心中有数。通常，创始人任命一位首席执行官，最终与首席执行官在重要问题上产生分歧，得到董事会支持的一方继续留在公司，另一方卷铺盖走人。一个很经典的例子是，曾任百事可乐总裁的约翰·斯卡利被史蒂夫·乔布斯于 1983 年聘为苹果公司首席执行官，两人后来产生了冲突，而斯卡利获得了董事会的支持，并于 1985 年将乔布斯驱逐出苹果。[132]

为了避免重蹈覆辙，埃里克做出决定，拉里和谢尔盖得心应手的事宜就交给他们，而他则集中精力，为企业的飞速发展提供条件，以确保企业能够高效稳步地前进。这种企业领导"三足鼎立"的情况非常罕见，在 2004 年谷歌首次公开募股时发布的创始人公开信中，拉里和谢尔盖特地对此做了较为详细的解释。实际上，这种三位领导者各司其职的方法非常有效。信中提到，埃里克"专门负责管理谷歌副总裁以及销售。谢尔盖主要负责工程以及商业交易。拉里主要负责工程及产品管理"，除此之外，三位领导者应每天开会（这一传统，埃里克在首席执行官任期的绝大部分时间内一直坚持着）。信中还说，这样的安排"之所以行之有效，是因为我们相互信赖、相互尊重，而且我们三人想法一致"。这一点，尤为重要。

只要三个人在关键问题上能达成共识，这种领导结构就能很好地维持下去。实际上，三个人的确几乎没有出现过大的分歧。但是，这样的三巨头结构偶尔会带来一些棘手的问题。毕竟，当三个个性鲜明的领导者凑在一起的时候，偶尔的意见不合是不可避免的。在处理这种情况时，埃里克的方法与他平时制定决策的方法大同小异：首先找出问题所在，然后进行商讨（这个过程只有他们三人参加），最后设下解决问题的最后期限。除此之外，他往往还有一项准则：将决定权交给两位创始人。

在一家由创始人领导的企业里，首席执行官往往会过于强调自己的存在，那些想要树立威信的刚上任的新首席执行官更是如此（这是我们的经验之谈）。要放下首席执行官的架子，把做决定的权力交给别人，这虽然困难，却是"必修课"。总体来说，应由首席执行官制定的决策非常有限。对于产品发布、公司并购以及公共政策等问题，首席执行官理应掌握决定权或起到支配作用。但是在别的问题上，你大可以把决定权交予公司的其他领导者，只有他们出现严重的判断失误才需插手。这么说来，首席执行官或企业高管必须磨炼的一项重要技能，就是判断何时该自己出马、何时该把决策权交给别人。

如果你与埃里克一样，也要与两位积极主动、受人尊敬且头脑聪明的创始人共同运营公司，那么，前文中的技能就更显得重要了。举例来说，在一次产品讨论会上，埃里克、谢尔盖和拉里因为新产品的一项主要功能起了争议。当时与会的成员大约有 20 位，几分钟的讨论后，埃里克中止了会议，并在当天下午与谢尔盖和拉里聚在一起继续讨论。埃里克发现，两位创始人不仅与他的看法不同，就连他们两人之间也存在分歧。因此埃里克说：好吧，决定权就交给你们俩了，但你们必须在明天把决策拿出来。翌日中午，埃里克来到他们三人在 43 号楼共用的办公室，问道："你们两个谁赢了？"两人给出的答案很符合他们一如既往的风格："其实吧，我们又想出了一个新办法。"事实证明，这个新办法为问题的解决提供了一条最佳途径，就这样，三人达成了协议。

每天开会

作为创意精英们的领导者，你手中掌握的实权其实少之又少，这一点着实棘手。本章就要解决这个问题：即便你是一家公司的首席执行官，也无权独断专行、把你的意愿强加于人（好吧，也并不是说你不可以这样做，只是如果你对这种作风习以为常，那么不久，你的创意精英们就会离你而去）。其实，你就不应该多做决策。你的任务，就是分析数据、鼓励讨论、引导大家达成共识，凭借你过人的才识做出决策。

但是，对于公司的日程安排，领导还是可以掌握的。在面对重要决策时，运用领导力召集大家定期开会至关重要。如果决策足够重要，应该每天开会。这样的会议频率，可以让大家明白眼前的决策有多么关键。除此之外，每天开会还有一个明显的好处：大家对上次会议记忆犹新，节省了你重复上次会议内容的时间。这样，你们就有更多时间分析新的数据或观点了。

2002 年，在美国在线与谷歌的谈判过程中，埃里克每天开会的方法派上了大用场。这次谈判是使谷歌成为这家高人气门户网的搜索及广告引擎。谈判过程并不顺利，对于谷歌可能背上的财务负担，埃里克尤为担心。当时，美国在线平台上有几家广告商尚未在谷歌平台上打广告，因此，这次协议对于谷歌而言有着难以估量的战略价值。也就是说，这个机会将把这些广告商带给谷歌。尽管如此，埃里克仍然觉得，这个负担对于谷歌这家起步不久的公司而言过于沉重了。

2001 年初，美国在线与时代华纳合并，急于与谷歌签订协议，获取交易收入。双方的谈判由谷歌销售负责人奥米德·科德斯塔尼主持，他与埃里克一样，也认为我们不该接受美国在线提出的条件。但是拉里和谢尔盖却主张冒险，因为他们一向认为，在与合作伙伴共享收益时，如果企业慷慨大方，便会最终受益。（两人在阐述这一观点的时候，埃里克在心里嘀咕道："但愿别被合作伙伴搞破产。"）谷歌的首席法律顾问戴维·德拉蒙德与两位创始人看法相同。董事会觉得，一旦出现资金难以为继的情况，借款就行了，因此也同意他们的看法。意见上的分歧很明显，大家在会议上迟迟没有讨论出结果。因此，埃里克采取了行动。他安排了更多会议，定下了决策的最后期限。接下来的 6 周里，我们的团队每天下午 4 点钟都会聚在一起，讨论与美国在线的合作问题。6 周之后，大家必须做出决定，无论如何都要与美国在线结束谈判。

起初，进展并不明显。但是，每天对同一议题不厌其烦地讨论，促使大家对谷歌广告引擎具体表现的相关数据进行了充分分析；除此之外，这几周的分析结果告诉我们，合作风险并不像我们原先设想的那么大。我们渐渐发现，这笔交易我们是有能力承担的，事实证明，我们是正确的。最后，我们不仅在签署合同时基本接受了美国在线的条件，还有超出合同要求的表现。但是，这样的结果，我们在谈判过程中谁也无法预料。凭借对微小细节频繁且缜密的分析，我们才做出了正确决策。这是个事关重大的决策，而当你要做一个关乎企业存亡的决策时，每天开会就是理所应当的了。

"你们两边说得都对"

科技人员常会犯一个错误：我们总认为，如果我们的论点言之有理、考虑周全，且有真实数据和巧妙分析作为基础，那就自然能够改变别人的想法。但是，这并不正确。如果你想改变他人，不仅要晓之以理，更要学会动之以情。我们把这称为"奥普拉·温弗瑞法则"。（聪明的政客也懂得运用这项法则，但奥普拉本人才是无人能及的高手。）[133] 如果企业由创意精英和产品负责人主导，那么他们就必须学习奥普拉法则。否则，他们虽然能轻松做出聪明的决策，却往往无法很好地落实决策。

要轻松驾驭这个法则，有一个诀窍。如果在即将结束讨论和做出决策时大家还未达成一致，"你们两边说得都对"这句话就能派上用场了。要从感情上承认一个自己并不同意的决策，人们必须首先感觉到自己的观点不仅得到了倾听，还得到了重视。"你们两边说得都对"这句话让辩论失败的一方明白，他们的论点之中有可取之处。人们喜欢从别人那里得到肯定，因此，这句话让对方得到了情感支持。所幸，这句话往往是事实，因为在创意精英组成的团队中，每个人的观点往往都有可取之处。一般情况下，一个正常人的观点不可能错得一无是处。

肯定了辩论败方，阐明了接下来的任务之后，决策者必须让相关人员要么保留异议、服从决定，要么就公开向上级汇报。如果相关人员选择后者，那就必须告知决策者其反对的原因，并说明打算以何种途径、向哪一位上级汇报。（比如："不好意思，我还是觉得这个决策欠妥，原因是……我们还是问问巴拉克意下如何吧？"）公开向上汇报的做法非常有效，应该得到鼓励，因为即便你不汇报，也会有别人向上级反映，而到了那时，反对者往往积怨已深。

每场会议都需要有主人

商议决策时，往往会召开会议。在企业中，开会也许是最令人头疼的事了。人们对开会怨声载道，说开会是浪费时间。实际上，一场安排得当的会议很有助益。这样的会议，是展示数据和观点、讨论问题、制定决策最有效的方式。但是请注意，这里说的是"安排得当"的会议，而现实中的会议却大多恰恰相反。不言自明：一场组织混乱的会议，既浪费时间，又打击士气。

计算机科学家憎恨低效，因此这几年来，埃里克的团队为会议的组织设置了一套准则，我们认为非常有效。

会议应该有一位决策者或主持。会议过程中的每一个时点都必须有明确的决策者，而这位决策者要对会议负责。两个实力相当的团队之间的会议往往得不出有效的结果，因为双方最终会以妥协收场，而做不到斩钉截铁。因此，应该由一位资深的人担任决策者的角色。

决策者应当亲力亲为。他应该召开会议、保证会议质量、设立会议目标、确定与会人员，以及（在可能的前提下）至少提前 24 小时传达议事日程。在会议结束后的 48 小时内，决策者（不是别人）应该用电子邮件向每位与会者以及任何需要了解会议情况的人传达会议达成的决策以及待办事项。

即便是在信息共享或头脑风暴这种不必制定决策的会议上，也应明确指定会议的主人。主持者应挑选合适的与会者，制定明确的议事日程，还应确保提前做好必要的准备工作，及时向大家传达待办事项。

会议应该很容易取消。所有的会议都应该设立一个目标，假如会议目标不明确或会议没能达成既定的目标，那么这场会议也许并不必要。决策者需要扪心自问：这场会议真的有用吗？会议是过于频繁还是太过松散？与会者从会议中得到需要的信息了吗？

会议规模应以便于管理为宜。与会者最好不超过 8 人，10 人已算上限（但我们非常不建议安排这么多人）。与会的每个人都应有权发表自己的意见，如果其他人必须要对会议结果有所了解，那么应该把会议结果传达给他们，而不是让他们来当会议的旁听者。会议中如果有旁听者在场，会影响会议质量，还会让大家对畅所欲言有所顾虑。

出席必要的会议。如果你的出席对会议不必要，那就退场，如果你可以在会前婉言谢绝，那就更好了。这一点，在与客户或合作伙伴进行的会谈上尤其适用。在出席"私密"会谈的时候，我们本打算与客户或合作方派出的某一位高管促膝谈心，却往往会面对满满一屋子的与会者。如果客户觉得有必要把自己公司的全体员工都带到会议现场来，我们也不能反对，但我们会对自己一方的出席人数加以控制。一般而言，与会者越少，会议效果越好。

守时很重要。确保会议准时开始、准时结束。会议结束时，留出足够的时间总结会议要点和待办事项。如果你们在预定的时间前达成了会议目标，那就提前结束会议。不要忘了预留出午餐和小憩时间，尊重身处不同时区的人，他们也希望能多花些时间与家人团聚。许多人都忽视了这些基本的人之常情，因此，在这些地方多花些心思，你就能赢得同事们的拥戴。

开会时就认真开会。同时处理多项事务会让你顾此失彼。如果你在开会时用手提电脑或手机处理与会议内容无关的任务，那么很明显，你的时间还不如花在别处。每个与会者都应该把注意力集中在会议上，而不应为其他任务分心。如果有的人出席的会议太多，连工作任务都无暇完成，那么解决方法其实很简单：为待办任务排出优先顺序，减少出席会议的次数。

在这些规则之中，最后一项实践起来最有挑战性。在小组会议上，虽然我们一再告诫大家关闭电脑，但这话几乎被当成了耳旁风，我们不得不作罢。尽管如此，这还是条好规则！

马背原则

训练有素的律师注重回顾过去。这种做法很有必要：毕竟，法律事务大多是由已经发生的事情决定的，也就是说，"事前"决定了"事后"必须遵守的规则。另外，律师对风险避之唯恐不及。这也在情理之中：因为许多律师都在律师事务所供职，而律师事务所的任务就是帮客户规避风险。因此，如果你让律师对一个只有 1% 不确定性的情形做出评估，那么多数律师会将几乎所有的时间拿来和你共同分析这 1% 的疑点。

照片上的这块牌子是个很好的例子。一天，乔纳森到街对面去参

观谷歌刚刚建成的运动场，顺便给这块牌子拍了张照片。牌子上有一幅清晰的运动场地图，但足足 1/4 的空间却被一则免责声明占满了，大致内容是：如果你在运动场上受了伤，不要投诉我们。（我们对声明书上措辞严谨的条款进行如此不严肃的解读，一定会让一部分律师读者想要纠正我们。劝大家还是别费功夫了。）心怀善意、喜欢回顾过去和规避风险的律师认为，使用运动场的谷歌人虽然都是头脑灵光的成年人，但天有不测风云，仍有人会在运动场上不小心扭伤脚踝从而起诉谷歌。正因如此，我们身边各种浅显得近乎脑残的法律条文才会层出不穷。

律师之中也有创意精英，正因如此，谷歌的这个指示牌才让我们颇感意外。在互联网时代，企业的发展速度要甩开法律变化速度十万八千里，因此，回顾过去及规避风险的做事方法虽然在传统美国企业中很常见，但在互联网时代却不适用。对于一家追求创新且创意精英云集的企业而言，行为符合规范的比率保持在 50% 已是谢天谢地了，而在对风险几乎零容忍的律师们看来，这样的比率仍然非常危险。

正因如此，在成立谷歌法律部的时候，戴维·德拉蒙德与他的同事科尔普利特·拉娜以及米里亚姆·里韦拉才希望营造一种不同的工作环境，让律师们尝试不同于以往的工作方式。我们的现任法律总顾问肯特·沃克习惯将这种工作方式叫作"马背原则"。随便选一部美国老西部片，片中总会出现这样一幅场景：一位骑在马上的牛仔将马勒住，对周围形势进行一番打量，好决定下一步的行动。肯特建议他的律师们也采取类似的行动：在一定的情况下，我们只需坐在马背上（这通常只是打比方），快速环视四周，然后继续上路。虽然许多决策（如重大的并购案以及法律合规问题）需要我们进行详细分析，但不要认为你每次都需要从马上跳下来，用几周的时间拟出一份 50 页长的法律声明，非要把所有可能出现的问题以及所有问题的对策都包括在内。在这些情况下，律师的任务并不是对问题的方方面面进行细致分析，而是把注意力放在难以预知的未来，及时为决策制定者提供周密的指引。事成之后，就继续上路！

要想"马背法则"奏效，你们的律师必须是商业团队及产品团队的一员，而不能是那种偶尔被叫来"救火"的人。拥有符合一定要求的律师团队，"马背法则"才能奏效。正因如此，在谷歌成立初期，我们更偏向于招聘通才而非专家，我们的招聘足迹，更是遍及事务所、企业甚至非营利组织（但是，我们很少雇用刚毕业的律师）。随着企业的飞速发展以及所涉及行业的增多，法律问题的出现不可避免。这时，从消费者和客户的利益出发做正确的事，会大有帮助。

把 80% 的时间花在 80% 的收入上

企业领导者所能做的最重要的决策，就是如何分配自己的时间。1997 年，埃里克成为诺勒公司首席执行官的时候，他从比尔·盖茨那里得到了一条宝贵的建议：把 80% 的时间花在 80% 的收入上。这条忠告看似简单，执行起来却出乎意料的困难。NetWare 软件套件是诺勒的核心业务，可通过局域网实现个人计算机与工作站之间的连接。但是埃里克和他的团队却一心想要开发一款新产品（也就是 NetWare 目录服务，简称 NDS），为包括用户、用户群、打印机、工作站在内的网络资源提供一个管理中心及存取点。随着网络资源的激增，这款目录服务的成长潜力突出，埃里克和他的团队自然想在目录服务上投入更多精力。

管理团队往往会低估一款新产品上市后多长时间才能赢利。光鲜亮丽的新业务虽然可能比老旧无趣的核心业务有趣许多，但企业赢利还要靠核心业务。如果分不清孰重孰轻，企业就可能会因这个错误一蹶不振。虽然当时埃里克觉得自己听从了比尔·盖茨的建议，但回头来看，他意识到自己应把更多时间专注于诺勒的核心业务。

也就是说，必须把注意力和热情都集中在核心业务上。

接班人计划

热爱一项事业，就应该为离开它做好规划。然而，很少会有领导者考虑接班人的问题。在大多数企业中，接替你的人其实早已存在，只是你还没有意识到这个人是谁罢了。（埃里克的接班人，居然是当初把他招入公司的人，这种情况可不多见！）虽然多数企业都意识到了接班人问题，但在时机的把握上却有偏颇：这些公司虽然挑选好了几年后接手公司的"弟弟辈"人才，但实际上，他们应该寻找的却应当是有潜力在 10 年后接管大任的"儿子辈"人才。抑或，这些公司一直专注于在公司资历最深的 100 人中挑选候选人，却没有把眼光放在最有潜力的人群中。正确的做法，是集中注意力寻找那些已经崭露头角、升职速度快的杰出创意精英。问问自己：这其中有人具备在 10 年后运营公司的能力吗？如果答案是肯定的，那就不要在薪金上亏待他们，还要避免他们的职业发展陷入停滞。这些高潜力员工的离职（尤其是当他们跳槽到竞争企业时），会给公司带来巨大的损失，因此你应不遗余力，让他们乐于留下来。虽然你的努力有付诸东流的可能，但成功留住他们的回报远远大于失去他们的损失。

将接班人计划付诸实践，其实是个很有趣的过程。随着时间的推移，冉冉升起的明日之星会越来越精明能干，但位处高职的前辈们依然将他们看作经验不足的新手，觉得他们不具备接任所需的资质。想要解决这个矛盾，领导者们应当回想一下自己初出茅庐时的情景。

在谷歌准备进行第一次公开募股的时候，埃里克、拉里以及谢尔盖共同承诺，在接下来的至少 20 年中，三个人一定要同舟共济、同心同德。埃里克心里一直清楚，拉里或谢尔盖之中总有个人迟早要接手谷歌的运营权。他觉得这个人估计会是拉里，因为拉里曾经担任过首席执行官。果不其然，2011 年初，埃里克、拉里以及谢尔盖三人达成协定，让拉里重新接任谷歌首席执行官一职。无论是对于谷歌还是这三位管理者来说，这个决策都是正确的。但尽管如此，埃里克心里仍有些疑虑。毕竟，他无论是在年龄还是经验上，都比拉里高出一大截！但后来，埃里克将心比心地看待拉里的年龄问题：当时，拉里 38 岁，而当埃里克 38 岁时，他觉得自己已经具备管理一家企业的能力了（接管诺勒公司管理权那年，他 41 岁）。虽然有些出乎意料，但经过考虑，埃里克意识到拉里已经做好了接任的准备，他将是一位成功的首席执行官。

世界上最顶尖的运动员都需要教练，你不需要吗？

2002 年夏天，埃里克任谷歌首席执行官大约一年时写了一份自我业绩评价，并交给他的团队传阅。这份文件中不仅包括了他的突出业绩（"建立了有效的工作方法"）以及为翌年设立的目标（"在不损害未来业绩的前提下提升效率"），还提及了他在工作中需要改进的地方。这些自我批评中有一点最为突出：

> 比尔·坎贝尔的指导对我们每一个人都帮助很大。回头来看，他的指导一开始就是必要的。我应当早就做出这样的安排，最好在我一加入谷歌时就引入这个制度。

与一年前相比，这是个 180 度的大转弯。埃里克刚刚加入谷歌时，董事会的约翰·多尔建议让比尔来当他的教练。埃里克是怎么回答的呢？"我才不需要什么教练呢，我知道我在做什么。"

每当你看到一位世界级的运动员有上佳表现时，都不要忘了，运动员成功的背后一定有一位伟大的教练。并不是说教练要比运动员在运动项目上更为精通，实际上，这种情况极少。但是，教练有其优势：他们懂得观察运动员的表现，并告诉运动员如何做得更好。那么，为何商界聘用教练如此罕见呢？难道人人都像刚从谷歌起步时的埃里克那样自信满满、自诩没人能协助自己变得更好吗？如果真是这样，那么这是错误的。作为企业领导者，你需要自己的教练。

要与教练搞好关系，学生首先必须愿意倾听和学习。世界上有难以驯服的运动员，自然也有难以驯服的企业高管。然而一旦打破了最初的沉默，这些高管便会发现学无止境。从本质上来看，商业教练与所有教练一样，都属于老师。我们身边顶尖的老师比尔·坎贝尔告诉我们，他认为管理是一项完全可以习得的技能。

对于乔纳森而言，当拉里·佩奇对他制订的刻板的产品计划贴上"愚蠢"标签的那一刻，他的受训生涯就开始了。第二周，乔纳森就坐在了坎贝尔教练的办公室里，一边怀疑自己为何要加入这家让人摸不着头脑的新企业，一边琢磨着要不要递交辞呈。不要放弃，比尔恳切地说："咬紧牙关，说不定你还能从中有所收获呢。"

就凭这句话，以及你为我们俩付出的一切，我们要对你说声"谢谢您，教练"。

第五章
沟通：当最牛的路由器

乔纳森刚入职谷歌不久，有一次与我们的一位工程师聊天。乔纳森习惯一接到电子邮件就立马回复，还会把回复内容抄送给许多谷歌员工。对于乔纳森的这个习惯，这位工程人员有些疑虑。他认为，这种做法是舍本逐末，而且邮件回复得如此勤快、传播信息量如此之大的人，手边必定有大把余闲。因此，他愤然对乔纳森说："你只是一台昂贵的路由器！"路由器是非常基础的网络设备，主要用来在不同的点之间进行信息包传输，因此，这句话本是带有侮辱性的。但是，乔纳森却将这句带刺的话当成了赞美。

我们可以这样思考企业中的沟通问题：想象一栋 20 层高的大楼，你站在中间楼层（比如第 10 层）的阳台上。每层的人数随着楼层的升高而递减。大楼的最高层只有一个人，而大楼的底层（也就是"入门级"）则是人头攒动。现在，想象你正站在室外的阳台上，你上层的人（暂且称作你的"上级"）对你喊了些什么，还扔下来几份文件。你接住文件，小心地不让文件被风吹散，并把文件拿到屋里阅读。内容中的确有些可圈可点之处，依照为9楼工作人员确定的分工细则，你小心翼翼地批注了几个你觉得他们需要注意的重点。之后，你重新回到阳台，向你楼下的团队丢下几张表格和几段文字。楼下的人如饥似渴地阅读着你的文件，好像这文件就是《圣经·箴言》中供给口渴之人的凉水。[134] 楼下的人看完之后，转而又会将这个"批注"仪式重复一遍，以便为8楼的人"解渴"。与此同时，你11楼的上司又在重复刚才的工序了。至于20楼嘛……哎，天知道他老人家在干什么呢。

这就是绝大多数公司信息流动的传统模式。管理中的上层收集信息，并审慎地决定该将哪些信息分发给在他们底下辛苦工作的人。在这样的世界中，信息作为权力和控制的手段被人们囤积。正如管理学学者詹姆斯·奥图尔及沃伦·本尼斯所说，许多商业人士之所以能升至管理者位置，"靠的并不是他们所表现出的团队合作精神，而是因为他们深谙与同事们的竞争之道。而这样的风气，只会助长人们对信息的霸占"[135]。这让我们想起了苏联的做法，他们把办公室中所有的复印机都关在双锁钢板门后，以防有人在未经批准的情况下使用机器的神力将有关粮食生产的五年计划泄漏出去。[136] 当今，绝大多数管理者的思维方式依然与苏联时期的官僚大同小异。他们觉得，自己的任务就是批注信息、谨慎地把小部分信息散布出去，原因很简单：你怎么能将关系企业帝国命脉的信息交给底层那些年轻无知的人呢？

然而，苏联已经解体。如果雇用员工只是为了让他们工作，那么这种钳制信息的传播方式可能还能有效。但在互联网时代，我们雇用员工是让他们进行思考的。还在上商学院的时候，乔纳森的一位经济学教授曾说："金钱是一切企业的命脉。"这句话其实并不全对。在互联网时代中，金钱的确重要，但对于企业来说，信息才是真正的生命之源。要想在 21 世纪建立一家企业，吸引创意精英并引导他们大展宏图才是成功的关键。但创意精英若不能接触大量的信息，这一切只是空谈。

现在，最有能力的管理者不但不独霸信息，还会分享信息。（比尔·盖茨曾在 1999 年说过："力量并不来自掌握的知识，而是来自分享的知识。这一点，应该在企业的价值观及奖励机制中体现出来。"[137]）领导者的目标，就是要时刻促进信息在整个企业中的流动。这就要求领导者具备一套全新的技能。

就像乔纳森在几年前告诉那位工程师的一样："如果我真的只是一台昂贵的路由器，那我就要当最牛的路由器。"那么，应该怎么做呢？心态开放，公开设立富有挑战性的目标。

心态开放

你的"预设模式"应是与人共享一切，谷歌的董事会报告就是一个例子。这个传统是埃里克在担任首席执行官期间开创的，一直延续到了今天。每个季度，我们的团队都会就企业现状拟一份深度报告，并呈交给董事会。报告中包括一部分文字信息（也就是致董事会的信），都是有关企业和产品的数据和意见；还有产品负责人（也就是负责谷歌搜索、广告、YouTube、安卓等产品领域的高管）用来引导董事会会议的含有数据和图表的幻灯片。不难想象，其中许多信息都是不对外公开的。但是在董事会会议结束后，我们却出人意料地将提交给董事会的信息与所有的谷歌员工分享。在面向公司全体员工召开的会议上，埃里克会将我们给董事会播放的幻灯片原封不动地重现给大家，而致董事会信函则通过邮件发送给谷歌的每位员工。

好吧，"咬文嚼字"先生，我们共享的并不是致董事会信函的全部内容。出于法律原因，这封信中含有一些不能与所有人共享的数据。因此，我们必须要把信发给我们的法律顾问以及传播部的几位工作人员，让他们通读全文，找出触碰法律地雷的内容并进行修改。在具体实践中，"共享一切"的理想免不了会撞上"'一切'也太不实际了"的现实。每个季度，这些平日里谷歌范儿十足、用意良好的谷歌人都会手持红色的"死亡马克笔"（当然都是在电子版上），标出需要改动的句子和段落。他们会说"这句话不能放在信里，万一被泄露出去就不妙了"，或"这条信息的确属实，我们也是这样向董事会汇报的，但还是不要让员工看到，以免挫伤大家的士气"。

幸运的是，信件审查工作的总负责人明白，"共享一切"并不意味着"先剔除那些有可能损害公司形象或打击士气的信息，然后把剩下的信息进行共享"，而是指"除了极少数有违法律法规的信息，其他一概与大家共享"。这两种理念之间存在着天壤之别！正因如此，我们才要求每位想要剔除信息的人给出具体的原因，有理有据地说服我们。谷歌于 2004 年上市以来，我们每一季度都会把致董事会信函与大家分享，迄今为止，还没有出现信息泄漏问题。另外，也没有人因为缺少对公司总体情况的了解而提出过抱怨。就算有人抱怨，我们只要让当事人读一读致董事会信函、看一看埃里克的演讲就行了。

另外，董事会信息的共享还有一个附带的好处，那就是对质量的良性刺激。人们会细心准备要提交董事会过目的资料，但如果他们得知这资料要在公司全员之中传阅，就会更加不遗余力了。

开放的心态不仅适用于董事会的沟通，我们也在尝试共享一切。比如，谷歌的内部网 Moma 上几乎包含即将上市的新品的一切相关信息，而我们每周五的 TGIF 大会，也常会安排产品团队与大家分享其即将推出的有趣项目以及正在研发的产品演示及截图。对于大批密切关注谷歌新动向的博主而言，能够参加 TGIF 大会就好似喜获了旺卡巧克力工厂的金色入场券，因为对于绝大多数企业都会小心藏掖的机密，我们却让大家一览无余。然而，没有任何人将暗中从后排盗来的模糊不清的截图或镜头摇摇晃晃的产品演示视频泄漏出去。我们放心将各种关乎企业命脉的信息与员工共享，而员工也不负我们的信赖。[138]

谷歌的 OKR 考核制度也是信息透明的一个很好的例证。这个指标是由每个人的目标（也就是需要达成的战略目标）以及关键成果（用以衡量达成目标的进度）构成的。每个季度，每位员工都需要更新自己的 OKR，并在公司内发布，好让大家快速了解彼此的工作重点。如果你结识了一个谷歌人并想了解其具体工作，只需登录 Moma 内部网看看他的 OKR。这样，你不仅可以了解他的头衔和具体职务，更能通过其自我描述来审视其工作内容以及他关注什么。想弄清这个人背后的驱动力是什么，这是最快的途径。

毋庸赘言，这个制度的施行需要从高层做起。在谷歌，拉里和在他之前担任首席执行官的埃里克一样，每个季度都会发布他自己的 OKR，并会召开全公司会议加以讨论。各产品和业务负责人都会上台逐一讨论自己的 OKR 及其对自己团队的意义，并依据自己上一季度的 OKR 指标为本季度的表现打分。这并不是在做表面文章，因为这些指标都是实实在在的，是各产品负责人在每个季度开始的时候经过缜密分析制定的。高管们会对自己的失误以及失误背后的原因坦率剖析，每个人上一季度的指标往往都会标满红黄两色标记。（在你的企业里，高管们能够在每个季度勇敢站出来与大家探讨他们没能达成的远大目标吗？）会议之后，当人们纷纷回去设定属于自己的 OKR 指标时，早已对公司这一季度的工作重点了然于胸。这样，即便企业正在飞速扩张，各个团队之间也能保持协作。

掌握细节

施乐帕洛阿尔托研究中心的前主任约翰·西利·布朗曾经说过："身而为人，在于提出问题，而非回答问题。"[139] 无论是在谷歌还是之前掌管的企业中，埃里克都会践行这个理念。在偶遇一位许久不见的高管时，两人之间的寒暄通常很简短。一句诚恳的问候之后，埃里克便会开门见山地提问："你最近的工作进展如何？遇到了哪些问题？应该交付的产品进度如何？"这些问题的效果有两重：不仅让埃里克掌握了对方的业务细节，还让他知道哪些主管掌握了他们的业务细节。如果业务负责人不能在 10 秒钟内把遇到的重大困难流畅地说出来，那么此人就不胜任。如今，"事不关己"的管理方法已经不再适用，作为管理者，必须掌握细节。

埃里克什么都记得，很清楚谁还有应交付的产品没完成，因此，上文中的方法非常适合他。在记忆力方面，乔纳森不是埃里克的对手，因此，乔纳森会把别人还没交给他的项目在手机联系人中加以备注。然后，只要遇到这个人，乔纳森便会把备注调出来，以便询问工作进度。

就算你的问题能问到点子上，真正的细节仍然难以挖掘。埃里克刚担任谷歌首席执行官不久时，有一天，拉里和谢尔盖因为工程问题以及一些高管的处理方法而心生不满。埃里克听两人倾诉了一会儿，插话说："嗯，我已经跟他们谈过了，我给你们讲讲他们正在做的工作吧。"接下来，他就把他所知的这支团队正在进行的工作讲给二人听。

拉里听埃里克讲了几句，便打断了他的话："他们才没有在干那些事呢。他们干的事情是这些……"拉里列出了这支团队正在进行的几项工作，埃里克很快意识到，拉里才是正确的。埃里克掌握了细节，但拉里却掌握了真相。因此，不能只见树木不见森林。

这件事是怎么发生的呢？原来，埃里克的信息来自管理者，而这些人一贯极力控制自下而上的信息流动（任何深谙推诿之道的中层管理者都心知肚明，审查信息、隐瞒信息这样的手法，无论是向上还是向下传递信息时都能派上用场）。拉里的信息是从工程师那里得来的，他并没有亲自打探，而是借用了他巧妙创设的一款叫作"摘要"（snippets）的小工具。"摘要"就好像个人的每周动态，内容包括某人一周以来最重要的活动，但形式简明扼要。这样，每个人只要花几分钟的时间就能写好摘要，或是随着一周工作的推进将内容（利用文档或邮件草稿箱）整合起来。"摘要"没有硬性规定的格式，但是，一份好的摘要不仅会罗列出个人本周动态及业绩亮点，还会让大家对此人正在进行的或隐晦难懂（比如"创设服务器信息块结构"和"制定 10% 清单"）或稀松平常（比如"完成季度业绩评估"和"与家人度假"）的活动一目了然。就像 OKR 一样，这些内容也在全公司共享。这些"摘要"会发布在谷歌的内部网上，以方便大家查阅。多年以来，拉里每周都会收到工程部门和产品部门负责人的摘要，因此，他总能得到真实的信息。

这就引出了我们的下一个话题⋯⋯

为讲真话营造安全的环境

上大学的时候，乔纳森选修了一门历史课，他知道这门课是学校橄榄球队队员最爱选的课程。班里的绝大多数孩子都具备一定的历史知识，而到了展示本学期研究项目的时候，乔纳森想起老师曾要求同学们相互提一些有难度的问题，其意不是难为大家，而是想提高大家的课堂参与成绩。乔纳森可不想站在一堆对成绩如饥似渴的历史系学生面前，让他们嘲讽他这个骄傲的经济学高才生。于是他想了个办法，自己写好了几个问题，并把问题分发给同样想要提升课堂参与成绩的橄榄球队的同学。这样，这些四分卫和中卫们便朝他抛出一个个"难题"，而乔纳森则应对自如，结果，人人皆大欢喜。

乔纳森当年这种有待商榷的做法，现在却在商界有了抬头之势。员工不敢向领导抛出难题，因此往往会提简单问题。实际上，提简单问题不仅是人们在提问时惯用的伎俩，生活中人们也习惯了只传递好消息，毕竟，没有人想要当坏消息的信使。但是身为领导者，最需要引起你注意的恰恰就是坏消息。好消息放到明天一样好，坏消息留到明天则会变得更坏。正因如此，即便忠言逆耳，你也必须营造一个让大家时时敢于提出难题和发表忠言的环境。如果你能以及时且直接的方式获悉有哪些事情出了岔子，那么这些问题其实是在告诉你：你的措施奏效了。矿井中的金丝雀或许难逃一死，但至少你能获悉这场鸟类惨案的信息。另外，怀抱不幸的金丝雀金黄色尸体升上地面的人也知道，自己不会被重新扔回矿井里去。[①]

想要婉转地向权威人士传达坏消息，这里有几个建议。在产品或重要功能问世时，我们会要求各团队组织"事后讨论会"，让全体成员聚在一起讨论哪些做对了，哪些做错了。之后，我们会公布讨论结果，让每个人知悉。实际上，这些事后讨论会的最大收获就是过程本身。不要错过鼓励公开、透明、诚恳沟通的机会。

TGIF 大会也是一个很好的例子。这个全员参加的每周会议由拉里和谢尔盖主持，且每次都设有一个毫不设限的问答环节。但随着公司的发展，这个环节越来越难以组织，因此我们设立了一个叫作"多莉"（Dory）的机制。任何不能（或不愿）当面提问的人都可以把问题发给"多莉"（这个名字来自《海底总动员》里那条记忆力有问题的鱼，但是就像健忘的多莉一样，我们也忘了为何取这个名字了）。问题发出后，其他人可以投票表决这个问题是好是坏。问题得到的好评越多，排名就越靠前，越是难以回答的问题，通常也会

---

① 英文中有"矿坑井中的金丝雀"一说。大意是，金丝雀是一种非常金贵的鸟类，稍微吸入一些地下矿井中的甲烷气体就会迅速死亡，因此，矿工们会把金丝雀放在井中，以便及时得到气体泄漏的预警。——译者注

收到越多好评。在 TGIF 大会上，"多莉"问题列表会被公布在大屏幕上，因此拉里和谢尔盖在浏览这些问题时，不能只把那些想要回答的问题单独挑出来。无论问题尖锐与否，他们都得把列出的问题从头至尾逐一回答。有了"多莉"，任何人都可以把最尖锐的问题直接抛给首席执行官和他的团队，而众人把关的形式则可以最大限度地减少无聊问题。其实，我们对不满意的答复的评判方法非常简单：TGIF 大会的与会人每人都有一红一绿两块牌子，如果觉得问题回答得有所保留，只要挥舞红色的牌子就行了。[140]

埃里克为我们这种公开透明的方式取名为"爬升—报告—遵从"模式。飞行员明白，在遇到危险时，需要采取的第一步措施便是爬升，也就是让自己脱离险境。下一步措施是报告，也就是联络塔台，报告你出了什么问题以及出问题的原因。最后一步是遵从：当空中交通管制员告诉你下次该如何改进的时候，你就要听从指挥！因此，在工作中，如果有人带着坏消息或难题来找你，这就说明他们正处于"爬升—报告—遵从"模式。这些人已经花时间对情况进行了分析，为了鼓励他们说出问题，你应当用心倾听、竭力相助，相信他们下次着陆时会做得更好。

制造话题

2009 年 10 月，迈克尔·杰克逊的演唱会纪实电影《就是这样》首次上映，这让乔纳森灵光一闪。谷歌在山景城的主园区旁边正好有一家电影院，于是乔纳森买了许多首映场当日的票，邀请产品团队选好时间一起去看电影，几百位同事响应他的邀请，利用工作时间外出，去欣赏"流行音乐之王"的风采。那场巡演之后不久，迈克尔·杰克逊就悲剧性地离世，"王者归来"计划成为泡影。

乔纳森的举动得到了一些朋友和同事的质疑：既花钱又耽误进度，只为让一群谷歌人去看一部电影，值得吗？答案是：当然值得。这部电影让大家看到：一位世界顶尖的创意精英对细节一丝不苟，还时刻为观众着想，以此激励着团队和自己精益求精。而除此之外，这次观影活动还有一个微妙的目的，就是为大家制造话题。观影之后的几个月里，乔纳森团队中无论是刚从大学毕业的实习生还是资深的高管，都会在咖啡机或餐厅里拦住他，感谢他带领大家看了这部电影。而乔纳森一般都会询问对方欣赏电影的哪些段落，话题便由此展开。

谈话仍然是最主要且最有价值的沟通方式，但随着科技的发展和工作节奏的加快，谈话却渐渐成为最为少用的沟通形式之一。世界各地的人们无时无刻不处于联通状态，这虽然很棒，却让我们禁不住这样的诱惑：你会不会频繁使用电子邮件、网聊或短信的方式来联系距离你只有几米的人呢？没错，其实，我们自己也会这样做。对于这种现象，社会学家（以及人类学家）的用词是"懒惰"。但平心而论，对于那些热衷于用科技手段进行沟通的创意精英（尤其是那些身处大企业以及入职时间较短的人）而言，他们也有苦衷。虽然许多企业高管以及其他大人物都极力声称自己乐意与人沟通，但"开门政策"只有在有门可入的前提下才能奏效。对于那些对企业尚不熟悉的人来说，开启谈话可能并不容易。作为领导者，你需要为他们提供帮助。

为了提供沟通条件，谷歌的一些优秀领导者尝试了一些新颖的方式。乌尔兹·霍尔泽写作并发表了一篇有关自己的"使用说明书"，以便让他团队中的每个成员（几千人）阅读。这不仅让大家懂得如何最有效地与他沟通，也告诉大家在他出"故障"的时候该如何"修理"他。[141] 谷歌刚成立时，借鉴了学术界的一些办公传统，而"接访时间"（office hours）制度便是其中之一。① 玛丽莎·迈耶是接访时间制度的拥护者之一，就像大学教授一样，她每周都会留出几个小时的时间，欢迎任何人来找她谈心。想谈话的人可在玛丽莎办公室门外的白板上报名（与玛丽莎共用办公室的其他几个人，通常会在她的接访时间转移到其他地点去工作），等到星期三的下午，办公室门口的沙发上便坐满了年轻的产品经理，等待着与她讨论形形色色的问题。

几乎所有企业中都会有"部落元老"级的人物，他们在自己的领域有着独特的专业技能，对企业有着透彻的了解。其中有的人在企业中赫赫有名，但有的人则默默无闻。领导者如果能将初入企业的创意精英介绍给这些资深者，就搭起了一道最有意义的桥梁。在贝尔实验室，这些资深人士往往叫作"写书的人"，因为他们都针对某一领域写过著作或论文，而新入职的员工通常会在主管的引荐下向他们讨教。[142] 在许多企业（以及大学）中，管理者多会下意识地反对员工与企业的明星人物发生互动。毕竟，这些员工十有八九会拿愚蠢的问题去浪费大人物的宝贵时间，不是吗？当然，这种情况的确有发生的可能，而多数大人物也都非常反感别人浪费他们的时间，也自然会让浪

---

① 接访时间制度，西方大学常用的制度。在办公时间内，工作人员通常会留在办公室里，与提前进行过预约的学生进行交流。——译者注

费他们时间的人吃苦头。因此，那些资历尚浅的创意精英自会汲取经验，引以为戒。

祷文不会因重复而失色

在生活中，很多情况下一件事情需要重复大约 20 遍才能被人真正听进去。[143] 如果你只重复几遍，对方会因为忙碌而充耳不闻。多重复几遍，他们才能感受到耳边隐约有动静。等到重复了 15~20 遍的时候，你自己可能都懒得说了，而这时，听者才刚刚开始有所触动。因此，作为领导者，你必须习惯于苦口婆心、诲人不倦。埃里克喜欢说："祷文不会因重复而失色。"

不过，信息轰炸有正确的方式，也有错误的方式。在科技便利的互联网时代，人们常用的方法，就是将越来越多的信息与越来越多的人分享。如果你读到了一篇有趣的文章，那就把链接复制粘贴到邮件中，发给任何可能感兴趣的人。是的，这就是信息轰炸！别人的时间就这样被你浪费了。用不当的方法进行信息轰炸，会造成无用信息的泛滥，还会让陈词滥调在早已塞满的收件箱里堆积如山。

要以正确的方法进行信息轰炸，这里有几条基本的指导原则：

1. 沟通能否强化你希望深入人心的核心理念呢？

要做到这一点，你必须先明白什么是核心理念。我们说，祷文不会因重复而失色，而核心理念就是一种祷文。这是你希望每个人都理解的概念，是神圣郑重的，数量不宜多，且每一条都必须与企业的使命、价值观、战略以及所在的行业有关。在谷歌，我们的核心理念包括：用户至上、目标远大、不畏失败。另外，我们还都是科技的乐观主义者：我们相信，科技和互联网的力量能让世界变得更加美好。

顺便说一句，如果你把某句话重复了 20 遍，别人却仍然听不进去，那么问题就不在于你的沟通方式，而是在于你所传达的理念。如果你每周都在公司的全员大会上起立发言，一遍遍地重申你的战略和计划，依然得不到人们的理解或信任，那么问题就不在你的沟通方式上，而是你的计划有瑕疵。

2. 沟通有效吗？

要做到这一点，你的沟通就要包含新鲜的内容。我们说祷文不会因重复而失色，但这句话不能只从字面上理解。我们的理念，不是像对美国宣誓效忠一样，一字不漏地灌输到学生脑子里。有的时候，我们需要变换阐述理念的方式来抓住（或拉回）听者的注意力。举例来说，埃里克定期向谷歌人发表的内部备忘录，几乎每次都围绕专注于用户这个焦点。为了保持内容的新鲜感，埃里克在一次备忘录中指出，搜索请求的句子长度每年都会增加 5%，这说明用户变得越来越有经验了。这个数据不仅新颖有趣，而且是绝大多数谷歌人所不知道的。这让一个原本严肃的话题更引人关注了。

3. 沟通是否有趣、鼓舞人心？

多数管理团队都缺乏好奇心，他们只想处理手边的工作，在沟通时也带有一副公事公办的生硬架势。而相比之下，创意精英们的爱好要广泛得多。因此，如果你读到一篇见解深刻或生动有趣的文章，且文章的内容正好涉及你所传达的核心理念，那就和大家分享吧。从中找出亮点或值得讨论的观点，以此引起团队的关注。如果你能毫无保留地与大家讨论更加广泛的话题，大家自然也会乐在其中，因为他们都喜欢充满好奇的感觉。几年前，乔纳森偶然读到了一篇文章，名为《摩尔定律是不可避免的吗？》，作者是记者兼《连线》杂志编辑凯文·凯利。[144] 这篇文章探讨了摩尔定律的历史，并预言定律的下一次迭代指日可待。乔纳森把文章的链接发给他的团队，并附上了一条简短的内容概要以及几个简单的问题：你觉得摩尔定律的下一次迭代是不可避免的吗？这一代何时结束？参照凯文·凯利得出的结论，谷歌应该对工作方式做出什么改变？这封电子邮件激起了大家长达一周的热烈讨论，话题就这么展开了！摩尔定律未来是否应验，与谷歌以及参加讨论者的工作内容都没有什么直接的关联，但从更广泛的意义上来说，这种做法与谷歌把握科技未来动向的战略是相一致的。

4. 沟通是否发自肺腑？

你说的话应该带有真情实感。有效的沟通不能 100% 都外包给他人代劳。你的确可以让别人帮助你美化一下辞藻，但是你的想法、理念以及体验都应是你自己的。越是真情流露，就越能打动人心。

2009 年末，埃里克去了一趟伊拉克，回来后写了一篇短文，对自己的伊拉克之旅做了细致的分析，也谈了他对这个国家的优势和劣势的看法。他的短文与谷歌人毫无关系，而是启发大家如何更好地做一名世界公民。很快，这篇文章就在公司里流传开来。其实，轻松愉快的沟通同样很有效。比如，乔纳森就经常会拿女儿在足球场上飒爽英姿的视频来活跃团队气氛。无论你是在战区旅行，还是展现为人父母的骄傲，都请勇敢讲出你的故事！

5. 沟通对象是否合适？

电子邮件的缺点在于，添加收件人实在是太容易了。这条信息对收件人有用吗？管不了那么多了，先把他们添加到收件人里再说！要么就直接把信息群发给团队，这样更省事！但是，有效的沟通只应该针对需要这些信息的人。选出这样一份名单自然会费些时间，但是几秒钟时间的付出却能带来巨大的回报。如果你不选择群发，而是准确挑选出合适的对象，他们阅读信件的可能性就更大。你可以站在对方的角度来考虑这个问题：面对一封群发的信和一封针对你个人的信，你阅读哪一封的可能性更大呢？这无异于垃圾邮件和手写卡片的区别。

6. 你使用的沟通媒介合适吗？

所有的沟通形式都有用。每个人接收信息的方式各不相同，因此，对一些人有效的沟通方式用在别人身上或许并不合适。如果你的信息很重要，那就调动手边一切方式把信息传达出去：你可以使用电子邮件、视频、社交网络、常规会议、视讯会议，甚至可以尝试在厨房或餐厅的墙上张贴传单或海报。看看哪种方式与同事们的沟通效果最好，然后用这些方法进行沟通。

7. 诚实谦虚，积攒人品。

创意精英并非必须为你工作，他们的选择很多。如果你能把诚实谦虚的风气融入日常工作，就会让你获得团队的青睐和忠诚。如果你不小心做错了事，也应坦诚而谦卑地进行沟通。这有可能让你信誉受损，但不至于让你信誉尽毁。

以旅行报告作为会议的开场

多数商务人士都要参加相关会议。你或许已经参加过成百上千次会议，对议事日程已经了然于胸：了解近况，处理具体工作，睁着眼打盹儿，在桌子下偷偷查邮件，苦思自己做错了什么要忍受这般煎熬。多数会议的问题在于，会议内容是围绕业务的最新发展而定的，却没有把团队面临的关键性问题作为重点。这样，大块的时间都浪费在了无关紧要的事情上（想一想，你真的需要把所有事务的每周最新动态全都听一遍吗），却没有很好地顾及真正重要的事情。这样的方式还会强化人员之间的组织界限，比如"帕姆负责质量控制，詹森负责销售"，而没有营造出一个人人关注日常要务的平台。

要一改会议的单调乏味，旅行报告是一种简单的方法。在员工外出旅行的时候，让他们整理一篇"暑假游记"式的报告，总结一下自己的见闻和学到的经验。然后，会议就以做旅行报告开始。（如果某一周恰好没人出差，那就安排某人做一次周末报告。）有了这些旅行报告，会议定会增色不少。大家的发言会更加踊跃，另外，知道自己要在会上发言的人也会更加尽心地准备。除此之外，这些经过精心准备的旅行报告会让人们摆脱职务的羁绊，而这种精神，正是成功会议的关键。无论职务如何，都应对企业、行业、消费者、合作伙伴以及不同文化大胆发表自己的见解。

帕特里克·皮切特在 2008 年出任谷歌首席财务官一职后不久，参观了谷歌的伦敦分部。他回到美国之后，埃里克在一次员工会议一开始便请他与大家分享这次伦敦之行。帕特里克先是对伦敦分部和那里的人员大加赞赏，一阵闲谈之后，他出其不意地急转话锋。原来，在伦敦的时候，只要看到手机商店，他就必定进店，与销售员聊一聊机型和套餐业务。也就是说，他打探出了普通用户对谷歌新推出的安卓操作系统以及各款手机应用程序的看法，并在旅行报告中将见闻与谷歌高管团队进行了分享。帕特里克并不认为自己的发言一定要局限在职权范围之内，因此完全没有涉及财务事宜。这次发言做出了榜样，告诉大家，人人都能够，也应该对全行业发表洞见。

自我评价

务必要确保你愿意为自己工作，这是埃里克的一条最基本的原则，也是管理学的一条金科玉律。如果你自己都觉得员工受你这样一位上司管理是一大痛苦，那么你就得好好改进了。针对这个问题，我们最好的建议就是检视自我：至少一年一次针对自己的表现写一份评估，然后读一读，看看你自己是否愿意接受自己的管理。之后，把这份评估发给你管理的员工。这种做法要比常用的 360 度测评制度更能让员工吐露心声，因为如果你能主动要求大家指出你的不足，大家也更容易表达出真实的看法。

在上文中谈到比尔·坎贝尔以及埃里克在一开始的时候（错误地）认为自己并不需要教练时，我们提到过埃里克在 2002 年写的自我评价。除了上文的例子之外，埃里克在其他段落里也对员工诚恳地剖析了自己的不足，比如："我应该早点下放权力，把一些决策下放给大家来做。"又如："对某些决策，我不应该那么耐心，而是应该催大家早些拿出结论来。在一些事情上，我太过纠结于得到大家的一致同意了。"这些批评得到了埃里克团队的热烈好评，因为这让大家看到，首席执行官和他们一样，也在为自我提升和自我改进而努力。

电邮常识

互联网时代中的交流往往要靠电子邮件，而电子邮件虽然功能强大、便利好用，却常常让平日里乐观向上的人不安。要摆脱不安，我们有几个原则：

1. 迅速回复。有人只要看到电子邮件就能及时回复，而有的人则不能。努力做前一种人吧。在我们认识的人中，那些最顶尖且最忙碌的精英几乎都能及时回复电子邮件，不是仅回复我们俩或是少数发件人的邮件，而是对所有人都是如此。积极的回应能让信息良性循环，这样，你的团队和同事在进行重要讨论和决策的时候就更有可能把你包括在内。除此之外，积极回应所有人的做法对你一直想要倡导的不分层级、任人唯贤的理念也有积极的作用。你的回应可以很简短，比如，我们就很喜欢用"明白了"这句话作答。如果你自信能做到迅速回复，那么"未回复"信件背后的意思就很明显了。比如，我们如果没有马上回复，通常是表示"收到，正在处理中"。而绝大多数不回复的人则是在告诉你："我现在没工夫，不知道什么时候看邮件，甚至不会看你的信息。如果你想得到我的回复，你可就要苦等了。顺便说一句，我挺不待见你的。"相比之下，我们的态度要好多了。

2. 在写电子邮件的时候，每个字都很重要，冗长的堆砌则是多余的。在传达信息时，要干脆简洁。如果你是在说明一个问题，那就把问题说清楚。要做好这一点，不仅不省时，反而更费时。你要先拟一份草稿，然后通读一遍，把多余的词语剔除出去。当有人问及写作成功的秘诀时，已故小说家埃尔莫·伦纳德回答说："读者可能跳过不读的内容，我就省略不写。"[145] 而多数电子邮件里则满是读者跳过不读也无关紧要的内容。

3. 经常清理收件箱。你有多少时间都在盯着收件箱，不知该回复哪一封邮件？你花在打开和重读已阅邮件上的时间又有多少？如果你在考虑应该先处理收件箱中的哪封邮件，或是在重读已经读过（却没有及时回复）的邮件，那你就是在虚掷光阴。

打开一封新邮件的时候，你有几种选择：你可以看几眼，认为没有读下去的必要；可以读完邮件，马上回复；可以读完一会儿再回复；也可以放一会儿再读（这种邮件虽然值得一读，但要么不太紧急，要么就太长，不适合马上看）。现在就从这几个选项里挑出一种，我们强烈推荐你从前两个选项里做选择。记住，尽可能一次处理完毕。如果你在读完邮件后知道怎么做，那就立马动手。否则，你就必须重读一次，完全是浪费时间。

如果你能切实做好这一点，那么你的收件箱里就只剩下棘手的待办事项、需要你进一步思考的问题（你可以为邮件添加上"待处理"的标签，或是在你的谷歌邮箱里为这些邮件打上星号），以及几封可以过会儿再做处理的待读邮件了。

为了保证你不只是把这些棘手的任务从收件箱转移到"待处理"文件夹里，你必须每天对"待处理"文件夹进行一次清理。这件事适合放在晚上做，你可以将清零待办事项作为目标，但只要文件夹里的事项不多于 5 件，都是合理的。否则，你事后就得面对冗长的清单，因纠结到底该从哪里下手而浪费时间。

4. 先处理后收到的邮件。有的时候，较早前的问题说不定已被别人解决。

5. 不要忘了，你是台路由器。如果收到一封含有有用信息的邮件，就该考虑一下这封邮件还有可能会帮到谁。一天之末，你可以在脑中把今天收到的邮件回顾一遍，问问自己："有没有漏掉该转发的邮件？"

6. 在你使用密件抄送功能时，问问自己为什么要这么做。人们使用这个功能，通常都是为了隐瞒一些信息，而在公开透明的企业文化中，这种隐瞒的做法不仅会让你弄巧成拙，甚至有些搬弄是非的意味。如果你想隐瞒信息，那就公开抄送，否则就压根儿别把信寄给这些人。

我们认为，只有在你把某些人从邮件相关收件人名单里剔除出去的时候，密送功能才应该派上用场。当你选择"回复全部"的时候，如果邮件内容已经与某些人无关，那就把这些人移到"密送"名单里，然后再加备注说明。收件箱里少了一封无关紧要的邮件，大家一定会顿觉轻松不少。

7. 不要拿邮件泄愤。如果你需要发火，那就当面发。用电邮发火实在来得太容易了。

8. 要方便跟踪进度。如果你给别人寄了一封关于待办事项的邮件，且想跟踪任务完成的进度，那就把信抄送给自己，然后添加上"跟进"标签。这样会方便你查询和跟进那些未完成事项：你只需把原来的邮件加上"这件事做好了吗？"的新标题，然后重新发送就行了。

9. 帮助未来的你更方便地搜索信息。如果你收到了你认为将来可能派上用场的信息，那就把信息转发给自己，并附上几个总结信息内容的关键词。你可以自己想一想：我将来会用什么方式搜索这条信息呢？你以后搜索的时候，很可能就会用到你现在想到的搜索词条。

这一点不仅适用于电子邮件，对于重要的文件也同样有效。乔纳森就会把家人的护照、证件以及健康保险卡扫描下来，然后加上描述性关键词通过电子邮件发给自己。如果不慎在旅途中遗失了证件，他就可以轻松使用任意一款浏览器把扫描件调出来。

备一本情境手册

作为企业领导者，你要面对员工、老板、董事、顾问、消费者、合作伙伴以及投资者等。要在遇到以下各种场景时与他们有效沟通，你最好备一本情境手册。以下是我们俩的手册：

一对一会谈：清单对对碰

有关如何组织一对一会谈（即管理者与员工定期进行的面谈），比尔·坎贝尔曾经向我们推荐过一种比较独特的方法。管理者应当把最想在会谈中涉及的5件事写出来，员工也应该列一份这样的单子。把两张不同清单拿出来后，单子上十有八九会有几个条目是重复的。对于所有的一对一会谈而言，双方共同的目标都是为了解决问题，如果管理者和员工不能独立找出最需要两人共同解决的问题，那么摆在两人面前的问题就更不可忽视了。

除此之外，比尔还为我们推荐了一个好用的一对一会谈大纲，让我们在应用中受益匪浅。

1. 工作表现

    a. 可以是销售数据。

    b. 可以是产品交付情况或有关产品的重大进展。

    c. 可以是消费者的意见或产品质量。

    d. 可以是预算数目。

2. 与同事之间的关系（这对企业成员的团结一致非常关键）

    a. 产品人员和工程人员的关系。

    b. 市场人员和产品人员的关系。

    c. 销售人员和工程人员的关系。

3. 领导与管理

    a. 你有没有对你的人员起到指导和帮助的作用？

    b. 你有没有把"害群之马"清除出团队？

c. 你有没有在人才招聘上下功夫？

d. 你能否激励员工做出创举？

4. 创新（最佳实践）

　　a. 你是否一直在进步，是否一直思考着如何才能变得越来越好？

　　b. 你是否经常对新的技术、新的产品及新的方案进行思考和评估？

　　c. 你是否将业界或世界上最顶尖的人或企业作为对比标杆？

董事会：要关心，莫插手

　　董事会的目的就是营造和谐透明的环境，并提供建议。在会议结束时，如果董事会能够支持你提出的战略措施自然是最理想的。要达到这个目的，你就必须在沟通上做到百分之百的坦诚。另外，就算你已经决定不接受他人的意见，也还是要听取他们的看法，因为大家对问题的认识或许并没有你全面，提出建议通常是出于好心。换句话说，你应当让大家多质疑、少插手。[146]

　　作为首席执行官，埃里克会在召开董事会之前对上一季度的成绩和不足做详细的评价。其中，不足这一部分尤为重要，埃里克在失误评估上所花的准备时间也一向是最长的。这是因为在董事会上报忧总是要比报喜困难。宣布成绩很容易，但如果你要求团队把过失不足列给你，人们往往会对事实加以粉饰："问题就是这样，但是事实并没有那么糟啦，而且我们已经在实施解决方案了。"当然，企业面对的所有问题不可能都是如此，董事会对这一点心知肚明。因此，最好的解决方法就是诚实以对：我们面前的确有难解的问题，如何解决我们心里也没有数。在谈到不足时，埃里克的谈话会涉及收益、竞争及产品等问题。他说得诚实而恳切，方便了董事会成员积极参与谈话。比如，有一次，我们想在董事会上讨论企业官僚制度对发展的阻碍，于是就把会议标题设为"谷歌受阻：我们不得不面对的重大问题"。

宣布完成绩和不足之后，埃里克会对各项产品和职能进行细致入微的分析，还会根据具体数据重点展开简短切题的讨论。组织发言的人并非传播部门或法律部门的人员，而是乔纳森团队中深入参与业务的产品经理。乔纳森会挑出自己最得意的创意精英来完成这项任务。他知道，虽然组织发言非常费时，但他们一定能出色完成任务。他同时也明白，如此细致地组织董事会发言（以及起草致董事会的信）的经验，会让这些英才对管理沟通技巧产生深刻的体会，会让他们站在高点对企业的机制拥有整体的把握。把这个任务委派给传播方面的人员，你就白白浪费了让企业未来的领导者收获实际经验的大好机遇。[147]

董事会成员应该讨论战略和产品，而不是管理方式和诉讼纠纷（如果你的董事会成员不是这样，那你就该考虑换人了）。在为董事会制定规则和议事日程时请切记这一点，即便困难也要坚持。埃里克曾经是西贝尔系统公司董事会的成员，这家于 2005 年被甲骨文公司收购的软件公司，在刚刚进入 21 世纪时曾受到美国证券交易委员会的一系列违规指控。由此，法律问题变成了董事会会议的主题，董事会考虑律师和债务问题的时间比考虑业务的时间多出许多。而与此同时，西贝尔的业务逐渐萎靡。

当核心业务衰退而必须进行艰难但必要的讨论时，无论是琐碎的日常工作还是重大的董事会议题，都成了转移注意力的好借口。董事会本应在战略上发挥重要作用，但如果任由会议被管理事宜牵着鼻子走，那么就无法促成有趣的交谈和得出宝贵的洞见。当然，董事会必须对法律及战略方面的重大问题有所了解，但这些信息都可以先由低一级的委员会经手，然后用 15 分钟的时间在董事会会议上加以概述。埃里克在加入谷歌时致力于让董事会聚焦于业务规模和业务战略。埃里克在苹果董事会任职期间，他们的董事会会议在这方面也做得很到位，会议中不乏有关产品、领导方式以及企业战略的精彩对话。

在不开董事会会议的时候，要定期打电话与董事们联络。

合作伙伴：学学外交官

要搭建平台和建立成功的产品体系，企业就离不开合作伙伴的帮助。两家在某些领域相互竞争的企业，有时却会在另一些领域进行合作，像这些看似矛盾的现象（以及"竞合关系""友敌"等混合词），就是由此衍生出来的。在这样的情况下，成功之道在于一种最古老的沟通艺术——外交。

企业之间复杂的合作关系与国家之间的务实外交（而非意识形态外交）有许多相似之处，国家之间难免有一长串的矛盾，但从双方的共同利益来看，抛开恩怨、并肩合作才是正道。否则，国家之间的关系只有不相往来或战争两条路可走，而这两条路对于任何一方都是一种打击。例如，中国与美国之间就存在许多问题，但两国之间有如此多的贸易往来，我们必须撇开分歧，寻找维护和建立合作关系的方法。

企业与国家一样，也有一套理念体系，这一点，每个从一个体系转移到另一个体系的人都能感同身受。要营造成功的合作关系，必须认识到彼此之间的不同，还应承认和接受这些不同是无法根除的。与你合作的国家或企业同样有权拥有自己的理念体系，他们的价值观与你的一样根深蒂固，因此，如果要建立有效的合作关系，就必须把你的道德评判搁置起来。1969 年，亨利·基辛格在担任美国国家安全顾问时曾经说："我们一向表明，美国没有永远的敌人。在评价包括社会主义国家在内的一切国家，特别是像中国这样的国家时，我们不会以其国家的意识形态为基础，而是以其实际行动为标准。"[148] 一年多之后，他秘密出访中国，由此打破了两国自"二战"后的外交僵局。

如果说合作关系的经营与外交相似，那么毋庸赘言，合作关系也应该交由有外交手腕的人来打理。对于最为重要的合作伙伴，我们建议企业派专人来兼顾两方利益：一是要满足合作伙伴的需求，二是帮助自己的企业追求利益。[149] 人们习惯认为，销售员应当偏向于自家利益而非合作方的利益，而这种双赢的做法，无疑是一种颠覆。

媒体访问：对话，而非传话

在接受媒体访谈前，你是否会让别人为你做准备工作？如果答案是肯定的，那么你是否会让人给你准备一份"常见问题清单"，将那些难缠的记者有可能提出的问题囊括其中，再让他们认真拟定一份经过审查、尽可能与将发布的新闻主题并行不悖的答案呢？当助手把问题清单交给你的时候，你是否看着文件告诉自己"我就应该照本宣科"？

在许多人眼中，媒体访问就是营销演说，应当照本宣科。对于企业传播部的人员来说，乔纳森可是个不好伺候的主儿。他曾经在看完别人拟给自己的发言稿后公开表示，如果大家想要找一只受过训练的猴子去接受媒体访问，那么他很乐意帮忙安排；但如果大家想指定他这个与猴子大相径庭的人类来接受访问，那他们最好重新拟稿，写出点有分量的东西。一场成功的访谈不应干巴巴地重复营销说辞，而应是一场交流真知灼见的对话。

优秀的传播人员懂得传话与对话之间的区别。在传话时，我们不会回答对方的提问；而在对话过程中，我们会听取对方的提问，试着考虑如何用见解和例证来巧妙地回答问题，不仅传递信息，也避免了机械的鹦鹉学舌。在沟通时，许多人的标准都很低。如果你的要求很低，那么宣讲无疑可以达到你要的效果，但除此之外，这样的沟通毫无出彩之处。如果你是在传话，人们很容易就能识破你的企图。

与记者进行一场机智的对话要比背稿子难得多，这倒不是因为记者言辞犀利。与记者你一言我一语的交锋往往会制造紧张感，这对于许多记者而言是正中下怀，但其他人却大多避之唯恐不及。因此，如果想要同记者进行深度交谈，就必须锻炼自己，就算写出的报道中有对你不利的评论也要泰然处之。如果你没有受到负面评论，或许你与记者的交谈就没有聊到点儿上。

然而，许多人都不愿与媒体进行有意义的交谈，因为与挖掘深刻的见解相比，打草稿照背要简单许多。但是，人人都有自己的见解，而你只需鼓励你的团队去寻找这些洞见。你可以借用我们传播部同事埃伦·韦斯特告诫她的团队的话："要做一个有思想的领导者，你就必须有自己的思想。"

靠关系而非层级

层级严明、流程重重的组织有一个优势，那就是让你对每个人的分工一目了然：只需在正确的图表里选出正确的一格，你要找的人就跃然眼前了。但是，混乱才是互联网时代中企业的常态。如果一家企业运营顺利，人员与职位之间一个萝卜一个坑，这说明企业已经被形式和结构缚住了手脚。这不是好事。埃里克在诺勒公司担任首席执行官的时候，公司的运营就像一架上了油的机器一样顺畅。唯一的问题在于：公司的新产品一栏总是空空如也。（赛车手马里奥·安德雷蒂说过："如果万事都看似尽在掌握，那只能说明你的速度不够快。"）[150]

企业不应被条条框框束缚，因此，混乱的状态是最合理的。当你处于混乱之中的时候，要想把事情做成，唯一的途径就是靠建立关系。你应当不吝啬时间地去了解他人、关心他人，把他们的爱人和孩子的名字以及重要的家庭问题（这些你都可以轻松在通讯录里备注）等细节都记下来。埃里克遵循"三周原则"，也就是说，在接手新职位的前三周里，你不必做什么。你只需听取大家的心声，看看他们的问题和关注点在哪里，了解他们、关心他们、赢得他们的信任。其实，你并非什么也没有做，因为你正在为良好的关系奠定基础。

另外，不要忘记为大家带来笑容。在管理中，人们对赞美的使用不足，也低估了赞美的价值。该赞美的时候，不要吝啬。

第六章
创新：缔造原始的混沌

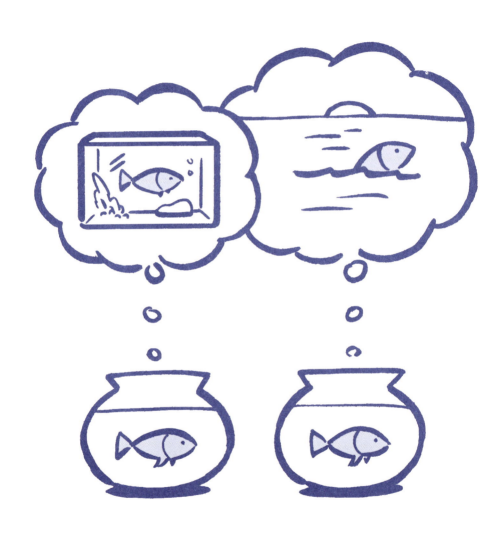

帕洛阿尔托 2010 年 3 月一个晴朗的春日，埃里克驾车驶到巴卡迪诺大道（Embarcadero Avenue）和国王大道（El Camino Real）的交叉口，趁着等待绿灯的时候，他坐在车中，看着环绕斯坦福大学橄榄球场的大树，回顾着过去几个小时中发生的事。就在刚才，他和苹果公司的首席执行官史蒂夫·乔布斯一起在一家名叫卡拉菲亚（Calafia）的咖啡厅相约喝咖啡。[151] 两人坐在这家主营加州风情餐饮的咖啡厅外，话题围绕着飞速发展中的谷歌安卓手机操作系统而展开。乔布斯认为，这款开源操作系统的基础是苹果的知识产权；埃里克则回答说，谷歌并没有使用苹果的知识产权，安卓其实是谷歌自行研发出来的。但是，埃里克的辩解只是徒劳。"他们肯定要找我们的碴儿了。"埃里克心想。

1993 年，埃里克与史蒂夫·乔布斯初次相识并有过合作。当时，埃里克任职于太阳计算机系统公司，乔布斯还在 NeXT 电脑公司。NeXT 电脑操作系统使用一种名叫 Objective-C 的编程语言。埃里克和其他几人一起来到 NeXT 公司，听乔布斯向他们阐述这款编程语言的最新情况。讲解开始时，乔布斯对这款编程语言的优点大加赞赏，想让来自太阳公司的计算机科学家们相信，这款语言是他们正在研发的新一代编程框架中所必不可缺的。埃里克明白，乔布斯在技术上的一些论点是错误的，但他的逻辑很有说服力，让埃里克和太阳公司的同事们找不出乔布斯的漏洞在哪里。会议过后，大家聚在 NeXT 的停车场上，站在车旁剖析刚才的讨论内容，努力避免受到乔布斯"现实扭曲力场"[①]的误导，却只是枉然。乔布斯看到他们站在停车场，便赶过来继续刚才的谈话，一谈就谈了一个小时。

几年以来，乔布斯和埃里克成了好友，2006 年的夏天，埃里克受邀加入苹果董事会。在接手这份工作之前，埃里克与乔布斯讨论了苹果和谷歌两家公司之间潜在的利益冲突。苹果正在研发苹果手机，而谷歌于 2005 年 8 月买下了安迪·鲁宾的安卓公司之后，已经在这款手机操作系统上投入了大约一年的精力。安卓尚未完成定位，但在当时，人们预计安卓系统会以不设用户界面的开源操作系统形式问世（别的公司一般都会设置用户界面）。摩托罗拉、诺基亚以及三星等公司的手机设计和应用程序研发都由公司自主完成，而我们的希望，就是让安卓系统成为这些公司手机的核心软件。当时，安卓和苹果手机

---

① 现实扭曲力场：指结合骇人的眼神、专注的神情、口若悬河的表述、过人的意志力来扭曲事实以达到目标的迫切愿望，及由此形成的视听混淆能力。安迪·赫茨菲尔德在《苹果往事》一书中以这个名词来形容乔布斯的强大气场。——译者注

都处于早期阶段，2006年8月，埃里克加入了苹果董事会。

2007年6月上市的苹果手机近乎完美。手机的设计便于最大限度地利用互联网资源，手机功能及应用流畅连贯，令人赞赏。同年年末，安卓团队在YouTube上发布了一则视频，来展示他们的工作成果。乔布斯仔细察看了视频，指出视频中描述的用户体验与苹果手机及其操作系统iOS大同小异。最后，埃里克于2009年8月卸任苹果董事一职，而两家公司及其合作伙伴之间的法律纷争至今仍在继续。

终有一天，任何有需求的人都可以拥有自己的智能手机，而在这些手机中，绝大多数（至少在未来的10年中）使用的都是iOS或安卓系统。为这两种操作系统研发应用程序的工程师，比历史上任何一款计算平台的工程师人数都要多（当然，把全世界几乎所有人都纳入潜在用户群，也的确很高明）。与我们竞争的制造商足有几十家，他们的起起伏伏不仅被载入了各种商业杂志，主流媒体上也有报道。虽然现在人们早已习以为常，但仅仅几年之前，大家眼中个人计算机的运算环境就是微软的Windows操作系统。无论你在这场专利权之战中站在哪边（有必要说明一下：我们站在谷歌这边），没有人否定，这两款平台都极大地推动了经济和创新的发展，改善了全世界人民的生活。

史蒂夫·乔布斯清晰地预见了这一前景。作为改变世界的创意精英，乔布斯无人能及。他集深厚的专业知识、艺术创意禀赋和经济头脑于一身，创造出让人们欲罢不能的电脑产品。在满是书呆子和商人却稀缺艺术家的科技行业中融入美与科学的人，也是乔布斯。通过与乔布斯共同工作的经验以及对他的观察，我们对创意精英有了很多认识，是他让我们看到了个人魅力对企业文化的影响，也让我们看到了文化与成功之间的直接关系。

然而，这场安卓与 iOS 系统的鏖战给我们的最大启发，是如何通过两种截然不同的途径实现创新。这两个平台以及这两家公司都极具新意，工作方式上也有一些重要的相似之处。苹果和谷歌都处在产品飞速更新换代的产业之中，无论是在互联网还是手机电脑行业中，今天的大热门转眼就会沦为老古董。因此，如果我们不能不断创新，就要面对落伍的命运。另外，两家公司都会尽量避开传统的市场调查，靠自己的能力去揣摩消费者的需求，我们对自己的眼光都信心十足。除此之外，两家企业都将为消费者创造最佳体验奉为重中之重。

但是除了这些共同点之外，两家公司追求创新的途径其实存在很大差异，在控制方面尤为如此。对于安卓，谷歌主要关注的是开放平台带来的巨大经济效益，以及我们如何驾驭这种开放带来的分裂。安卓系统是不受控制的，这么说完全是正面的。只要不违反阿帕奇授权协议 152，任何人都可以免费使用软件的源代码。这种"开源"模式意味着，任何人都可以使用安卓做他们想做的事。

除此之外，不必征得谷歌的同意，任何人都可以使用以安卓为操作系统的设备来制作并销售自己的应用程序。我们鼓励安卓系统设备制造商（比如三星、HTC 以及摩托罗拉）注重设备与应用程序的兼容性，以便所有安卓应用程序在安卓设备上顺利运行。对于这个目标我们已经取得了长足的进步，但还尚未完全如愿。不过，在这样一个没有进入成本和管控力量的环境中，这是自然而然的。安卓的成长和壮大势头是我们始料未及的。现在，安卓不仅成为（包括亚马逊旗下的）电子书阅读器、平板电脑、电子游戏机以及手机的内部发动机，也可以安装于电冰箱、跑步机、电视机以及玩具中。不少权威人士都在谈论即将来临的"物联网"时代，届时，不光是平板电脑和手机，各种设备都会与互联网相连接。我们希望，其中的许多设备都能以安卓系统为基础来运行。

苹果选择了与此截然相反的做法。iOS 系统的源代码是封闭的，要想在苹果应用程序商店中占有一席之位，你就必须得到苹果的正式批准。乔布斯一向认为，只有对一切事物保持绝对的控制，才能为消费者带来最棒的体验。他之所以对自己以及自己公司的大小事宜万般用心，就是为了创造出最棒的产品。这一点，在他为董事会准备的产品演示上就能看出来：演示全都经过精心的编排和组织，好似百老汇的演出一样一丝不苟。新产品不仅为董事会展示，还要对外发布！在谷歌，我们经常让助理产品经理为董事会展示新品，不仅因为他们都是产品演示的好手（不过还差着乔布斯一截呢！），还因为让这些刚刚毕业一两年的年轻人（有的人甚至还穿着母校的校服）为董事们展示我们最新的发明，真的特别有戏剧效果。正是乔布斯，让我们明白了这种戏剧效果的威力。

苹果公司崇尚控制的模式之所以有效，不仅是因为乔布斯过人的能力，也与他组织企业的方法有关。与谷歌一样，苹果的领导者也是拥有科技背景的产品研发人员。如果你能召集一群顶尖的创意精英，再指派这世界上数一数二的创意精英负责管理，那么你所做的决策十有八九是正确的。在这样的前提下，严格的控制模式就能激发出无穷的创造力。

在我们一边写作这篇有关创新的章节一边与家人和朋友分享时，

对我们的工作理念提出质疑的人往往会把乔布斯拿出来当作例子:"没错,但是史蒂夫·乔布斯用的可不是这种方法,看看人家创造了多少伟大的发明呀。"这种看法当然有理,因此我们常常会回应说:如果你的能力与乔布斯不相上下,如果你也拥有常人难以企及的直觉和洞见,那么你就应该大胆去走他的路。但如果你仅仅是跟我们一样的普通人,那么在这里,我们提供了几条别的创新途径供你尝试。

创新是什么?

创新,是当今的大热门,至少也是个热词。据《华尔街日报》称,仅仅在 2011 年,这个词以不同形式在美国企业年度及季度报告中出现的次数不少于 33 000 次。[153] 人人都想要"创新",但在谈论如何创新之前,让我们先看看创新到底是什么。

在我们看来,创新不只是创造新奇实用的想法,还包括实践。"新奇"往往会被当成"新颖"的近义词,因此我们有必要指出,创新的东西不仅需要新的功能,还需要出人意料。如果你的产品只是满足了消费者提出的需求,那么你就不是创新,而只是做出回应。回应是好的,但毕竟不是创新。另外,用"实用"这个形容词来描述高大上的"创新",实在有点黯然,因此,让我们在前面加上一个副词,把"实用"变成"非常实用":创新的东西不仅要新颖、出人意料,还要非常实用。

将这个概念套用在谷歌的无人驾驶汽车项目上恰如其分:这款车不仅新颖、出人意料,而且非常实用。然而,谷歌每年都会对搜索引擎进行 500 多次改进。这是创新还是渐进改善？毋庸置疑，这些改进都新颖又出人意料。虽然这些改进中的每一项都是实用的，但是离"非常实用"还有距离。可如果把所有改进加起来，就可以称得上"非常实用"了。谷歌搜索引擎每年之所以都能取得巨大的进步，靠的就是一步步的积累。这 500 小步加起来，最终会带你走向远方。

并非只有非常新潮且引人瞩目的东西才堪称创新。这一点非常重要，因为它告诉我们：几乎人人都有创新的机会，创新并不是只有那些在大学校园外、专门搞创新的少数人才能做的事情。与研发无人驾驶汽车的 Google X 团队相比，为谷歌搜索引擎付出了 15 年心血的团队同样在创新。这种创新理念，让几乎每个人都有机会去实现新颖独特而又引人瞩目的创造。

了解环境

在决定是否要实践某个想法的时候，Google X 团队会用到一张简单的维恩图[①]。第一，这个想法必须涉及一个能够影响数亿人甚至几十亿人的巨大挑战或机遇。第二，这个想法必须提供一种与市场上现存的解决方案截然不同的方法。我们不希望在已有的做事方法上做改进，而是想另辟蹊径。第三，将突破性解决方案变为现实的科技至少必须具备可行性，且在不久的将来可以实现。举例来说，使用氦气球为尚未享受宽带网络的几十亿人送去网络服务的谷歌热气球计划，就

---

① 维恩图，亦称文氏图，是用封闭曲线表现集合及其关系的图形，即用于显示元素集合重叠区域的图示。——译者注

完全符合以上三个要求：这个计划试图以突破性的方案解决一个重大的问题，所用的技术有的业已存在，有的已是指日可待。（想想吧，一只热气球大小的装置悬浮在距离地面大约20千米高的地方，为地面上的千家万户送去无线宽带服务。这就是谷歌热气球计划。）另一方面，时空穿梭的确可以让许多问题迎刃而解，但是，其技术支持尚不可行。在为任何想法付出努力之前，Google X团队都会先看看这个构想是否符合以上三项标准。如果不符合，就不会被选中。

适宜创新的环境是创新的先决条件。这样的环境，一般会出现在飞速发展且竞争激烈的市场中。（许多公司把目光聚焦在无人驾驶汽车上，且其中绝大多数是汽车公司！）不要把眼光放在无人问津的市场并在这里孤军奋战。你应当发掘创新的途径，跻身进入大型或有潜力发展壮大的市场上。这个理念看起来或许难以接受，毕竟，未被开发且无人竞争的崭新市场，许多实业家都想进入。但是，一个市场通常不会平白无故就乏人问津，而是因为市场规模无法支撑其事业的扩张。你或许仍能从这样的市场中挖掘出难得的商机（那些网上商城产品目录中的小众商品一定已经让一部分人赚了个盆满钵满），但如果你的目标是打造一个创新的环境，那你还是要去寻找那些具有巨大成长潜力的大型市场。不要忘了，谷歌在网络引擎市场中并不算抢占先机，而是后来居上。

科技是另一个值得思考的因素：你认为现在的科技会以怎样的方式进化发展？现在的科技有什么不同，你预期将来会发生怎样的变化？你的才能是否能让你在这种日新月异的环境中不断出新？在研发谷歌邮箱时，谷歌工程师保罗·布赫海特相信自己能够创造出一款基于浏览器的电邮系统，且功能和用户界面与基于客户端的电邮系统一样丰富，[154] 并由此跻身电邮这一发展中的庞大市场。在谷歌中，能够设计网络应用程序的工程师比比皆是，因此我们具备成功实现保罗构想的人才。也就是说，创新的条件齐全了。

首席执行官必须兼任首席创新官

多年以前，我们的同事乌迪·曼博还在雅虎担任工程师。当时，雅虎认为自己创新力度不够，于是，做出了所有训练有素的 MBA 在困难面前都会做出的举措：指派专人来解决问题。他们将创新负责人的工作交给了乌迪，然而接手工作的乌迪只干了三周，就发现不对劲。他的上司们想让他设立一个创新委员会，让员工提交构想和方案，由委员会审查和批准。换句话说，乌迪的任务就是设立一个有关创新的官僚机构。这简直是自相矛盾。因此，乌迪离开了雅虎。（乌迪 12 岁的女儿在看过他在一次工程师全体大会上的发言后，曾经对他说："你浪费了几百个工程师的时间，只为了告诉他们一定要创新。你觉得这样能创新吗？"这可能是刺激他离职的原因。）最后，乌迪选择了谷歌。他在谷歌如鱼得水，还负责领导了几支我们最有创意的产品研发团队。只不过，我们并没有给他创新负责人的头衔。

像这样把一切与创新有关的责任都推给一位高管的做法，并不是单家公司的特例。几年之前，一家知名咨询公司发布了一份报告，建议每一家公司都应指派一位所谓的"首席创新官"。[155] 为什么？据报告称，这是为了给所有创新项目提供"统一的指导"。这句话的意思，我们也不太明白，但我们能肯定的是，"统一的指导"和"创新"两个词不应出现在同一个句子中（各位现在正在读的这个句子除外）。

作为企业管理者，我们自然喜欢管理。想要完成某项任务？安排专人负责就行了。但是，创新可不能靠传统 MBA 式的管理方法。与常规业务不同，创新不可把握、无法强制，也不能事先安排。回忆起在雅虎的经历，乌迪对我们说："有创意的人不需要别人来布置任务，而需要有人提供空间。"换句话说，创意的开发应该是一个有机的过程。一个个想法冒出来，好似在一片原始混沌之中产生的基因突变一般，经过漫长而曲折的过程后，终于实现了蜕变。而创意，就是这个过程的最终目的地。在这条路上，比较强大的构想不断吸引支持者，势能越来越大，而欠佳的构想则会被半路淘汰。实现这场进化不能靠特定的路径，无路可循才是其基本特点。你可以把这个过程看作"构想的物竞天择"。[156] 我们可以对达尔文的《物种起源》做这样的演绎：

> 产生的（构想）要多过能够存活的（构想），另外，为争取生存机会而进行的努力不曾间断。由此可推知，如果一个（构想）能够以任何有利于自己的方式发生程度的变化，那么（此构想）在复杂且时而多变的环境中的生存概率就会增加，从而被自然选择的概率也会增加。[157]

没有哪家公司不想创新，也就是说，所有的公司不仅要先营造一个让各种创意因素以新奇的方式自由碰撞的环境，还要提供时间及自由，让小部分创意进化和生存，并让余下的大部分凋零和消亡。单独设立首席创新官的做法行不通，因为这个职位的权力无法营造出原始的混沌（而只有在原始混沌之中，才能诞生惊喜）。换句话说，首席创新官的职位需要由首席执行官兼任。

打造混沌的企业文化并不是新鲜理念。早在19世纪，托马斯·爱迪生就因他在门罗帕克实验室中"凡事先尝试"的独特文化而闻名于世。20世纪的美国AT&T公司贝尔实验室以及施乐帕洛阿尔托研究中心（PARC）也是孵化创意的著名机构。而现在，这种达尔文式物竞天择进化过程的规模和速度都与以前大不相同。互联网为所有人提供了创新的工具，除此之外，网络还是理想的试验场，只用以前所需时间的一小部分，人们就能建成模型并收集有效的数据。物种的进化经历了上千万年，但现如今，在创意精英的操控之下，构想的进化过程能够也必须以"网速"推进。

在刚成立的企业里，企业文化处于初始状态，公司上下有一种放手一搏的心态。这个时候，创新的混沌状态非常容易形成。加入新公司的人渴望冒险，这也是公司吸引他们加入的原因之一。但一旦公司的人数超过了500人，一些对风险持规避态度的人便会陆续加入。在这些人中不乏资质过人的创意精英，他们只是不会对挑战跃跃欲试罢了。并非人人都是创新之人，这就是事实。因此，你培养的混沌不仅要为创新者提供创新空间，还需要为其他人提供参与和成长的沃土。

几年前，企业家兼音乐家德里克·西弗斯发表过一场让我们拍案叫绝的TED演讲。[158] 他为大家播放了一段视频，视频中，一个看似精神不正常的人在一场露天演唱会上独自起舞。这个人站在山边，赤着上身和双脚，旁若无人地舞着，舞得不亦乐乎。刚开始的时候，他身边五六米的地方没有一个人敢靠近，但过了一会儿，一个大胆的人加入了他的行列。然后，人们一个接一个地加入进来……闸门就这样打开了。几十个人蜂拥而上，原本的独舞变成了众人狂舞。德里克把这称为"第一追随者"原则：在发起一个行动时，吸引第一个追随者是至关重要的一步。"将一个孤独的疯子变成领袖的，就是第一个追随者。"创新的混沌环境需要给这些创新人才——或者说在山边独舞的疯子——创造条件。但除此之外，这个环境还需要给那些参与创新项目的人——也就是从第二个到第二百个加入群舞的疯子——创造空间。正因如此，你需要将创新融入企业的，让每个部门和每个领域都受到感染。如果你只将创新局限为某个团队的特权，那么你或许能为这个团队吸引到创新人才，却无法吸引足够的"第一追随者"。

仙童半导体及英特尔公司的联合创始人罗伯特·诺伊斯曾说："乐观是创新的一个必要条件。否则，你怎能放弃安逸而追求改变，或离开舒适的环境而选择冒险呢？"[159] 你所雇用的人，不仅要有能够产生新构想的头脑，也要足够疯狂地相信这些构想有机会实现。你需要挖掘和吸引这些乐观的人才，并提供平台，让他们创造改变、大胆冒险。

聚焦用户

2009 年末，一支搜索引擎工程师团队向我们展示了一项功能的模型。这项功能经过了一段时间的酝酿，其背后的科技洞见其实非常简单：我们能否不等用户敲下回车键，而是在用户输入搜索词条时就开始显示搜索结果呢？谷歌一向认为，速度是决定搜索质量的一个关键因素，能够在不到 1/10 秒的时间内解决多数用户的搜索查询，我们也深感自豪。但是，我们的计时是从用户敲下回车键那一刻才开始的，而输入搜索词条却往往需要几秒钟的时间。我们能不能把等待的时间节省下来？能不能在用户输入的同时就把搜索结果显示出来？一看到模型，我们就毫不犹豫地决定采用。于是，自然搜索和付费搜索团队马上投入工作，几个月之后，即时搜索功能 Google Instant 便与大家见面了。

新功能推出几周前，乔纳森在管理会议上突然想到了一个非常重要的问题：即时搜索功能会不会对企业利润造成影响？由于搜索结果在用户输入搜索词条时就能显示出来，用户点击广告的概率或许会有所下降。于是，乔纳森询问他的团队有没有足够的有效数据来预测收入可能受到的影响。他得到的答案是否定的，且大家一致决定应该专门研究一下这个问题。然后，大家继续探讨新功能的发布计划。在乔纳森工作过的其他公司中，每一家公司在批准一款产品之前，都会把财务分析作为一道最重要的关卡。产品的收益预期如何？投资回报率会是多少？投资回收期大概多长？而在谷歌，为核心产品带来重大转变的新功能还有几周时间就要问世了，却还没有人做过详细的财务分析呢。但是，这项功能无疑会为用户带来便利，我们心知肚明，发布才是最佳的商业决策。

即时搜索功能问世之初，对谷歌利润的影响并不大，且谷歌此前推出的许多新功能，都对公司财务产生过更严重的影响。我们在 2012

年推出的知识图谱功能，可通过计算有关人物、地点以及事物的搜索结果，在网页右侧以简明的格式在方块中显示出相关信息。这项功能可以将所有与搜索内容有关的信息汇集在一个让人一目了然的方块中。然而，这个方块往往会出现在以往广告出现的位置，这也为谷歌的赢利带来了一些冲击。2011年初，我们对搜索算法做了一系列改动，降低了部分网站的质量得分。[①] 原因在于，我们不希望让点击链接的用户被带到劣质网站上去。这项被命名为"熊猫"的算法，所影响的搜索近12%。由于受影响的许多网站都是谷歌的广告网站，因此对谷歌的收益产生了冲击。

谷歌明白，在互联网时代，用户的信赖与美元、欧元、英镑、日元或任何其他货币一样重要。要让企业获得持续的成功，除了依靠产品质量以外别无他法。因此，我们的产品战略，就是聚集用户。就像拉里和谢尔盖在谷歌首次公开募股说明书中说的那样："为终端用户服务是谷歌业务的核心，是我们的第一要务。"

但是，"聚焦用户"这句话只说了一半，完整的句子应该是："聚焦用户，一切水到渠成。"意思是说，我们会始终为用户做对的事情，也相信我们的创意精英能够想办法从中获利。这个过程需要时间，因此要坚持这样做需要信心。[160] 但这通常是值得的。

2004年，乔纳森和他的同事杰夫·休伯带谢尔盖进行了一次实地考察，考察的对象是一家名叫"锁眼"的初创公司。杰夫是乔纳森在Excite@Home公司时聘请的第一个产品经理，也是谷歌广告团队中的

---

① 谷歌AdWords系统会为每个搜索关键词计算出质量得分，一般而言，质量得分较高的关键词会以较高的排名和较低的每次点击费用触发广告展示。——译者注

一位首席工程师。[161] 锁眼公司的一位创始人名叫布赖恩·麦克伦登，他曾与乔纳森和杰夫在 Excite@Home 共事过。当时，锁眼公司在地图的图像呈现及互动方面已经取得了一些骄人的成绩，谢尔盖当即决定，谷歌应当把这家公司买下来。

几周后，谢尔盖将并购一事提交董事会批准。董事会问他我们到底该如何从这项技术中获利，他的回答很简单："乔纳森是行家，我把这个问题交给他。"乔纳森一直坐在那里听着谢尔盖的发言，至于并购锁眼公司会如何给谷歌带来收益这个问题，他压根儿就没想过（很明显，入职谷歌两年之后，乔纳森已经很放松了），只得对付了几句让人过耳即忘的话。实际上，我们并不确定并购锁眼公司会对谷歌的财务带来什么样的积极影响。

董事会决定相信谢尔盖的决定，并让他继续处理并购事宜。大约 8 个月后，以锁眼公司的技术为基础的谷歌地球问世了。这款程序在用户中大受欢迎，赢利数百万美元。这款应用程序一不打广告二不收费，是如何赢利的呢？谷歌地球问世不久，我们的一位名叫桑达尔·皮查伊的创意精英（现任谷歌首席执行官）就意识到，下载和安装谷歌地球的用户或许对我们的工具栏也会有兴趣。谷歌工具栏是一款简单的应用程序，可以与浏览器配套使用。工具栏为用户提供了许多有趣的功能，其中一项就是常常出现在浏览器界面上的谷歌浏览器小方块。安装了谷歌工具栏后，用户不必登录谷歌网站就能使用谷歌搜索，这不仅增加了用户使用谷歌搜索的次数，也增加了他们点击广告的次数，从而产生了更多利润。桑达尔的想法虽然遇到了一些阻力，但在乌尔斯·霍泽尔的支持下，很快得到了实施。

下载谷歌地球的用户或许对谷歌工具栏感兴趣，这个简单的想法不仅使工具栏的使用者大幅增长，也带来了可观的收入。但当乔纳森站在董事会面前发言时，他怎么能预料到这样的结果呢？回顾过去，我们觉得在当时的情况下，"我不知道……但我肯定，我们会做成的"才是正确的回答。

聚焦用户，赚钱便水到渠成。如果你的用户不是你的客户，而你的客户又不认同你"聚焦用户"的观念，那么就很难做到这一点。谷歌于2012年收购摩托罗拉，而乔纳森最先参加的摩托罗拉会议之一，就是一场长达3个小时的产品评估会。会上，摩托罗拉的经理把公司每一款机型的特征和功能展示了一遍。他们反复提及客户需求，实际上却与手机用户的真正需求相去甚远，因此他们的话乔纳森大多并不赞同。在会后午餐时，一位摩托罗拉的高管告诉乔纳森，在摩托罗拉，"客户"所指的并不是手机使用者，而是指公司真正的客户，也就是威瑞森通信（Verizon）以及AT&T公司等手机运营商。这些运营商并没有时时聚焦用户。摩托罗拉的焦点也没有放在用户身上，而是对准了合作伙伴。

在谷歌，我们的用户就是使用我们产品的人，而我们的客户则是花钱投放广告以及购买我们技术使用权的公司。这两个群体之间很少会出现冲突，如果出现矛盾，我们还是会以用户利益为重。这是所有行业都必须遵从的做法。现在，用户比以往更加强大，也不会买劣质产品的账了。

往大处想

我们的同事温特·瑟夫正在设计一套新的网络协议，将用于环境严酷的浩瀚宇宙空间。温特说，在开始着手这个项目之前，他先问自己：什么东西能够满足人们25年后的需求呢？[162] 他的答案是：星际互联。没有一个人能说温特的构想不够宏大吧。

但是作为普通人，情况就不同了。也许是出于天性，也许是出于企业的本质，多数人仍然囿于循序渐进的思维方式，而不敢天马行空地大胆思考。[163] 曾任美国国防部先进研究项目局（DARPA）[164] 主管的瑞吉娜·杜甘在摩托罗拉任职后，又成为我们在谷歌的同事。她告诉我们，创意往往产生于"巴斯德象限"[165] 之中，在这个象限中，人们致力于兼顾基础科学的发展和实际问题的解决。然而，多数公司却往往陷在完全相反的象限之中。在这个象限中，"科学知识枯燥无味，没有人想把知识用在实处，人才无处立足，项目也多以失败收场"[166]。

正因如此，埃里克和拉里在谷歌产品评鉴会上经常会用"你想得不够大"这句话来刺激工程师和产品经理。在互联网时代，人类拥有无限的信息连接性以及计算能力。但是，有太多的人仍然拘泥于老旧闭塞的思维方式。"你想得不够大"这句话后来被拉里·佩奇的"把想法放大 10 倍"取而代之，这两句话可以帮助人们从老旧思想中跳脱，包含着将不可能变为可能的艺术。

毋庸置疑，往大处想的思维方式赋予了创意精英更多自由，解开了羁绊，激发了创意。Google X 团队的负责人阿斯特罗·泰勒认为：如果你要造一款省 1/10 汽油的车，只需对现行设计做些改动；但如果你想造一款每加仑油可以跑 800 千米的汽车，那就得从头开始了。仅仅通过思考"我该如何从头开始？"这个问题，就可以刺激你萌生从未有过的想法。

除此之外，往大处想还有其他微妙的好处。赌注下得越大，成功的概率往往也越大，因为企业无法负担失败的损失。另一方面，如果你下了一连串较小的赌注，没有一个能威胁到企业的安危，那么你便有可能以平庸告终。像这样产品繁多却无一出彩的企业，我们在商界屡见不鲜。谷歌收购摩托罗拉以后，乔纳森在协助新上任的首席执行官丹尼斯·伍德赛德时发现，这家公司拥有几十款不同的机型，每款都以市场调查划分的特定群体为目标，这样的划分背后有其道理，毕竟不同的手机用户希望拥有自己独特的机型，但同时，这也会导致平庸。每款手机的专属产品研发人员虽然会努力造出伟大的产品，但他们也知道，只要产品还不错，就不会威胁到公司的生存。（在 2014 年谷歌将摩托罗拉卖给联想公司之前，丹尼斯的工作重点就是提高质量以及打造以用户为重的企业文化。）

相反，iPhone 之所以能够获得如此之高的人气，正是因为这是苹果公司制造的唯一一款手机。如果新一代 iPhone 的研发遇到什么问题，想不出解决方案，团队中的任何人都不会回家。苹果公司的产品线精之又精，这并非巧合，因为每一款产品都"输不起"。

较大的问题通常也较容易解决，因为挑战越大，越能吸引顶尖人才。巨大的挑战和资质过人、精于技术的人才之间存在着一种共生关系，也就是说，优秀人才能够解决问题，又能从中得到满足。把巨大的挑战交给不适合的人，就是在制造压力。而选对了人，你就是在播撒快乐。[167] 这些人乐于面对挑战，因为他们喜爱挑战。此外，正如社会学家兼管理学大师罗莎贝斯·莫斯·坎特所说，挑战能磨炼技能、拓宽业内人脉，还能提高声誉，这就是经济学家所说的人力资本投资。[168] 出于这些因素，巨大的挑战往往是吸引以及留住创意精英的强大磁场。这样说吧：假定你是一个刚从大学毕业的优秀创意精英，在你面前摆着两份几乎完全相同的工作机会，唯一的区别在于，一家公司告诉你，他们想要实现 10 倍的增长，而另一家公司仅仅满足于10% 的进步。那么，你会如何选择？

我们的朋友迈克·卡西迪是用 10 倍大想法留住创意精英的好例子。迈克是 Ruba 公司的联合创始人，2010 年，谷歌购买了 Ruba 的知识产权，还将其员工招入谷歌旗下，他也随之加入谷歌。迈克可谓一位高产的创业者，Ruba 已经是他所创的第四家公司。搜索引擎公司

Direct Hit 是他的第二家公司，在与谷歌短暂的竞争后，这家公司被 Ask Jeeves 公司并购。我们推断，迈克不出多久就会离开谷歌这艘母舰，自己开拓新的事业。随着时间的推移，我们渐渐也搞不清楚迈克到底在干什么了，只是偶尔会在谷歌园区里看到他，意识到他还是谷歌的一员。2013 年 6 月，谷歌对外宣布了热气球项目，也就是上文说过的 Google X 团队用氦气气球为尚未享受到宽带网络的 50 亿人带去联网服务的计划。我们很快得知，这个项目的领导者之一就是拥有航天工程学位的迈克，他已经为项目工作一年多了。如果不是为了这个可以大胆施展的机会，他很可能早就离开谷歌了。也就是说，通过大胆的构想以及对科技极限的不懈挑战，我们至少挽留了一位不可多得的创意精英。

拉里常常说，就算不能像迈克·卡西迪一样直接参与，只要能为重大项目出一份力，就足够让人心潮澎湃了。工作内容大多与谷歌著名的突破性项目相差万里的员工，也常常会谈到让工作"扩大 10 倍"。销售人员、法律顾问、财务人员等，全都受了风靡谷歌的大胆设想心态的影响。往大处想，不仅有吸引和挽留人才的强大效用，还极富感染力。

制定（近乎）遥不可及的目标

经验丰富的企业管理者拥有许多技能，其中，制定年度及季度目标是非常重要的一项。这需要一些窍门。如果目标太低，那么你就明显是想在每个季末都"奇迹般地"超额完成目标，以此来给自己脸上贴金。[169] 但如果目标设得太高，你就很可能要面对失败。诀窍在于，你的目标既要看似具有较高挑战性，实际上又具有可行性。一季或一年末了，最让人鼓舞的，一定是任务表上100%完成的标记。

1999年末，约翰·多尔在谷歌发表了一次演讲。这次演讲为谷歌的两位创始人介绍了一种简单好用的方法，帮助他们将"往大处想"的理念融入谷歌。约翰是谷歌董事会的一员，他的凯鹏华盈投资公司前不久对谷歌进行了投资。约翰介绍的是一款（我们在前几章中提到过）叫作"OKR"的管理方式，这是他从英特尔前首席执行官安迪·格鲁夫那里学到的。[170] 这种管理方法之所以不同于那些常见的"低承诺、高实现"的公司管理方式，是因为以下几个特征。

第一，完备的OKR不仅制定了大的"目标"，也确立了易于衡量的"关键成果"。判定模糊的战略目标（比如提高可用性、提高团队士气、保持体形），然后在季末宣布胜利，自然很容易做到。但是如果你能把这些战略目标与具体目标（比如将可用性提高X个百分点，将员工满意度提高Y个百分点，在两小时之内跑完半程马拉松）做一对比，就会得到一些有趣的发现。比如，谷歌平台研发团队最近的一次OKR内容就是："在木星基地，以某新型系统为某大型服务器的密集流量以小于多少微秒以及多少百分比的时延提供服务"[171]（"木星基地"只是个代码，并不是谷歌最新数据中心的设点）。这个OKR里没有任何模棱两可的东西，因此衡量目标是否达成非常容易。其他OKR则会规定实现某产品在一定数量国家内的销售、规定使用量目标（举例来说，我们的Google+团队最近的一个OKR，就涉及用户每日在环聊上发布的信息量）以及对性能的要求（比如YouTube视频的时延问题）。

第二，顺应谷歌的"往大处想"理念，合理的OKR应当有一定难度，达到其中所有的要求应是不可及的。如果你的OKR全是绿色的，说明你所设的目标不够高。最佳的OKR不但要有挑战性，还要切合实际。使用这种独特的算法，一个完善的OKR虽然只能完成70%，要好过设置存在漏洞但完成100%的OKR。

第三，OKR系统几乎人人可用。切记，你需要撇开职位的差异，调动每个人为你的事业出力。

第四，OKR需要打分，但这分数不作他用，甚至没有人来记录。唯一的用途，就是让员工诚实地评判自己的表现。

第五，OKR并非包罗一切，只有那些需要特别关注的领域以及不做出额外努力难以达成的目标，才用得上这个系统。日常工作不需要记入OKR。

随着企业的成长，个人OKR的重要性会被团队OKR超越。在一家小型企业中，员工可以靠一己之力获得惊人的成绩，但随着企业的发展，如果没有团队的帮助，远大的个人目标就越发难以实现。这并不意味着个人可以停用OKR，只是说企业应当通过团队OKR来实现宏观目标。

第六，在企业文化中采用OKR体系，会避免人们被竞争者牵着鼻子走。在互联网时代，竞争者无处不在，（就像我们在前文中说的一样）追赶竞争者会让你以最快的速度陷入平庸。而如果员工将注意力放在精心设置的OKR上，这个问题就会迎刃而解。因为这样一来，员工就会看到自己该走的路，也无暇担心竞争了。

70/20/10 原则

如果有人向你推荐一个新点子，你是更容易接受还是更容易拒绝？如果你在不合适的企业中待的时间太长，那第一反应通常是拒绝。企业仿佛是个培养唱反调者的温床，其唯一的目的就是大肆宣扬说"不"的信条。通过说"不"，管理者不仅可以避免风险，还能为成功概率更大的项目保留资源（我们在这里所说的"资源"，就是指人员）。我到底该不该把可贵的创新人才分配到那个前途未卜的项目上呢？项目要是惨败了，明年说不定就要减少我的人手了！那我干脆拒绝，让我的团队继续打磨现有的产品算了。

虽然许多人都在宣扬说"好"的文化（包括两个长相帅爆、头脑精明的写作爱好者），但如果没有一个体制上的框架作为条件，这样的文化很难建立。如果你不能将人才作为最宝贵的资源——通常这是事实，那么建立一个合理分配人力资源的体系就是成功的一个关键因素。

2002 年，我们仍然依据排名前 100 的项目清单来进行资源配置以及项目组合管理。但随着公司的成长，大家都开始担心这个简易系统是否适应我们的规模，我们也害怕说"不"的文化会逐渐渗进公司之中。因此，一天下午，谢尔盖仔细研读了我们的前 100 名项目清单，并将单子上的项目分成了三组。其中，大约 70% 的项目涉及搜索引擎以及广告搜索核心业务；大约 20% 有关一批初步成功的新兴产品；另外 10% 是关于一批全新的产品的，这部分产品虽然失败风险很高，但一旦成功，回报会是惊人的。一场持久的讨论由此展开，最后的决定是：将 70/20/10 作为我们的资源配置原则，即将 70% 的资源配置给核心业务，20% 分配给新兴产品，剩下的 10% 投在全新产品上。

70/20/10 原则确保核心业务占有大部分资源，蓬勃发展中的新兴业务可享受一定的投资，而与此同时，异想天开的疯狂构想也得到了一定的支持，以防成为不可避免的预算削减的牺牲品。10% 的资源并不算多，但也合理，因为如果在新的理念上投入过多，一旦后期失败，大家会更不甘心。因此，投入过多与投入不足同样不可取。与投入几千美元的构想相比，耗资百万美元的构想要难以舍弃得多。过度投资会让人产生固执的偏见，这时，大家只能看见那些投入大量资源的项目中积极的一面，而无法做出清醒的决策。

这样的例子，乔纳森在参与苹果牛顿掌上电脑项目时曾亲眼见证过。（对于那些年纪太轻而没有印象以及曾在苹果任职因此不愿提此往事的读者而言，这款掌上电脑虽是当今平板电脑的前身，却惨遭滑铁卢。另有个事实可能只有我们两位作者感兴趣：牛顿的一部分制作工作是由摩托罗拉负责的。）苹果公司在这款产品上下了血本，因此对产品的一个致命缺点选择了闭目塞听。牛顿的一个主打功能就是手写识别，你在屏幕上书写任意信息，电脑都能识别你的指令……但这只是个理论。问题就出在，这个功能对于多数人都不管用。具体来说，牛顿电脑唯一能识别出来的字迹，差不多就是那些负责这款电脑的产品研发和测试的人员的字迹，而且即便是他们，也需要调整自己的字迹才能收到想要的效果。但是，这款产品已经动用了太多的投资，"削足适履"的测试小组对手写识别功能得出的测试合格结果，让苹果公司听到了顺耳的答案。于是，苹果公司继续推进产品上市计划。结果，如果用牛顿的手写识别功能，大概 history（历史）只能显示为 "hamstery"（没这个词）了。

10% 的资源配置之所以可行，还出于"创意喜欢限制"[172] 这个原因。也是出于这个原因，图画才有边框，十四行诗才有特定的格式。同理，亨利·福特才会为他的汽车设定如此低廉的定价，因为他明白："与毫不设限的研究环境相比，这种强制性条件更能激发我们在生产和销售方面的发现。"[173] 资源上的稀缺，是激发创意的催化剂。

2002 年，拉里·佩奇开始考虑把人类有史以来出版的每一本书籍放在网上供人搜索，不只包括名著或特定种类的书，而是包括世界上的每一本书。（后来我们计算出，世界上共有 129 864 880 个不同的书名）。[174] 拉里的理由是，如果能把每本出版过的书都放到网上，那么在万能翻译工具问世后，全球的所有知识就能为世界上每个人所用了。

作为谷歌的联合创始人，拉里本可以把这个难题交给一批工程师，然后再拨一大笔预算就行了。但他并没有这样做，而是找了一部数码相机，把相机架在三脚架上，放在他办公室的桌子上。他把相机镜头朝下对着桌面，打开节拍器来掌握动作节奏，然后一面让玛丽莎·迈耶翻书，一面照起来。使用这个简易的模式，他们估算出将一本书数字化所需的大概时间，然后通过计算确定这个大胆的项目的确是可行的。就这样，谷歌图书（Google Books）应运而生。事后不久，谢尔盖又用类似的方法检验谷歌街景（Street View）项目是否可行。他带上相机开车去城里，每过几秒钟就拍一张照片，然后又带着这些照片出现在埃里克的管理会议上，为我们现在所知的"谷歌街景"程序争取支持。现在，这款程序已经覆盖了长达 1 300 万千米的道路。

如果当初谷歌动用一支工程师团队并慷慨投资，自然可能研发出谷歌图书这款应用程序。但是，充沛的投资也有可能在这个项目动工之前就形成了阻力。事实证明，如果拉里投入时间、砸下预算买下先进的数字化系统，其性价比也不会高于他用从 Fry's 超级家电连锁店 [175] 买到的零件随意拼凑出来的简陋系统。没有什么比过度投资更能损害创意的发展，就像建筑大师弗兰克·劳埃德·赖特所说的："人类建筑最为辉煌的时期，就是那些限制最多的时期。" [176]

20% 时间制

2004 年夏天，一位名叫凯文·吉布斯的工程师想到了一个主意。他说，这个系统"可以对我们计算机资料库以及谷歌历史搜索记录的所有网络地址（即统一资源定位符，URL）进行实时的自动补充，生成的补充结果依总人气来排名"。这句话是说，谷歌可以预测出你的搜索请求，并为你提供自动补充的选项。凯文利用自己的业余时间建起了一个模型，并把这个雏形阶段的项目简介用电邮群发给了一批喜欢分享新点子的人。[177] 这份电邮中包含了凯文的模型链接，可供人们在谷歌网站上键入搜索请求，体验系统的实时自动补充功能。

这个模型吸引了几位工程师的兴趣，他们也加入了凯文的项目。（德里克·塞维斯说这些工程师是凯文的"第一批追随者"。）正因为有了这款现名为 Google Suggest 的搜索建议功能，用户在键入"we"

这两个字母时，谷歌会推测你查找的是"weather forecast"（天气预报），并为你提供一份下拉单，让你不必将信息全部键入就能点击完整的查询请求。谷歌搜索建议不仅能节省数秒的搜索时间，还能以更快的速度为用户准确搜索到想找的信息。从一个人的构想到实践，再到全球几十亿人"离不开"的搜索习惯，这个蜕变，不过用了几年的时间。

这，就是20%时间的威力。[178] 谷歌的"20%时间"工作方式，允许工程师拿出20%的时间来研究自己喜欢的项目。语音服务Google Now、谷歌新闻（Google News）、谷歌地图（Google Map）上的交通信息等，全都是20%时间的产物。但是，许多人都对这个概念有误解：该制度的重点在于自由，而不在时间长短。[179] 这种工作方式并不意味着我们的园区每到周五就会变成夏令营园地，任由电脑工程师们用创新的方式肆意而为。其实，与其说20%的时间，不如称120%的时间更合适，因为这个时间往往都会安排在夜晚和周末。但你也可以把这个时间积攒下来，一次性用完。比如，乔纳森就有一个产品经理把一整个夏天的时间都用在了20%项目上。无论你想把这20%的时间用在何处，只要不妨碍你的正常工作，那就没有人能阻止你忙自己的事。这个制度对那些看管严格的管理者起到了制约平衡的作用，让人们得以把时间花在工作不允许的地方。这个制度，实践了史蒂夫·乔布斯那句"要以创意为准则，不要奉等级为圭臬"的格言。[180] 我们发现，如果你能放心地赋予员工自由，那么他们大多不会把自由时间浪费在"做白日梦"上。软件工程师不会去写戏剧，他们编的是代码。[181]

能让我们沿着汽车钻不进去的小巷进行地面角度拍摄的谷歌街景三轮车，缘起于谷歌街景汽车工程师丹·拉特纳的一次西班牙旅游。当时，丹住在巴塞罗那的一家酒店里，出租车因巷子太窄而开不进去，他只能步行走过最后一段路，却发现街景汽车无法进入的街道上竟有如此丰富的美景。旅行后回到家，他便开始利用 20% 的时间打造一款能够穿梭小巷的三轮车，街景三轮车由此问世。之后，这款车又被改装为滑雪车（可以用于记录温哥华冬奥会上的滑雪场景）和手推车（可以推着它在世界上一些最宏伟的博物馆里徜徉）。下一项发明，说不定就是街景滑板了呢。

如果你给予员工很大的自由，那么他们自然会变得难以管理，这是不言自明的。有的时候，倔强的创意精英不达目的不罢休。何时允许这种行为呢？其实，与所有有关领导和决策的问题一样，这个问题也没有非黑即白的答案。但不必说，如果员工是正确的，问题就简单多了。

保罗·布赫海特在决意改善电子邮件系统之后，便用 20% 的时间开展了一个代号"驯鹿"（Caribou）的程序，这就是现已拥有几亿用户的谷歌邮箱的前身。过了一段时间，他觉得用这款新产品赚钱的时候到了，因此他提议，根据电子邮件的内容，在邮件的一旁显示广告。刚开始的时候我们并没有同意，还让他集中精力完善产品，把赢利问题先放一放。

但谷歌邮箱就如保罗的"孩子"，他并没有听从我们的建议。他通过入侵谷歌的内部系统连接到了 AdWords 的广告服务器（谷歌邮箱＋竞价广告＝组合创新），一天早晨，来上班的我们发现邮件旁竟然出现了广告。一开始，大家非常气愤，但很快，我们就发现这些广告其实挺有用。当时，乔纳森父母的金婚庆典在即，正在他和兄妹们通过电邮讨论该买什么礼物时，邮件旁边出现了一则威廉姆斯·索诺玛（著名家用品零售商）的广告。乔纳森的姐姐提到，他们的母亲对园艺情有独钟，而广告则"善解人意"地推荐了一款花园长凳。乔纳森把这款长凳介绍给了他的兄妹们，如此一来，乔纳森的父母收获了一件称心的礼物，大家也夸赞乔纳森细心又贴心（非常难得）。

几个月后，谷歌邮箱问世。邮箱的广告虽然没有带来很多利润，但保罗研发的依照邮件内容匹配广告的技术，在改良后为我们现在价值几十亿美元的 AdSense 产品锦上添花。自不必说，谁也没有因为保罗的擅自行动而惩罚他。

然而以上的例子并不是说，如果上级反对员工的建议，那么员工应当把管理者不开窍又没远见的愚蠢意见抛到九霄云外，一意孤行。要想让一个好的构想开花结果，首先应当构建一支肯为这个构想倾力付出的团队。我们作为管理者可能对你的高见不明就里，但同事的意见还是值得一听的。我们总是会提醒那些想要用 20% 时间做项目的人先造出产品原型，因为原型可以调动众人的兴趣。想到好点子没有什么难度，而吸引几位同事参与你的项目、让他们把自己的 20% 时间投入你的 20% 中就困难多了。达尔文的物竞天择法则在这里也是适用的。

在一家非层级制机构里，寻找合作者并不简单，而新人由于不清楚遇事该具体找谁解决，更是觉得难上加难。在这种情况下，人与人的关系显得尤为关键。由于关系需要时间来培养（另外，并非人人都擅长经营关系），你的许多好点子可能只有胎死腹中的份儿了。

为了避免这种情况，我们的一支研究团队设立了一种名叫"演示日"的方案。概念其实非常简单：一支团队用一周的时间为新的构想建立原型，并且在周末之前向大家做原型展示。新的一周开始之前，工程师们必须将日程上的会议和发布活动全部搞定，无一例外。这不仅为演示日提供了条件，还能形成一股让每个人都全心投入的推力。有的人可能会涉及陌生的领域，那么他们便可以接受针对这些领域的培训。为了避免浪费时间，所有的系统都已备好待用。除自己之外，工程师至少还需要挑选一个人加入项目，孤军奋战是不允许的。另外，我们还鼓励大家与很少每天共事的人合作。一周伊始，大家便行动起来了。

一周末了，一批原型诞生了。大家往往会在星期五下午，以科学展会上开放参观活动的形式分享成果。美国科学家莱纳斯·鲍林说过："我有很多点子，要把其中没用的扔掉。"[182] 虽然这些原型大多会止步于演示日，但我们的团队明白，失败没什么大不了的。

史蒂夫·乔布斯曾经告诉埃里克，说他在管理 NeXT 公司的时候也采取过类似的做法。每过 6 个月左右，工程师团队便会暂停手中的工作，全身心为 NeXT 平台制作应用程序。这个做法不仅对企业生态的建设不可或缺，也让大家对平日的工作产生了新的洞见。

20% 时间制最为宝贵的地方不在于由此诞生的新产品或新功能，而在于人们在做新的尝试时所学到的东西。绝大多数的 20% 时间项目都需要人们运用或磨炼日常工作之外的技能，也常需要他们与在工作上不常打交道的同事相互协作。即便这些项目很少能够演变为令人眼前一亮的新发明，却总能产生更多精干的创意精英。就像乌尔斯·霍泽尔常说的，20% 时间制或许堪称一家企业最好的员工教育活动。

乔纳森最爱的 20% 时间项目

以色列犹太大屠杀纪念馆设于耶路撒冷，为纪念犹太人大屠杀遇难者和幸存者而建。乔纳森最爱的 20% 时间项目，就是将纪念馆工艺品数字化并在网上发布。项目的缘起要追溯到 2007 年夏天乔纳森和家人一起参观纪念馆的时候。在参观过程中，导游告诉他们，不久前，一位参观者曾对他讲了关于展馆里一张照片的一些事。这让乔纳森想到，那些尚能回忆起照片中人物和地点的大屠杀中最年轻的幸存者，现在也已经年逾古稀了。也就是说，这些人的第一手资讯真的要消失了。

翌日，乔纳森来到谷歌以色列分部，讲了纪念馆的事情。谷歌的以色列团队把这个项目接了下来，利用他们的 20% 时间与纪念馆建立起合作关系，为其建立网上信息库。时至今日，网上已有超过 14 万份数字化图像和文件，在世界各处都可以搜索到。而幸存者们也通过点评或视频用自己的理解以及见闻充实了图片内容，不仅为这段重要的历史做了补充，也成为项目的亮点。

当拉里和谢尔盖看完项目负责人尤西·马迪亚斯的演示之后，他们一如既往地问：为什么只从这个纪念馆下手呢？为什么不把所有纪念馆都包括进来呢？为什么不制作一款产品来帮助世界上所有的档案馆把资料数字化呢？说做就做。2013 年，可供任何博物馆（或文物的所有者）在线举办展览的谷歌在线展厅（Google Open

Gallery）问世了。现在，谷歌文化中心的网站上已有几百件网上藏品，还有来自雅典卫城博物馆以及萨拉戈萨博物馆等各馆艺术品及手工艺品的高清图像。

创意无处不在

上次看到意见箱的时候，你有什么感想？也许当时你正在游乐园或是滑雪胜地，或许正在单位的休息室小啜咖啡。你细心审视着意见箱以及一旁的"我们愿意聆听"或者"我们在乎你的意见"的标语，但这标语的效果却可能适得其反：你们并没有聆听，也没把我们的意见当回事，投进投递口的信件都经过宇宙空间的某个虫洞，一路穿越到仙女座了。

现今，人们对意见箱早已厌腻。但当意见箱最初被引入商界的时候，是非常有革命性的。根据艾伦·罗宾逊和萨姆·斯特恩的《创新管理》一书记载，现代意见箱之父是来自苏格兰的造船公司老板威廉·丹尼。1880 年，丹尼给他公司的所有员工发了一本宣传册，名为《评奖委员会关于员工创意与改进的奖励法则》。对于提交上来的创意，一经采纳，丹尼就会给出 2~15 英镑的奖金。在接下来的 10 年里，他的员工共递交了数百个创意。丹尼的制度很快穿越大西洋，来到了约翰·帕特森的美国收银机公司。1904 年，创意总数的最高值达到了约为员工总数两倍的 7 000 多个，而创意被采纳的概率则达到约 1/3。[183] 也就是说，在一年时间里，这些普通员工提供的创意中有 2 000 多个都被认为具有实施价值，这样的采纳率对于意见箱来说已经很高了。

一个世纪以后的今天，玛丽莎·迈耶主持谷歌会议的方式，就像电脑狂人版的《锣鼓秀》（*The Gong Show*）。[184] 与会人员起立介绍自己的创意，直到锣声鸣响。演示越是精彩，获得的展示时间也就越长。在此之后，谷歌纽约工程部的创始人克雷格·内维尔 – 曼宁在这个创意上加以发挥，设置了一周一次的"啤酒演示会"。会上，大家聚在一起一边啜饮啤酒，一边观看演示，用弹子球为自己最喜欢的创意投票。帕特森和丹尼（还有玛丽莎和克雷格）非常有头脑，他们不仅明白创意无处不在，也明白员工不仅能工作，也能思考。这句话放在今日更有道理，因为当今公司中的每一个人都拥有丰富的资讯和方便的工具。实际上，最大的危险不在于误认为只有管理者才有好创意，认为创意只能出自公司的员工才是最危险的谬论。创意无处不在，创意有可能来自公司内部，也同样有可能来自公司之外。

谷歌开始全球扩张的时候，我们很快就发现，加州的工程师大都不擅长将网页翻译成外文。要解决这个问题，一般人都会雇用专业人士来接手翻译工作，但这不仅要花大笔经费，还很花时间。于是，我们把翻译任务交给了用户。我们把所有的文本放在网上，招募志愿者把文字翻译成当地语言。用户们不仅完成了工作，而且完成得非常出色。我们的地理团队在绘制世界地图时，发现世界上很多地区并没有完备的地图。他们研发了一款叫作 Map Maker 的地图制作工具，让任何人都能够完善谷歌地图的信息。就算地图上没有你所居住的街道也完全没问题，只要把地点标记出来，我们就会（在确定信息属实后）把信息添加上去。一个由草根制图者组成的新团体就这样诞生了。

有了他们，用户只需轻点鼠标，整个城区的地图就会跃然眼前。比如，只用了短短两个月的时间，这些草根制图者就帮我们绘制出了巴基斯坦境内长达 25 000 千米的道路路线图。

我们加入谷歌后不久，高管团队召开了一次公司外活动，讨论了在全球各地开设更多工程分部的事宜。埃里克问拉里觉得谷歌应该有多少名工程师，拉里的回答是："100 万。"这句话并非开玩笑，但拉里并不是说谷歌应该有 100 万名员工（至少我们不这么认为）。现今，世界各地的编程者经常会用到安卓系统、谷歌应用程序引擎（Google App Engine）、谷歌应用程序编程接口（Google API）、谷歌网页工具（Google Web Toolkit）以及谷歌参与研发的开源工具。他们虽然并不是谷歌的员工，但如果我们把这些人加在一起，那么使用谷歌工具或在谷歌平台上进行创新的总人数很可能已经以百万计了。因此，拉里的目标可以说已经实现了，如果真的如此，那他很可能就要把这个数字"放大 10 倍"扩至千万了吧。

交付，迭代

我们为新创意留出了充足的资源，堵住了不通情理的管理者的嘴巴，给予创意精英自由做事的权利，保持开放心态，集思广益，创意就会不断涌现。虽然其中绝大多数不等见天日便惨遭淘汰，但总有极少数佼佼者能够到达应许的乐土。于是，你写好了博客，点击"发布"，然后就可以打开香槟与团队举杯同庆了。

然后，你继续工作，因为如果你有合理规划，那么现在产品应该还没有完成。伏尔泰曾经写道："完美是优秀的敌人。"[185] 史蒂夫·乔布斯也告诉麦金塔电脑团队："能交付才是真正的艺术家。"[186] 新想法不可能一出炉就完美无缺，你也没有时间等到想法完美的那一天。打造一款产品，投放市场，看看反响如何，设计并加以改进，再重新投入市场。这就是交付和迭代，在此方面最为眼疾手快的公司，才能成为赢家。

发布我们的主打广告产品 AdWords 时，大家在新广告是否应在发布前先通过内部审批的问题上产生了争议。公司内有一批影响力强大的人认为，不经过审批就直接发布广告，可能会导致垃圾广告横行。但另一批人则认为，如果广告商能够即时看到自己发布的广告，就能搜集相关数据，从而更快地对广告加以改进。这些人觉得，通过缩短广告的运作周期，广告的质量不但不会降，反会提升。我们决定，尽可能减少内部审核。这种交付—迭代模式果然收到了良好的效果。

交付—迭代模式适用的范围很广。在软件业中，谷歌的产品是通过数字发行的字节和比特，而不是实在的物体，因此，交付—迭代模式也最易施行。但是，随着 3D 打印以及网上建模等新技术的出现，许多行业的产品测试成本都出现了一定程度甚至急剧的下降。这样一来，能够使用交付—迭代模式的领域大大增多。

迭代是交付—迭代模式中最困难的部分。鼓动一个团队将新产品交付市场并不困难，但要继续跟踪和耐心提升产品，就要困难得多了。我们发现，负面评价不失为一种有效的激励方法。拉里大笔一挥，写下"这些广告糟透了"，玛丽莎也将负面的产品评语贴在她办公室外的墙上，与产品经理和工程师们详细剖析。在谷歌，我们常常会用批评的方式来激励团队对产品进行迭代。批评的轻重难以拿捏，而我们也并非次次都能做得恰到好处。适当的批评有激励的效果，批评过度则会适得其反。

其实，交付—迭代模式并非总是有效。在上市之后，一些产品的确能不断改善、积聚动力，但有些产品则会每况愈下。问题在于，产品上市时，已经投入大量的资源和情感，有可能会妨碍人们做出正确的决策。我们很难让人对沉没成本视而不见，因此，在执行交付—迭代模式时，领导者必须不计之前的投入，确保除弱扶强。发展壮大的产品应该获得更多资源，停滞不前的产品则相反。

判断哪些产品胜出、哪些失败，就要用到数据。这种评判标准由来已久，但在互联网时代，获取数据的速度之快以及数据量之大，都是以前无法比拟的。你需要确定你所使用的数据，并设立系统以便及时调用和分析数据，这对甄别产品的优劣至关重要。多数人都会计算已经投入项目的资源，以此作为一个继续投资的原因。这，就是沉没成本谬误。（"我们已经在这个项目上砸了几百万，怎么能说撤就撤呢！"）[187] 而以数据为据，则可抵制此谬误的诱惑。

然而，人们往往会向失败的产品伸出援手，以期转败为胜。乔纳森在 Excite@Home 负责产品管理的时候，公司的门户网站 Excite.com 上有新闻、房地产、体育、财经等板块。所有板块都在首页上竞争点击量，如果哪个板块的点击量出现下滑，公司管理层便会把板块移到首页上更显眼的位置，以求扭转局势。喂，财经板块，这个季度你的浏览量有所下滑，怕是实现不了目标点击量了吧。不过没关系，我们把你在首页上置顶一下就行了！这家公司虽然利用数据信息把不给力的板块找了出来，但他们不但不强迫板块做出改善，反倒把优越的位置拿出来"助贫"。现在回头来看，与其说 Excite 的信条是以用户为重，不如说他们是在让用户以自家最弱的产品为重，从而帮产品达到那些形同虚设的标准。事实证明，这种做法并不像公司名称那样"激动（Excite）人心"。

具体实行交付—迭代模式的时候，尽量不要在产品上市时借助市场营销手段和公关宣传的力量。在餐饮业，这种做法叫作"试营业"。当你把小鸟赶出鸟巢时，不要给它们配备什么喷气背囊和降落伞，而是让它们靠自己的力量飞起来。（请注意，这只是个比喻。）等到它们捕捉到一些升力之后，再进行投资。谷歌的 Chrome 浏览器就是一个很好的例子。2008 年，这款浏览器在几乎没有任何市场营销资金的条件下悄然上市，完全凭靠自己优越的性能积累了强大的动力。在这款浏览器的用户人数冲破 7 000 万大关时，团队决定趁热打铁，同意通过市场营销（甚至发起了一波电视广告宣传活动）为产品助力。需要注意的是，我们只有在产品展现出胜者锋芒之后才会投入资源。

在此需要说明一下，交付—迭代模式并不意味着你可以随意把糟糕的产品推出去，然后坐等这些产品自己越变越好。实际上，乔纳森常常警告他的团队，不要把糟糕的产品投放市场，指望着靠谷歌的品牌力量在早期吸引人气。产品应当具有卓越的性能，但刚上市时，功能有限是可以接受的。在推出产品的时候，限制铺天盖地的市场营销及公关宣传是有利的，因为相比于一款低调上市的产品，一款被吹捧上天的产品更容易让消费者感到名不副实。上市之后，再添加新功能完善产品（以及对现有功能做微调）也不晚。就像埃里克在 2006 年2 月致谷歌人的信中所言："要计划在上市后的适当时机为产品添加一款让人眼前一亮的功能。"[188] 这样的做法，可以让用户习惯于先接受功能有所局限但质量过硬的新品，然后再等着功能快速得到扩充的模式。

如果你经营的是软件和媒体这种完全数字化的产品，且实物生产的成本投入少之又少，那么交付—迭代模式就非常容易执行。对谷歌搜索的一款新功能进行公测，然后再根据用户数据进行调整并不难；但同样的事，放到汽车或计算机芯片制造商的身上可就困难多了。即便如此，利用互联网的广泛影响和威力，人们仍可以通过其他方式来搜集宝贵的用户信息。举例来说，你可以在网上将设计或原型投放市场，或是制造出能让用户直接体验产品效果的软件。想办法让用户体验你的产品，然后再利用反馈信息让产品更上一层楼。

败得漂亮

然而，交付—迭代模式在谷歌信息与社交网络服务 Wave 上的应用，却收到了与谷歌 Chrome 浏览器截然相反的效果。于 2009 年火爆推出的 Wave，堪称创新的典范。这款工具是我们悉尼分部的一小批工程师用 20% 时间，围绕"电子邮件如果是现在才发明的，那会是什么样呢"这个问题探究出的结果。最后，他们研发出了一款功能强大的原型，得到了高管团队的交口赞誉。经过我们同意（就算我们不批准，他们八成也会干下去的），他们打造出工具与平台，方便人们在互联网时代用全新的方式进行交流。

　　而这款堪称科技奇迹的产品，却一败涂地。我们于 2009 年推出 Wave，使用量却一直不见起色。Wave 团队拼命地对产品进行交付和迭代，用户群却一直形不成气候。产品投放市场一年之后，谷歌宣布放弃。媒体口诛笔伐，说 Wave 是一款被吹捧上天却又重重摔到地上的大败笔。

　　媒体的话言之有理。Wave 的确是一个大败笔，而且败得很快，因为我们不愿把大笔投资砸在没有前途的产品上。这次失败并没有牵连到任何人。在项目流产后，Wave 团队中没有任何人被炒鱿鱼，其中多数人还得到了公司的重用，原因在于他们的项目敢于挑战极限。这次失败也创造了许多宝贵的科技成果：比如，Google+ 和谷歌邮箱的一些技术就是从 Wave 平台上移植来的。Wave 虽败，却败得漂亮。

　　要想创新，就要学会把败仗打漂亮，学会从失误中汲取教训。所有失败的项目都会衍生有关技术、用户以及营销方面的宝贵信息，为你的下一次出征做准备。修改创意，而不要否决创意：世界上多数伟大发明的最终用途与最初设想都是天差地别。因此在放弃一个项目时，要仔细审视其组成部分，看看有无可能重新投放在其他领域。拉里说过，如果你的眼光够远大，那就很难全盘皆输。失败中往往会隐藏着珍宝。另外，不要拿失败的团队问罪，而要确保他们能在公司里找到合适的岗位。因为下一批创新者正在静观其变，想看看失败的团队会不会受到惩罚。他们的失败虽然不值得称颂，但也是一种荣誉。因为，至少他们努力了。

管理者的任务不是规避风险或防止失败，而是打造一个不会因风险和无可避免的失误而垮台的环境。作家兼教授纳西姆·塔勒布在书中写道，我们要建立一种"反脆弱"的体制：这种体制不仅能经受失败和外界的冲击，还会变得越来越强大。"[189] 请不要误会：我们并不是在鼓励大家追求失败。但如果你想衡量你所在的创新环境是否有活力，就必须将成败一起考虑，即变得越来越"反脆弱"。就如"呆伯特"的漫画师斯科特·亚当斯所说："我们可以将失败看作一条道路，而非一堵墙壁。"[190] 13 世纪苏菲教派大智若愚的穆拉·纳斯鲁丁也有类似的见解："良好的判断力来源于经验，而经验来自错误的判断。"[191]

失败时机可能是最难拿捏的。败得漂亮就要速战速决。一旦发现项目没有什么前途，就应该以最快的速度喊停，以免浪费更多资源，产生更多机会成本。（那些将精力放在败局已定的项目上的创意精英，还是安排在有望成功的项目之中比较合适。）但是，创新公司的一个特征，就是会为好点子留出充足的时间来酝酿。比如，谷歌无人驾驶汽车以及可以达到 1 000 兆网速的谷歌家用宽带光纤（大约比现在美国家庭平均网速快了 100 倍）等项目虽然有潜力，却需要很长的时间。就像杰夫·贝佐斯说的一样："只要延长时间期限，你就可以做许多正常情况下无法企及的事情。亚马逊喜欢做 5~7 年才有回报的事情。我们愿意播下种子，让其生长。在这一点上，我们是非常固执的。我们在愿景上固执己见，在细节上灵活变通。"[192]

所以，失败要尽快，还要把期限拉得很长吗？这怎么能行得通？（明白了吧，我们说过失败的时机是最难拿捏的）。关键在于，你需要快速地迭代，建立检验标准，看看每次迭代有没有把你一步步推向成功。小的失误往往可以为你照亮前进的路，因此你应该预料并接受其存在。但如果你一味失败却仍看不清成功的路（抑或，借用瑞吉娜·杜甘和凯汉姆·加布里埃尔的话说，当你需要"一连串的奇迹"[193]才能成功时），那你就该考虑就此打住了。

与钱无关

我们认为，杰出的人才凭着杰出的表现理应获得高薪，但是，员工利用 20% 时间成功的项目是没有薪酬的。作为谷歌街景这支团队一员的经历，或许为丹·拉特纳带来了丰厚的收入，但是，我们并没有因为他为街景三轮车所做的工作而直接给他任何酬劳。[194]之所以不用金钱来鼓动大家去进行 20% 时间项目，是因为我们不需要，就这么简单。这听起来或许像敷衍，但工作本身就能给人带来奖励。不少研究都表明，来自外部的奖励非但不能激发创意，反倒会将一件原本能给人带来满足感的事情变成赚钱的差事，从而阻滞灵感。[195]

说到 20% 时间项目本身能给人带来的回报，我们最爱用的例子要追溯到 2005 年 8 月，也就是卡特里娜飓风席卷墨西哥湾的时候。当时，谷歌地球上市不过 8 周左右，研发谷歌"地理"系列产品（即谷歌地图和谷歌地球）的团队人手紧缺和劳累过度。但飓风的袭击让团队立马行动起来，他们发布了 8 000 张最新的卫星图片（图片来自美国国家海洋和大气管理局），精确地显示出灾难的规模，并提供了灾区道路和街区的高清图像。飓风卷走了许多标牌和信号灯，为救援人员辨认方向带来了诸多不便，而这个项目则帮了大忙。另外，项目还方便了各机构分发救灾物资，并在灾后帮助幸存者判断是否应该返回家园。

这是个典型的 20% 时间项目，构想来自团队成员，没有"河马"强迫他们去做，没有人建议他们连续几晚在办公室里扎寨，没有人要求他们从日益壮大的谷歌地球用户群中寻求志愿者的帮助，也没有人指派他们从美国国家海洋和大气管理局那里获取图片。埃里克去参观过他们的"作战室"，环顾四周之后，他"英明"指示大家继续把工作进行下去。这是管理层唯一一次参与项目。

卡特里娜飓风过后，这个 20% 时间项目演变成了一支专业的危机应对团队，隶属于领导谷歌慈善事业的机构 Google.org。在这支团队的助力之下，谷歌人利用我们的平台向受到自然灾害侵袭的人们伸出援手，包括中国 2008 年新年导致数千名游客受困的雪灾，以及日本 2011 年导致数千人死亡和数十万人无家可归的地震和海啸灾难。面对每场灾难，这支团队都能根据之前的经验创造出新的方法，利用谷歌技术为人们提供帮助。其中多数成员并没有因自己的付出得到一分一毫，对他们来说，工作本身就是动力。

想象无止境

2013 年的年终假期，埃里克是与家人一起度过的。除了一般的家庭活动之外，孩子们还得闲看了一些视频。让埃里克吃惊的是，孩子们并没有看任何电视节目，实际上，电视机一整个假期都没有打开过，所有的视频都是在平板电脑上收看的。孩子们看的视频并不是传统意义上的节目，也就是说，这些视频都不是在电视台或有线电视网上播出的，而是直接为网站和移动应用程序设计的。电视机以及电视形成的电视文化，与这些孩子们的生活就像两条平行线。我们觉得，这种情况不是特例。如果你是一位移动设备制造商或是网络视频制作人，这自然是好消息；但如果你制作的是现在的孩子们长大后没有兴趣收看的情景喜剧等剧集，那你就前景堪忧了。

其实，何止电视领域的高管，今天，我们都身处一个乐观却焦虑的时代。在我们创作本书的三年之中，无数产业都受到了科技的破坏性冲击。虽然世界经济已经出现了反弹，但上一次经济衰退中涌现的问题依然存在。科技带来的变化速度之快，超过了我们培养员工接受新技术的速度，这为各个层级的员工以及许多国家的经济结构带来了巨大的压力。昔日，稳定的中产阶级工作曾是经济健康发展的基石，而今，这些工作有的转移到了发展中国家或网络上，有的则已完全消失。

毋庸置疑，曾经盛极一时的产业的瓦解及其对经济带来的影响，一定会在短期内带来痛苦和混乱。因此，作为一本讲述如何在 21 世纪打造成功企业的书籍，我们责无旁贷，要给大家提供一些如何在剧变中自保以及如何理解变化的建议。当今的商业图景到底有什么不同？等待着我们的未来是怎样的？企业以及企业家个人应该如何在分崩离析的环境中生存和发展？

从唐顿庄园到 Diapers.com

要想理解为何变化会危及传统企业的生存，我们必须快速回顾历史，看看两种经济体制交接棒时的情形。随着 21 世纪的到来，我们也迎来了一个新旧更迭的时期，这与 19 世纪西方国家由封建经济转为工业经济的历史异曲同工。我们的许多朋友和家人都很迷英国广播公司一部叫作《唐顿庄园》的电视剧，这部剧讲述了一个显赫的英国家族及服侍家族成员的仆人们在第一次世界大战时期跌宕起伏的人生百态。剧中家族的成员都是富有的英国贵族，他们把大把的时间用在赴宴前的盛装打扮以及与仆人的纠葛上，而身为劳动阶级的仆人们大部分时间要劳动，还要和庄园主人周旋。整部剧都能听到动听的英伦口音，看到华丽而年代感十足的服饰。

看剧时，如果你只顾为约翰·贝茨的牢狱之灾（他最终被赦免释放）和马修的离世（他没能像博比·尤英[196]一样奇迹般起死回生）而抹眼泪的话，我们要告诉你，《唐顿庄园》一剧的背景，代表了两个经济时代的更迭。通过从附近招募劳动力和仆人，唐顿庄园为周边地区提供了经济上的支持，而这种剧中的贵族家族，便是19世纪工业革命完成前的末代体制。

工业革命结束后，20世纪的主导机构是企业。通用汽车公司就是企业的典型：电力、水源以及蓝领劳动力等资源为公司在工厂进行的大规模生产提供了条件。与此同时，工厂车间的工会会员以及公司总部的白领阶层则享受着稳定而舒适的中产阶级生活。

21世纪，作为经济活动枢纽的企业受到了"平台"的挑战。我们在"决策"一章已经提到过平台，现在可以想一想Diapers.com（后被亚马逊收购）的例子。与企业相比，平台是一种截然不同的枢纽。企业与消费者的关系是单向的，比如，对于一款新产品的设计、生产以及面向消费者营销的方式，通用汽车公司都是单方面做出决定，然后再通过代理商的网络进行销售。相比之下，平台与消费者和供应商之间是你来我往的双向关系。亚马逊虽然是家企业，但也是一个撮合买卖双方的市场。亚马逊并不会单方决定售卖哪些商品种类，消费者会告诉亚马逊他们的需求，由亚马逊为他们寻找卖家。消费者的需求得到了倾听，还拥有为商品和服务评分的权利。

平台世界，谁胜谁负？

英国的巴格斯新浪潮乐队让我们知道，电视扼杀了电台明星；2011

年美国图书零售商博德斯（Borders）的破产告诉我们，亚马逊等平台能重创既有企业。博德斯可不是轻量级的企业，早在 2005 年，其总市值就超过了 16 亿美元。[197] 而在宣告破产之时，公司员工已经达到了 1.7 万人。[198]

看来，既有企业必须做出选择。它们可以继续延续老路，仅仅把科技当成提高经营效率和扩大收益的工具，而不借助科技的力量脱胎换骨。在许多这样的既有企业中，科技只是主办公楼之外那群有些古怪的人玩弄的新奇玩意儿，而不是首席执行官每周的工作重心。面对新兴竞争企业入侵市场带来的迫在眉睫的危机，这些企业靠政客和律师冲锋陷阵，这种"挖个洞把头埋在沙土里"的战术耗时长（且很费钱），但仍然扭转不了败局，因为科技和变革的力量势不可当。因此，采取这种战术的既有企业最终只能以失败收场，至少也会被潮流淘汰。这种做法意在维持现状，因此不仅会限制消费者的选择，还会遏制行业创新的脚步。创新意味着改变，而对于既有企业而言，现状才是他们的安乐窝。

太阳计算机系统公司的联合创始人兼风险投资家维诺德·科斯拉，有时会到埃里克在斯坦福大学教授的课上客串一把，他给出了既有企业执意维持现状的几个原因。首先，从大企业的视角而言，多数创意都是看似前途未卜且微不足道的小机遇，不值得公司投入时间和精力。其次，从个人的视角来看，大企业的成员不但不会因敢于冒险而得到奖励，反倒会因为失败而遭到惩罚。在这种失衡的奖罚措施之下，理性的人都会选择安稳自保。[199]

但是，既有企业也可以选择另一条路：找到一种策略，利用平台优势持续打造优秀的产品。企业可以以这一策略为基础吸引一批创意精英，然后打造一个可以让创意精英大显身手的环境。听起来小菜一碟是吗？但这其实不简单，简直可以说是困难重重。成熟的企业天性喜欢规避风险，就像躲避瘟疫一样避之唯恐不及。我们之所以明白，是因为我们就是过来人。毕竟，本书的作者是谷歌里最后一批扔掉黑莓手机和弃用微软 Outlook 电邮的人。也就是说，我们不能时时预知变化，也不能每次都很好地应对变化。好在我们身边都是这样的人，比如我们以前的同事维克·冈多特拉。

社交网络的出现

互联网经历了三个风格各异的发展阶段。20 世纪 90 年代，随着浏览器、超文本链接以及网站的出现，网络 1.0 时代拉开了序幕。在这一阶段，用户可以阅读文本、浏览小幅图像、完成一些基本任务。但除此之外，网络功能非常有限。此后，在 21 世纪的最初 10 年里，新的科技催生出功能更加强大的网站以及更完善的网络基础设施。宽带网络在一些国家得到了普及，网上视频风靡全球，人们不仅能更方便地在网上获取信息，还能在网上发布信息。在网络 2.0 时代，互联网除了扮演巨型商场和在线百科全书的角色之外，人们在网上有很多事可做。全球上网人数达到了数十亿，而他们上网做的第一件事，往往就是搜索。

2010 年夏季之前，谷歌一直满足于网络 2.0。此时，社交网络正在兴起。在网络 1.0 时代，你可以在线阅读和购物；在网络 2.0 时代，你可以自己做很多事；而社交网络可以让你讨论和分享。随着社交网站 Friendster 和 Myspace 的风靡，我们目睹了这股潮流的形成，也考虑要与推特（Twitter）和掘客（Digg）等一流社交网络公司合作。然而，这些合作构想不但没有结出硕果，反而让我们忽略了一家从未预料到的竞争者。霎时之间，社交网络时代赫然出现在了我们的面前，而这个时代的新兴领军平台，叫作脸书。

谷歌甚至没有真正参与这场游戏。我们的第一家社交网络Orkut的成功，几乎只限于巴西和印度市场。当时，我们已经推出了上文提到过的受到大肆宣传的新型邮箱Wave，其高科技含量让高级用户（极少数人）兴奋，却让其余用户（多数人）困惑。另外，我们还推出了一款叫作Buzz的社交工具。Buzz在内部测试时备受青睐，最终却卷入了侵权官司。2010年夏季，我们宣布放弃Wave，Buzz也在走下坡路，使我们在社交网络上的努力归零。

维克·冈多特拉对此很不甘心。对于数以亿计的用户而言，小巧的移动手机屏幕已成为连接网络的门户。而让谷歌所有伟大的服务跃然于手机屏幕上的人，就是谷歌手机业务的负责人维克。维克很早就看出了智能手机的前景，协助谷歌推出"移动优先"（mobile first）理念的团队就是在他的帮助下建立的。谷歌在社交网络上的失利与维克毫无关系，他只是谷歌的成员和股东，因此非常担心谷歌会错失网络的历史性改变带来的机遇。他决心做点什么，因此邀请了布拉德利·霍洛维茨共进午餐。

布拉德利负责谷歌社交网络业务，他与维克的这次午餐后来演变成了一次又一次的会谈。最终，两人制订了新的计划，决定让谷歌重新打入社交网络领域，并为消费者研发一系列新产品。社交网络业务并不属于维克的职责范畴。我们是维克表面上的上司（维克的顶头上司是乌尔斯·霍尔泽，霍尔泽是埃里克的下属，而埃里克又是乔纳森管理会议的与会者），我们不但没有命令他开发新的社交平台，连有关讨论也没有进行过。也就是说，是维克自己看到了谷歌的问题，觉得有能力提供解决方案，并下定决心把方案变为现实的。

很快，维克和布拉德利代号"翡翠海"的项目渐渐发展起来。大约一年之后，我们推出了 Google+，这是谷歌历史上最大的一次赌注。虽然媒体常把此项目渲染为谷歌与脸书竞争的武器，但事实并非如此。更确切地说，Google+ 是谷歌对网络 2.0 时代瓦解以及社交网络兴起的回应，是将包括 AdWords 和 YouTube 在内的各种平台融为一体的社交网络结构。这款服务的起源，就是因为有一个人察觉到一个重大转变正在发生并有可能破坏我们的事业，于是决定采取行动，哪怕这项工作根本不是他的职责所在。

把难题提出来

维克在社交网络业务上的探索，始于他对自己提出的问题："社交平台成为网络的主要功能，对谷歌意味着什么？社交网络会不会让搜索变得过时？"有时，只需提出最困难的问题，你就能避免来自企业的反对力量对创新和改变产生负面干扰。了解了未来你能做什么之后，你有没有发现一些别人尚未察觉或视而不见的契机？（哈佛商学院教授兼商业顾问克莱顿·克里斯坦森说过："我把注意力放在那些非问不可的问题上，这样才能把握未来会出现的问题。"）[20] 当今，信息无处不在，计算资源取之不尽，全球各地被连成一体，以前不可想之事如今不仅成为可能，甚至已经出现在我们眼前。在这种情况下，你的企业会受到怎样的影响？科技进步不可阻挡。要理性地跟随这一趋势，同时问问自己：当下的形势对我们而言意味着什么？

20 世纪 90 年代，埃里克在太阳计算机系统公司任职的时候，这家公司打造了业内最有价值的计算机工作站。作为一家科技驱动型企业，太阳公司自信能够一直保持这种性价比优势。与此同时，英特尔（Intel）处理器与微软 Windows 操作系统组成的"Wintel"个人计算机日益强大的性能对太阳公司造成了威胁。当时，太阳公司最大的问题是：其计算机性价比最终被 Wintel 超越时，对公司会造成什么影响？当太阳公司失去多数成就和利润所依靠的优势，又该如何应对？当埃里克把这个问题摆在董事长欧文·布朗和首席执行官斯科特·迈克尼利面前的时候，两人却坚称，太阳绝不会为了与个人计算机行业竞争而降低成本。换言之，两个人并没有找到好的解决方案（埃里克也没有）。没有答案自然是个问题，但接下来发生的事更不容忽视：原来，没有人采取任何实质性的措施，什么动静也没有。2000 年 4 月，太阳公司的总市值为 1 410 亿美元，到了 2006 年，以 Windows 系统为基础的服务器已然席卷整个市场，但太阳公司的计算机所占的市场份额却只在 10% 以下徘徊不前。2009 年，太阳公司以 74 亿美元的售价被甲骨文公司收购。

对于正在经营的企业而言，遇到难题是不可避免的。人们往往不会触及这些难题，要么是因为没有好的解决方案，要么就是因为触及这些难题会让人不安。但正因如此，我们才需要提出这些难题，为的就是要让大家不安。相比于竞争者想要置你于死地而造成的不安，我们宁愿这种不安是自己人造成的，这是埃里克在太阳公司的亲身体会。即便没有好的解决方案，那些难题至少能带来一线生机。那些无法轻易解决的难题，往往能对大企业文化中规避风险和拒绝改变的风气起到一定的扭转作用。借用塞缪尔·约翰逊的话说，这些难题就像马上要面临的绞刑，能神奇地让人警醒。[201]

起初，你可以把眼光放在 5 年后。拉里·佩奇常常说，首席执行官不仅要考虑企业的核心业务，还要放眼未来；多数企业失败就在于安于现状，只做渐进改变。尤其在今天，科技带来的变化势头强劲，这种渐进改变是致命的。因此，我们要提出的问题不是未来"一定会怎样"，而是未来"可能会怎样"。"一定会怎样"的问题要求你对未来做出预测，这在瞬息万变的世界中无异于自欺欺人。[202]"可能会怎样"的问题需要你展开想象，设想一下：有哪些依照传统思维不可想的东西，如今却已成为可能？

维诺德·科斯拉指出，在 1980 年，我们很难想象微处理器竟会发展到无处不在的程度，计算机、汽车、牙刷等几乎所有东西上都有。[203] 1990年，手机的体积就像缝纫机且价值千金，我们很难想象手机有朝一日会比一叠纸牌还小，比看夜场电影还便宜。1995 年，我们难以想象互联网有朝一日会拥有逾 30 亿用户和超过 6 万亿各不相同的网址。时至今日，微处理器、手机和互联网存在于我们生活的方方面面，但当这些发明尚处于萌芽阶段的时候，几乎没有人预料到今天的情景。尽管如此，我们至今仍在犯着相同的错误：谷歌无人驾驶汽车的计划公布之时，大多数人都抱着怀疑的态度。汽车在无人驾驶的情况下自己开动，这怎么可能呢？我们无法想象这会不可能。

因此，抛弃传统智慧，放飞想象，问问自己，在接下来的 5 年里，你所在的行业"可能"发生什么样的变化？哪些因素的变化最迅速，哪些因素会一成不变？对未来有了大致的认识，接下来你就可以考虑难度更大的问题了。

表现突出且资金充足的竞争企业会以什么样的方式危及你的核心业务？你的竞争者会如何利用数字平台乘虚而入，或是如何把你最赚钱的顾客群挖走？你会以何种方式为你所在的行业带来改变？你是否常会因为想要避免企业之间的相互厮杀或企业的利润损失而扼杀潜在的创新？你是否有机会打造一个平台，随着使用量的增长，会获得相应的利润和价值？

企业领导者是否经常使用公司的产品？他们对产品是否满意？他们

会不会把产品作为礼物送给自己的爱人？（当然，并不是所有产品都可以作为礼物相送，但这种思维方式却很能说明问题。）消费者钟爱你的产品吗？抑或他们只是迫于某些因素才使用你的产品，而未来这些因素可能消失？（不妨把这个问题做一个有趣的延伸：如果你命令产品人员为消费者提供条件，让他能够轻松转为竞争企业的用户，那么你的员工会作何反应？他们会把你的产品打造成精品，让消费者即便有其他选择却仍然心甘情愿地使用你的产品吗？）浏览企业即将推出的主打产品和功能，其中以独到的科技洞见为基础的项目占了多大比例？负责产品的人员中有多少是公司高管？对于那些为打造卓越产品做出最大贡献的人，你的企业是否会给予充分的奖励和升职机会？

高管层是否将人员招聘视为重中之重？他们本人是否会在招聘上投入时间？在你最优秀的员工之中，有多少人觉得自己三年之后还会留在公司？有多少人会因为其他公司 10% 的加薪而跳槽？

你们的决策过程能产生最佳决策，还是最让人接受的决策？

你的员工拥有多少自由？创新奇才能否不受层级限制，拥有按自己的想法行动的自由？针对新构想制定决策的依据是产品性能还是利润？

将信息占为己有的人与传播信息的"路由器"相比，哪种人在公司里更吃香？分开管理的信息库会不会妨碍人员与信息的自由流动？

这些问题的确不好回答，也很难轻松地找到解决方案。但是，如果不提出问题，就永远找不到解决方案。既有企业往往不知道自己有多么不堪一击，但提出这些问题能帮助它们发现事实。同时，这些问题也能吸引和激励顶尖的创意精英，打动他们的不仅是挑战本身，还有企业面对挑战所表现出的坦诚。他们会感叹说："谢天谢地，终于有人把这些难题提出来了。我们终于能动手寻找答案了。"

然而，另一个问题随之而生：你的企业是否具备吸引顶尖创意精英的条件？随着互联网、手机以及云科技的出现，商业中心的实力和影响得到了提升，这是我们始料未及的。我们曾经认为，互联网以及其他通信技术的出现会导致更多商业中心的崛起，并撼动既有商业中心的地位。但事实证明，情况正好相反。各个行业中的确出现了新的小规模商业集群，但既有商业集群的地位却不降反升。在创意精英眼中，企业的地理位置比以往更加重要。

正因如此，虽然全世界许多国家都在努力复制硅谷创造的科技奇迹，但这些国家致力于科技的创意精英却纷纷离开本国而选择了硅谷。（在谷歌食堂里听到的各国语言之多，总会让我们咂舌。）他们觉得，加州为他们提供了一片比自己的国家更为广阔的舞台，相比于留在家乡，他们更向往能和其他与自己理念相同的创意精英在一起。金融中心（纽约、伦敦、香港、法兰克福、新加坡）、时尚中心（纽约、巴黎、米兰）、娱乐中心（洛杉矶和孟买）、珠宝中心（安特卫普和苏拉特）、生物科技中心（波士顿和巴塞尔）、能源中心（休斯敦和达兰）、航运中心（新加坡和上海）、汽车中心（德国南部）等所有行业中心，几乎都是如此。任何一家想要开展新业务的企业都应该问问自己：我应该主动寻找创意精英，还是设法让他们投奔我而来？

政府应鼓励破坏性创新

政府也要做出重要的决定。他们可以选择与既有企业并肩而战，投入资源，与变革的力量相抗衡。大多数政客都会选择这种方法，因为既有企业通常都要比后起之秀有钱，且很会巧用金钱来操控政府的意志。（新晋的挑战者通常不知道，既有企业"军火库"中的法律法规武器是很有杀伤力的。）从另一方面来说，政府和企业一样，不仅可以选择鼓励破坏性创新，还可以打造一方让创意精英大显身手的乐土。政府可以选择支持创新。

创新始于教育。我们这里所说的，不仅是指从幼儿园到中学再到大学的教育模式。教育是会改变的，政府也应该鼓励破坏性创新，而不是执着于现状（但现在，政府的做法却恰恰相反）。科技平台可以帮助我们更加准确地发掘自己的优势及劣势，以个人喜好为基础量身打造专属的教育模式。作为公共教育的推手，政府应该以拥有高中及以上学历的年轻人和成年人为重点，大力实现这种因人而异、灵活变通的终身教育模式。

数字基础设施以及移民利好政策都是必不可缺的条件。但最重要的，还是要赋予人们创新的自由。法规是为了防止问题出现而制定的，但如果你建立的体制对一切都做了规定，人们哪里还有空间创新？除此之外，既有企业对法规的制定有很大影响，公营企业与私营企业之间常有互动，今天制定和加强遏制创新法规的人，明天就会成为私营企业高管。监管环境必须留出空间，新企业才能进入。

以美国汽车行业为例，新近加入竞争的特斯拉汽车公司，就因为美国几个州禁止其直接向消费者售卖汽车的规定而碰了壁。[204] 这些州的相关规定保护了汽车销售商的利益，却限制了消费者的购买自由。在无人驾驶汽车带来的下一波汽车创新中，事故和由此造成的人员伤亡都是难免的。而这可能让人们对整个无人驾驶汽车行业产生疑虑。在这种情况下，政府应该顶住压力，避免颁布与英国 19 世纪《红旗法案》[205] 相类似的限制性过强的规定，不要为这种新兴科技设置比有人驾驶汽车更严格的安全标准（普通汽车也会出事故，且无论是概率还是后果都让人侧目）。如果实际数据表明新的方法要优于老旧的方法，那么政府就不应阻碍变化，而是给破坏性创新开绿灯。

大问题都是信息问题

随着各行业的摧毁与重组，既有企业或顺应潮流，或落伍消亡。而新兴企业则逐渐强大，在具有远见的领导者及雄心勃勃而精明能干的员工的共同努力下，前景更加美好。我们是科技的乐观主义者，相信科技的力量能让世界变得更好。虽然有的人看到了《黑客帝国》中炼狱般的未来，但我们却看到伦纳德·麦考伊博士用他的科学分析仪将索里安病毒消除得一干二净的美好未来（还有他喝着索里安白兰地和特兰尼亚烈酒庆祝的场景）。[206] 我们觉得，几乎所有大的难题都可以归结为信息问题，也就是说，只要有足够的数据、具备足够的数据处理能力，人类所面临的几乎所有问题都有解决方法。我们认为，计算机能服务于所有人，并为我们的生活带来便利和改善。我们确信，我们这两个硅谷人对未来这种盲目乐观的看法定会引来批评声。但这并不重要，重要的是，隧道尽头有光明。

我们的乐观有充足的理由。首先，是信息爆炸以及信息自由流动的趋势。无论是地理感应器、气象感应器，还是记录每一笔经济交易信息的计算机，抑或持续记录佩戴者一切生命征象的穿戴科技配件（比如谷歌的智能隐形眼镜）[207]，我们不但能将从前人们见所未见的各类信息收集起来，且这些信息所涉及的范围和规模之大，简直与不久前的科幻小说中所叙述的情景大同小异。其次，现在有无限的计算能力可以分析数据。无限的信息以及无限的计算能力，为全世界的创意精英打造了一个解决大问题的乐园。

这样的条件方便了不同数据之间的比较和整合，从而可促进包括科学家、医生、工程师、设计师以及艺术家在内的各界创意精英之间的合作。正如卡尔·夏皮罗和哈尔·瓦里安在《信息规则》一书中所说，信息的造价很高，但复制成本却很低。[208] 因此，如果你能创造出可以解决问题的信息，并把信息放在一个可以进行资源共享的平台上（或者你也可以帮忙打造这样一个平台），那么你就能让许多人免费或用很低的成本获取你的信息。谷歌有一款叫作"融合图表"（Fusion Tables）的产品，可将相关数据组融合在一起供人分析使用，同时保持了各数据组的独立性，从而"把信息从孤立信息库里解放出来"。想想吧，全世界有那么多科研人员都在试图攻克相同的难题，所有人的电子数据表和数据库里的信息都是独立的；另外，各地政府也在试图评估和解决环境和基础设施问题，却只能使用办公桌上或是地下室的系统来跟踪进度。如果能把这些孤立的信息库"炸毁"，那么我们就能将这些信息用新的方式整合在一起，从新的角度进行分析了。

另外，速度也是一个有帮助的要素。随着科技的发展，发出指令与机器反应之间的延时大幅缩短。将目光投向历史，可以帮助我们更好地关注这个问题。放眼历史，以经济学家所谓的"通用技术"（蒸汽机和电力都是典型的范例）为例不难看出，这些技术从发明到应用再到改变人们生活结构和市场运营模式的过程历时长久。瓦特蒸汽机于 1763 年研发，但大约 200 年后，由于铁路的出现，堪萨斯城才从放羊赶牛小道的道口小镇转变为人们进行牲口交易的大都市。相比之下，网景 Navigator 浏览器于 1994 年问世，区区 4 年之后，乔纳森就有幸为 Excite@Home 公司安装了世界上第一批电缆调制解调器。不到 10 年的时间，这些现代化的通信科技便为我们通信、交流、购物、订餐以及叫车的方式带来了翻天覆地的改变。然而，科技的速度之美似乎只有用户才能领略：作为被更替的企业，这种迅雷不及掩耳的剧变会让你应接不暇。但如果你能尝试开拓新的业务，这种加速就会成为你成功的助力。

此外，网络的出现也促进了集体智慧和集体智能的发展。1997 年，当时的国际象棋冠军加里·卡斯帕罗夫在棋场上不敌 IBM 研发的计算机"深蓝"，这让我们认为，机器已接受了人类智慧的火种。但事实证明，这场比赛实际却为象棋冠军们打开了一个新的纪元：我们所说的冠军并非指计算机，而是指那些通过与计算机合作来磨炼技艺的人类选手。今天，国际象棋特级大师们（其数量是 1997 年的两倍）[209] 用计算机作为陪练，让自己变得更强。如此，一个由计算机助力的智能良性循环便形成了：计算机帮助人类磨炼技艺，人类则为计算机编写出更高级的程序。既然国际象棋可以如此，为何不能把这个模式搬到其他领域呢？

未来一片光明

放眼任何一个行业或领域，都能看到一个光明未来。拿医疗行业为例，实时个人传感器可以对复杂的人体系统进行准确的跟踪和评估，将所有这些数据与深度遗传基因分析得出的危险发病因素图谱结合在一起，我们就能（在得到被监测对象允许的前提下）以前所未有的精确度尽早查出、预防或是治疗健康问题。将数据汇集在一起，我们就能创造出信息和知识平台，从而进行更加有效的研究，并制定更加全面的医疗政策。

相关信息的稀缺，会让医疗保健消费者蒙受损失：对于治疗结果、医生以及医院的水平，消费者几乎全都两眼一抹黑，获取自己的健康数据往往麻烦重重。如果这些健康数据分存在不同的机构，那就难上加难。医疗服务、药品及医疗用具的价格不但不透明，还会根据病人和医疗机构而出现大幅浮动。只需稍微提升医疗行业的信息透明度，就能带来巨大的积极影响，不仅成本能随之降低，医疗效果也会得到提升。

交通行业也是一个破坏性和机会并存的行业。当所有汽车都配备了无人驾驶功能的时候，会出现怎样一番光景呢？个人汽车服务的成本会下降，服务也会更好，这会让人们拥有汽车的方式出现变化。娱乐而非代步成为拥有汽车的唯一原因，这也会促使相关决策者对交通网络进行重新思考。

对于金融服务而言，详尽的信息越多，个性化的服务也就越多。举例来说，如今的汽车保险公司已经开始利用行驶里程以及地点来评估驾驶人遭遇事故的概率了。如果他们能够以降低保费为条件，通过全面获取车速、地点、驾驶小时数、行驶里程、交通状况以及维修记录等信息来做评估，那么他们的准确率能提高多少呀！或许你自己不会接受这个条件，但是，如果这个条件能提高你家十八九岁孩子的安全驾车系数，你又会作何考虑呢？

今天的创意行业中，涌现出更多杰出内容和顶尖人才，对这两者的需求也达到了前所未有的高水平（至少从媒介消费的角度来看是如此）。除了大量以电脑三维动画堆砌而成的劣质动画电影之外，科技还能让我们用新的方式欣赏用传统叙事手法制作的电影。无论是《纸牌屋》还是《权力的游戏》，只要我们想看，就可以在平板电视、手提电脑或是可穿戴的眼镜式设备上随时观看。互联网已经颠覆了传统媒体模式，但更多的新媒体模式仍在如雨后春笋般涌现。这样的演进，最终会为创新者带来更加宽广、更碎片化且更加混乱的市场环境，也会为消费者创造无穷无尽的选择。

21世纪前半叶，科技的力量会为打击犯罪（通过分析犯罪模式来实现"预警治安"）、农业（用大量数据绘制土壤分布图来帮助穷苦的农民）、制药业（通过信息分享来加速药品研发）、安保、能源、宇航业以及教育等各行业带来一派新气象。激动人心的新产品将会问世，闻所未闻的新产业将会出现，经济阴霾也会被新的工作种类和新的业务一扫而光。每一个变化，都是由一小撮坚定不移、自动自发的创意精英促成的。

这就是我们的信念。

下一代创意精英

毋庸赘言，我们两位作者也不可能避免这些改变的影响。虽然我们学到了不少知识，也颠覆了不少理念，但我们未知的东西要多得多。虽然我们付出了许多努力，想全面把握科技动态及其对我们行业产生的影响，但下一代创意精英对科技的驾驭终究是我们无法企及的。在我们那个时代，人人都要用固定电话来邀约意中人，大家都会去电影院看电影，而宽带网络只不过意味着你的电子邮箱有了更大的容量而已。而今，我们的面前出现了一批新新人类，他们自信和精明的头脑让我们瞠目。他们告诉我们最新动向和未来趋势，在决定未来该做什么时他们与我们的意见平分秋色。置身于满是生机勃勃的创意精英的环境中，这就是我们的命运。

我们确信，除了我们在日常工作中时常碰面的闪亮新星，还有几十甚至上百倍的精英正在全力以赴，试图颠覆我们。他们也许会失败，也许不会。或许，在某个地方的某个车库、宿舍、实验室或会议室中，一位商业领导者已经建好了一支由孜孜不倦的创意精英组成的小团队。或许，这位领导者的手中就拿着我们的这本书，正在借鉴书中的理念来建立一家最终会将谷歌逐下舞台的公司。这种猜测很荒谬，不是吗？然而，在这个没有常胜将军的商场上，这是不可避免的。

有人或许会不寒而栗，但我们却热血沸腾。

1. 对于帕姆来说，只要她的脸上没有洋溢着温馨的笑容，对她就算是"愁容"了。

2. 2006 年 6 月 15 日，《牛津英语大词典》收入"谷歌"一词。在这一版本中新增的词语还包括"地理藏宝"（geocaching）、"混聚"（mash-up）、"自营仓"（self-storage）以及"发短信"（texting）。参见 Candace Lombardi, "Google Joins Xerox as a Verb" (*CNET News*, July 6, 2006)。

3. 实际上，"芬兰"这个词是我们当时所用的代号的代号。如果我们在本书中把真正的代号公之于众，不也就算不上代号了吗？

4. 为了让大家明白当时微软公司的威望，请看看有关这家公司的一些书的书名吧：《微软的秘密：揭秘领先全球的软件公司如何创造新科技、开拓市场和管理人才》（*Microsoft Secrets: How the World's Most Powerful Software Company Creates Technology, Shapes Markets, and Manages People*, 1995）、《超强行动：比尔·盖茨力求掌控电脑世界》（*Overdrive: Bill Gates and the Race to Control Cyberspace*,1997），以及《网战胜者：揭秘比尔·盖茨和他的互联网理念如何转变微软帝国》（*How the Web Was Won: How Bill Gates and His Internet Idealists Transformed the Microsoft Empire*, 2000）。

5. 在 20 世纪 80 年代和 90 年代，硅谷的高科技企业家如果想要为公司融资，就必须向投资方清楚表述自己的项目将如何应对微软的策略。如果没有明确的计划，就休想得到资助。

6. 苏珊后来成为谷歌的一名成员，最终成为谷歌所有广告产品的负责人以及 YouTube 的首席执行官。"房东"是她在谷歌的第一个头衔。

7. 当时还是商界菜鸟的谢尔盖和拉里并没有意识到，他们"聚焦用户"的理念与彼得·德鲁克对于企业存在目的的解读有着异曲同工之处。德鲁克认为："企业存在的目的只有一个明确的定义：赢得客户……客户是企业的基础，是企业生存的前提。"源自：*The Practice of Management*, (HarperBusiness, 1993 edition), page 37。

8. Jay Yarow, "Steve Ballmer's Huge Reorg of Microsoft Could Bury One of the Company's Biggest Embarrassments" (*Business Insider*, July 9, 2013).

9. 这个任务的难度非常惊人。想象一下，你面对的山峰正在迅速膨胀，而你则需要一次次往上爬。每一次，你都需要用比上次更快的速度登上峰顶。这就是我们的体验的真实写照，只不过我们爬的山不是由沙土或石头构成的，而是一座"信息之山"。

10. 之所以叫作"云计算"，是因为以前的程序在绘制服务器图标时会在图标之外加一个圆圈。如此一来，从网络图来看，多个服务器便会形成几个相互重叠的圆圈，看上去就像云彩一样。

11. 通俗地说，"成本曲线下降"的意思就是：曾经昂贵的物品变得便宜了。

12. 高科技领域的预言家乔治·吉尔德认为，每个经济时代都以一个主要的充沛资源和一个主要的稀缺资源为基础。（举例来说，当马力稀缺时，土地资源是充沛的。但到了工业时代，情况正相反，马力的成本跌到了每千瓦仅几个便士，相对地，土地资源也就变得稀缺了。）吉尔德在 1996 年的一篇颇具远见的论文中写道，廉价的宽带将会"完全颠覆计算机体系结构和信息经济……以低能耗和高速宽带为基础，新时代最为常见的电脑，将以拥有一个 IP 地址的数字手机的形式出现"。参见：George Gilder, "The Gilder Paradigm" (*Wired*, December 1996), reprinted from an issue of the *Gilder Technology Report*。

13. 这样的趋势，彼得·德鲁克早在 2001 年就曾经预言过。他写道，主动权已从供应商转到了分销商手中，"在接下来的 30 年内，主动权定会转到消费者手中。原因很简单：现在，消费者已经能够毫无障碍地接触全球信息了"。参见：Peter Drucker, *The Essential Drucker* (HarperBusiness, 2011), page 348。

14. 哈佛商学院的一位经济学家研究了 Yelp 网站对餐厅利润带来的影响，发现正面的评价对独立餐馆销售额有积极的刺激作用（对于连锁餐厅则不然）。因此，连锁餐厅在较喜欢使用 Yelp 的顾客群中的人气呈下降趋势。参见：Michael Luca, "Reviews, Reputation, and Revenue: The Case of Yelp.com" (Harvard Business School Working Paper, September 2011)。

15. PigeonRank 这款软件利用"鸽子群"（简称 PC）来计算网页的相对价值。这款短命的软件于 2002 年 4 月 1 日早晨推出，当日午夜就"天折"了。

16. Quoted in George Anders, "Jeff Bezos's Top 10 Leadership Lessons" (*Forbes*, April 23, 2012).

17. Peter F. Drucker, *Landmarks of Tomorrow* (Harper, 1959).

18. Arthur Schopenhauer, *Essays and Aphorisms* (Penguin, 1970).

19. 2010 年，99 岁高龄的伍登教练离世。他生前曾指导加州大学洛杉矶分校男子篮球队获得 10 次冠军。然而，他整整付出了 15 年的努力，才让他的篮球队获得了第一次冠军。因此，他对学习是有发言权的。参见：John Wooden and Steve Jamison, *Wooden on Leadership* (McGraw-Hill, 2005), page 34。译文采用了韦启昌翻译的《叔本华思想随笔》（上海人民出版社，2005 年）中的相应译文。

20. Peter F. Drucker, *The Essential Drucker* (HarperBusiness, 2011), pages 312–13. 彼得·德鲁克在书中写道："管理这门行当由来已久。世界上最伟大的管理者，其实是 4 700 多年前甚至更早之前设计和建造金字塔的埃及人。他们在前无古人的条件下构想出金字塔的蓝图，并且在最短时间内完成了任务。"

21. 使用谷歌搜索时，所得的结果有两种：一种是自然的，一种是付费的。自然搜索是谷歌搜索引擎不加人工干预匹配出的搜索结果，而付费搜索的顺序则使用关键词广告引擎来排列。

22. 在表达这一理念的学术论文中，最重要的文献之一来自企业心理学家本杰明·施奈德在 1987 年于一本期刊中发表的论文，题为《企业由人选就》（《个人心理期刊》，1987 年 9 月）。在这篇影响广泛的论文中，施奈德提出了吸引—挑选—摩擦模型（ASA 模型），探讨了企业文化是如何受个体的个性和选择而形成的。"吸引"意即，找工作者比较倾向于进入他们觉得适合自己的企业；"挑选"是说，一家企业的在职员工比较容易雇用和自己相类似的新人；同理，"摩擦"这个过程也并不是随机的，因为员工选择离开的一般都是自己觉得不合适的企业。随着"吸引—挑选—摩擦"的过程不断重复，一家企业的组成个体也就变得越来越相似。

23. Susan Reynolds, *Prescription for Lasting Success* (John Wiley and Sons, 2012), page 51.

24. 帕卡德于 1960 年 3 月 8 日发表的演讲全文，参见：*The HP Way: How Bill Hewlett and I Built Our Company (HarperCollins,* 2005)。

25. 最早提出有关理念的，或许要数社会学家埃米尔·涂尔干。他认为，文化通过人们共有的信念、价值观和常规准则来塑造社会成员的思想和行为。当代社会科学家们通过对照实验表明，即便在意识不到的情况下，我们在日常生活中做出的抉择也受文化（比如日本人与美国人相比，工人阶级与专业人士相比）的影响。其中最有名的实验者，要数社会心理学家哈泽尔·马库斯。参见：Hazel Rose Markus and Alana Conner, *Clash!: 8 Cultural Conflicts That Make Us Who We Are* (Hudson Street Press/Penguin, 2013)。

26. Jack Welch with Suzy Welch, *Winning* (HarperCollins, 2005), page 69.

27. 在这里，要向我们著名的"创意精英"帕克致歉。

28. 2007 年，小盆地露营地被惠普出售给非营利组织"常青树基金会"以及"半岛露天场地信托会"，此后又被转售给了加州州立公园管理部。现在，这块土地成为加州大盆地红木公园的一部分，公园向公众开放。 参见：Paul Rogers, "Former Hewlett Packard Retreat Added to Big Basin Redwoods State Park" (*San*

Jose Mercury News, January 14, 2011）。

29. 在谷歌聘请厨师几十年前，比尔·休利特和大卫·帕卡德就似乎明白了免费食物对于员工和消费者的吸引力。惠普的职员约翰·明克回忆道："甜甜圈和托盘摆放在加热装置上，这装置使用的是可调式变压器，这样就不会把食物烤焦。茶歇全都是由公司安排组织的，用来吸引那些参观园区的消费者。"引自：Michael Malone, *Bill & Dave: How Hewlett and Packard Built the World's Greatest Company* (Portfolio/Penguin, 2007), page 130。

30. 这些都是项目管理中虽然非常有用但烦冗得让人抓狂的工具。

31. *Xooglers* blog, April 9, 2011, http://xooglers.blogspot.com/2011/04/photo-of-pre-plex .html.

32. Randy Pausch, Last Lecture (Hyperion, 2008), page 30.

33. 一项 2003 年的研究表明："当学习小组的其他成员为我们的实验对象留出发扬个性的空间并对实验对象的个人观点予以肯定时，实验对象表现出的创造力是最强的。"（我们也只是凭猜想推断这项研究与我们的观点相符，因为这项研究的用词太生涩，让人难以信服。）2013 年的一项研究表明，凌乱的办公桌对创造力有促进作用："井井有条的环境容易让人的思想偏向传统守旧，而混乱无序的环境则会刺激人们对未知的探求欲望。"2003 study: William B. Swann Jr., Virginia S. Y. Kwan, Jeffrey T. Polzer, and Laurie P. Milton, "Fostering Group Identification and Creativity in Diverse Groups: The Role of Individuation and Self-Verification" (*Personality and Social Psychology Bulletin*, November 2003). 2013 study: Kathleen D. Vohs, Joseph P. Redden, and Ryan Rahinel, "Physical Order Produces Healthy Choices, Generosity, and Conventionality, Whereas Disorder Produces Creativity (*Psychological Science*, September 2013)。

34. Jon Gertner, "True Innovation" (*New York Times*, February 25, 2012).

35. 谷歌利用这项广告服务为众多网站发布商投放对口广告。

36. 网景公司的前高级副总裁鲍勃·里斯邦在与他的老板吉姆·巴克斯代尔谈话开会时，把他的诙谐妙语记了下来，编辑成清单，列在他的个人网站上。参见：lisbonne.com/jb.html。

37. 这句话是肖娜·布朗在麦肯锡公司就职时学到的，后来又传到了我们的耳朵里。麦肯锡公司的网站上说得很清楚："如果对公司事务有疑义，或是觉得某件事没有将客户的利益最大化，所有的麦肯锡顾问都有提出质疑的义务。每个人的观点都很重要。即便你有所顾虑，不愿对团队资深成员或客户的观点提出反对意见，我们仍要求你把自己的想法说出来。"

38. 科普一下吧。这个拿"for 循环"语句来比喻商界中周而复始的重组活动的笑话，是本书的作者之一、经济学学士乔纳森·罗森伯格想出来的，在计算机科学圈子里广为流传。

39. 在这里，我们暗指 1925 年夏天斯科普斯"猴子审判"一案。有的读者可能因为在美国历史课上打瞌睡而漏听了这件事，有的读者可能不是美国人，那我们就来科普一下。当时，中学教师约翰·斯科普斯因在学校讲授进化论而触犯了田纳西州的法律，作为辩护律师的丹诺辩论说，《圣经》中创造世界的 7 天中每天或许并不止 24 小时，也许是很长一段时间，因此，进化论与《圣经》的教义并不冲突。

40. Richard L. Brandt, "Birth of a Salesman" (*Wall Street Journal*, October 15, 2011).

41. 正确答案有几种版本。你可以指着一条岔路，随便问其中一个人："如果我问你'这条路是自由之路吗？'，你会回答'是'吗？"如果答案是肯定的，那么这条路便是自由之路，如果是否定的，则是死亡之路。你也可以问其中任何一个人："如果我问另一个人该怎么走，他会怎么回答？"然后，反其道而行就可以了。或者，你也可以像一些美国总统一样，直接把这座岛攻占下来就万事大吉了。

42. 还记得著名的恶棍埃古吗？他警告我们的创意精英奥赛罗说："主帅啊，当心你会嫉妒，那可是一只绿眼的妖魔，它惯于耍弄爪下的猎物。"Shakespeare,

William。

43. 这些海象可不是闹着玩儿的："这样的撕咬有时会导致重创。如果小海象在逃跑过程中发出哀号声，四周的雌海象便会被吸引而来，一齐追赶撕咬逃跑的小海象。最终，想要偷奶喝的小海象往往会被逐出雌海象群。" 参见：Joanne Reiter, Nell Lee Stinson, and Burney J. Le Boeuf, "Northern Elephant Seal Development: The Transition from Weaning to Nutritional Independence" (*Behavioral Ecology and Sociobiology*, Volume 3, August 1978), pages 337–67。

44. 心理学中最引人关注的一个发现，也是在人类实际体验中很常见的一种现象，借用一本著名刊物的说法，就是："恶比善的力量大。"在一家企业中，只需几个坏苹果就能让一桶苹果腐烂变质。参见：Roy F. Baumeister, EllenBratslavsky, Catrin Finkenauer, and Kathleen D. Vohs, "Bad Is Stronger Than Good" (*Review of General Psychology*, Volume 5, Issue 4, December 2001). For the bad-apple effect in organizations, see Will Felps, Terence R. Mitchell, and Eliza Byington, "How,When, and Why Bad Apples Spoil the Barrel: Negative Group Members and Dysfunctional Groups" (*Research in Organizational Behavior*, Volume 27, January 2006)。

45. Marissa Mayer, "How to Avoid Burnout" (*Bloomberg Businessweek*, April 12, 2012).

46. 毫无疑问，工作负担过重的确会让人疲惫。原因显而易见：人的时间和精力都是有限的。但是，有关研究显示，缺少控制权也是造成疲劳的一大原因。（其他原因包括回报不足、团队不和、不平等以及价值观的冲突。）心理学家克里斯蒂娜·马勒斯是有关疲惫方面的著名研究者，她认为，疲惫是个人与工作之间不协调的表现，并敦促企业营造出更加人性化的工作环境。参见：Christina Maslach and Michael P. Leiter, *The Truth About Burnout: How Organizations Cause Personal Stress and What to Do About It* (Jossey-Bass,1997)。

47. Steve Friess, "In Recession, Optimistic College Graduates Turn Down Jobs" (*New

York Times, July 24, 2009).

48. 在加入谷歌之前，科林是 reCATPCHA 的创始人之一，这家公司推出的应用程序可以通过验证码帮助网站识别用户是人类还是机器，就是那些我们人人都见过的带有扭曲字符、需要你在对话框里填写对应答案的东西。但要说到科林最大的成就，还要数 Memegen。

49. 谷歌宣称会在 2014 年将摩托罗拉转售给联想公司。

50. 这句话的原版来自拉尔夫·沃尔多·爱默生，原句是："一种制度就是一个人身影的延长。"参见：Ralph Waldo Emerson, *Self-Reliance and Other Essays* (Dover Thrift Editions, 1993), page 26。

51. Louis V. Gerstner Jr., *Who Says Elephants Can't Dance?: Inside IBM's Historic Turnaround* (HarperBusiness, 2002), page 183.

52. Ibid., pages 184–85.

53. David Magee, *How Toyota Became #1: Leadership Lessons from the World's Greatest Car Company* (Portfolio/Penguin, 2007).

54. 莱斯对"实现失败"的定义是，成功地按照存在致命缺陷、无法成功的计划行事。参见：Eric Ries, *The Lean Startup* (Crown Business/Random House, 2011), pages 22, 38。

55. 或者说，我们所学的基本原理本来就不正确。比如，1974 年，彼得·德鲁克曾写道，"现在，10 年时间算是一个较短的时间跨度"，意指重大的管理决策需要经过数年时间才能真正发挥效力。但他很快又解释说，人们对所谓长期计划的认识往往存在误解："'长期'与'短期'并不是依照任何时间跨度来衡量的。我们不能因为某个决策的实施时间仅为几个月，就判定这个决策是短期决策。真正重要的标准，其实要看这个决策的有效时间是长还是短。假定我们在20 世纪 70 年代做出决定，要在 1985 年将某个决策付诸实践，那么这个决策就不能算作长期战略决策，而只是懒惰的借口罢了。其可信度就好像一个 8 岁的孩子当消防员的梦想一样遥不可及。"参见：Peter F. Drucker, *Management:*

Tasks, Responsibilities, Practices (Harper & Row, 1974)。

56. 这句话是乔纳森之前在苹果公司时的上司詹姆斯·艾萨克斯说的，出自他对自己最看好的员工（也许我们只是一厢情愿）——乔纳森·罗森博格的评语。

57. 乔纳森将玛丽莎、萨拉尔和苏珊称作"骆驼队"，因为她们三人总有自己的想法，不愿对他言听计从。最终，这个称号变成了乔纳森对这支团队的爱称。

58. 这就是谷歌的网页排名计算法，即谷歌搜索引擎的理论基础。其英文名 PageRank，是用拉里·佩奇的姓（Page）来命名的。 参见：Lawrence Page, Sergey Brin, Rajeev Motwani, and Terry Winograd, "The PageRank Citation Ranking: Bringing Order to the Web" (Stanford InfoLab Technical Report, 1999)。

59. 刚刚步入 21 世纪时，谷歌有一家名叫 Overture 的竞争企业。这家公司最先以"竞价排名"的方式对广告进行排序，而其中的弊病在于，公司不会以广告质量的高低对广告商进行相应的奖罚。因此，广告商开始有意将自己的广告与完全不沾边的用户搜索词条放在一起（比如，在搜索餐厅的时候，用户会看到汽车的广告）。由于用户很少会点开这些广告链接，因此广告商不必付费，但由于用户仍能看到广告的标题和内容，广告商也就免费混了个"脸熟"。随着投机广告商的增多，广告质量日趋下降。而谷歌对广告的排序方法则完全避免了这种恶行（因为低质量广告不会在页面上显示），也就提升了广告质量，增加了点击量。

60. 经济学家迈克尔·波特是哈佛商学院教授，也是摩立特咨询公司（Monitor）的创始人，他在企业战略与企业、地区及国家竞争力方面的理论有着广泛影响。在经典著作《竞争战略：产业及竞争者分析技巧》（Free Press，1980）中，波特列出了决定企业竞争力和利润的五大因素。他接下来的一本著作同样引起了广泛影响，在这本叫作《竞争优势》（Free Press，1985）的著作中，波特指出了在竞争中占取优势所需的条件。他认为，这种优势是通过成本优势、差异化或专注于利基市场而得来的。

61. 摩尔定律是英特尔创始人之一戈登·摩尔的预言。他预测，芯片上可容纳的晶体管数目（也就是计算机的性能）每隔两年就会增加一倍。（在摩尔1965年发表的论文中，他原本预测计算机性能每过一年就会提升一倍，之后他又改为两年翻一倍这个比较保守的速度。）参见：Gordon E. Moore, "Cramming More Components onto Integrated Circuits" (*Electronics*, April 19, 1965), pages 114–17. 时至今日，这个预言依然适用。然而，鉴于芯片的制造技术或经济效益的发展，摩尔定律总会遭遇失效的一日。参见：Karl Rupp and Siegfried Selberherr, "The Economic Limit to Moore's Law" (*Proceedings of the IEEE*, March 2010), and Rick Merritt, "Moore's Law Dead by 2022, Expert Says" (*EE Times*, August 27, 2013)。

62. 应用程序编程接口，即API，应用程序可通过API使操作系统执行程序的命令。

63. 新科技问世时一般都处于非常原始的状态，这个洞见来自乔纳森的父亲、著名经济历史学家内森·罗森伯格。参见：Nathan Rosenberg, *Perspectives on Technology* (Cambridge University Press, 1976)。

64. 福特的这句话有可能只是虚构出来的，但我们两个人很喜欢。在福特的著作《我的生活与工作》中，只字未提有关快马的事。他写道，在他造出汽车之前，"无马驾驶的马车"的构想已被人们讨论了数年之久。1885年，卡尔·本茨发明了世界上第一辆装有汽油机的三轮汽车。福特对这辆车评价不高，认为这辆车"没什么有价值的功能"。因此，亨利·福特也许并没有寻找一匹更快的马，而是想要造出一辆更快的奔驰。

65. 什么是多边市场？多边市场是指一个联系两个或多个不同使用者组群并让他们为彼此提供有利服务的场所。报纸（将读者与广告商联系在一起）以及信用卡（联结消费者和商户）都是很好的例子。如果想对平台和多边市场有更详细的了解，请见 Thomas Eisenmann, Geoffrey Parker, and Marshall W. Van Alstyne, "Strategies for Two-Sided Markets" (*Harvard Business Review*, October 2006)。

66. Jessi Hempel, "How Facebook Is Taking Over Our Lives" (*Fortune*, February 17, 2009).

67. Helen A. S. Popkin, "Facebook Hits One Billion Users" (*NBCNews.com*, October 4, 2012).

68. "Mobile Makeover" infographic (*MIT Technology Review*, October 22, 2013).

69. Ronald Coase, "The Nature of the Firm" (*Economica*, November 1937).

70. Don Tapscott and Anthony D. Williams, *Wikinomics: How Mass Collaboration Changes Everything* (Portfolio/Penguin, 2006), page 56.

71. 内森·罗森伯格指出，这些企业对推动既有科技的创新使用方法起到了重要的推动作用。他提出，创新就是"以新的方式将层出不穷的新发明组合起来"，全新产业往往就是这样催生的。

72. 吉姆·柯林斯参考哲学家以赛亚·柏林一篇论文中的观点，将专业主义称为"刺猬理论"。（柏林本人其实是在阐释古希腊诗人阿尔奇洛克斯"狐狸的知识杂而广博，但刺猬只知道一件大事"的暗喻。）柯林斯发现，在其著作《从优秀到卓越》所分析的企业中，卓越的企业都是刺猬型企业。学术界则对柯林斯将刺猬理论作为成功关键的结论存在异议，他们觉得，专业主义是一个危险的策略，既可能为企业带来巨大的利益，也可能将企业拖入深渊。例如，参见：Phil Rosenzweig, *The Halo Effect* (Free Press/Simon & Schuster, 2007)。尽管我们也不知道刺猬所知的"一件大事"到底是什么，但我们仍然很欣赏"刺猬理论"。

73. 1999 年，谷歌与网景公司首次订立合作关系。这次合作吸引了大批用户蜂拥而至，以致第一次开通链接时，为了确保网景用户的正常使用，我们不得不暂时封锁了自家网站 Google.com 的服务。据我们的同事克雷格·西尔弗斯坦陈，当时关闭谷歌主页的计算机编码仍然存储在谷歌的程序中，因加了指令"#ifdef MAKE_GOOGLE_UNAVAILABLE_BECAUSE_DISASTERS_ARE_HAPPENING"（即出大事了，暂停谷歌）而处于休眠状态。

74. 拉里和谢尔盖当时并不知道，自己的做法其实倡导了迈克尔·波特的一个重要理论。波特认为："想要取得中等以上的业绩，选择一组精专产品进行专攻不失为一种有效的措施……利用专业人士对某一产品领域的独特经验和构想，或许还能为消费者带来更为与众不同的产品。"Michael Porter, *Competitive Strategy: Techniques for Analyzing Industries and Competitors* (Free Press, 1980), pages 208–9.

75. 温特被公认为互联网创始人之一，也是创意精英的典范，他现在是谷歌的首席互联网传道者（Chief Internet Evangelist）。

76. Phil Lapsley, *Exploding the Phone: The Untold Story of the Teenagers and Outlaws Who Hacked Ma Bell* (Grove/Atlantic, 2013), pages 298–99.

77. James M. Utterback, *Mastering the Dynamics of Innovation* (Harvard Business School Press, 1994) page 15.

78. 与此相反，1984 年苹果推出的麦金塔电脑使用的却是封闭式系统。比尔·盖茨曾在 1985 年向当时的苹果首席执行官约翰·斯卡利发函说："如果我们把对口电脑制造商的投入包括在内，IBM 的电脑构造让它能享受到的技术资源或许是麦金塔的 100 倍。"参见：Jim Carlton, "They Coulda Been a Contender" (*Wired*, November 1997)。

79. 经济学家亨利·切萨布鲁夫可谓"开放式创新"领域的领头人，著有 *Open Innovation: The New Imperative for Creating and Profiting from Technology* (Harvard Business School Press, 2003), and *Open Business Models: How to Thrive in the New Innovation Landscape* (Harvard Business School Press, 2006)。

80. 埃里克本人就是可汗学院董事会的成员之一。

81. Karim Lakhani and Jill A. Panetta, "The Principles of Distributed Innovation" (*Innovations*, Volume 2, Number 3, Summer 2007).

82. Steve Lohr,"Netflix Awards $1 Million Prize and Starts a New Contest" (*Bits* blog, *New York Times*, September 21, 2009).

83. 就连小型企业和企业孵化器也可以采用开放模式。企业孵化器 Y Combinator 为有前途的初创公司提供资金，并免费为企业印刷条款书及其他法律文件。而这些文件，则被 Y Combinator 资助的企业用于从天使投资人那里筹资。据称，之所以将这些文件公之于众，是为了帮助投资与融资双方节省时间和精力（以及相关费用）。参见：Michael Arrington, "Y Combinator To Offer Standardized Funding Legal Docs" (*TechCrunch*, August 13, 2008), and "Series AA Equity Financing Documents" (ycombinator.com/seriesaa)。

84. Steven Levy, "Google's Larry Page on Why Moon Shots Matter" (*Wired.com*, January 17, 2013).

85. Miguel Helft, "Larry Page on Google" (*Fortune*, December 11, 2012).

86. Friedrich Nietzsche, edited and translated by Stanley Appelbaum, *Thus Spake Zarathustra (Selections)* (Dover Publications, 2004).

87. 乔纳森寄给太太一束玫瑰和一道智力题，玫瑰花用来激起她对这个从未谋面的男人的好奇心，智力题是用来测试她到底是否聪明。结果证明，她的智商虽然无可置疑，但还是"一时失策"答应了乔纳森的邀约。

88. 2000 年 2 月，乔纳森收到了谷歌的就职邀请，但他竟然出于种种原因把机会推掉了。两年后，埃里克又向乔纳森发了一次邀请，他终于在 2002 年 2 月接受了这份工作。

89. 还记得吸引—挑选—摩擦模式吗？参见：Benjamin Schneider, "The People Make the Place" (*Personnel Psychology,* September 1987)。该模式的第一点是指：优秀人才能够吸引更多的优秀人才，并通过这个良性循环创造卓越的企业文化。

90. 还在斯坦福学习的时候，玛丽莎·迈耶在计算机科学楼里的一张招聘宣传告示上第一次看到了这句话。这句话引起了她的兴趣，于是她便把这句话介绍到了谷歌。

91. Sky Map 在谷歌研发，并于 2009 年推出。软件源代码于 2012 年向公众开放。

92. Quoted in "IT Growth and Global Change: A Conversation with Ray Kurzweil" (*McKinsey Quarterly*, January 2011).

93. 就像大多数归于福特的名言警句一样，这句话我们也不能确定就是他本人说的。

94. 至少这是她在与非学术人士讨论时用到的词。（她在研究中使用的说法是：这种人对智力、个性以及其他积极特质拥有所谓的"能力发展观"。）如果想看她面对非心理学专业读者所写的著作，请见 Carol S. Dweck, *Mindset: The New Psychology of Success* (Random House, 2006)。

95. Elaine S. Elliott and Carol S. Dweck, "Goals: An Approach to Motivation and Achievement" (*Journal of Personality and Social Psychology*, Volume 54, Number 1, January 1998), pages 5-12.

96. 对于不同思维模式对儿童的动机和实际学习效果的影响，德韦克做了开创性的阐释。参见：Carol S. Dweck, "Motivational Processes Affecting Learning" (*American Psychologist*, Volume 41, Number 10, October 1986)。好学的动物还带有一种由激情和坚持相结合的特质，心理学家称之为"韧性"。心理学家安吉拉·杜克沃斯与同事发现，越有"韧性"的人，在挫折和诱惑面前越能够做到坚持不懈。因此，在面对大学毕业、在全国拼字比赛名列前茅以及成功通过西点军校的"魔鬼训练营"等长远目标时，这些人就比较容易成功。参见: Angela L. Duckworth, Christopher Peterson, Michael D. Matthews, and Dennis R. Kelly, "Grit: Perseverance and Passion for Long-Term Goals" (*Journal of Personality and Social Psychology*, Volume 92, Number 6, June 2007)。

97. Letter to his biographer, Carl Seelig, March 11, 1952, Einstein Archives 39-013 from *The Expanded Quotable Einstein* (Princeton, 2000)。

98. 也许可以考虑让他们先重新学习一些得体的表达方式。

99. 这句话，是 2011 年 4 月 20 日蒂娜·菲在谷歌接受埃里克的现场访问时说的。

100. 我们在这里就不提《星际迷航》里的博格人了，毕竟，他们遵从的同化异族理念对种族多样性没什么好处。

101. 学者们真的尝试过寻找多样性的具体价值。举例来说，在针对一家营利性企业进行的研究中，学者塞德里克·赫林发现，员工种族的多样性与企业的销售利润、消费者数量、市场占有率以及相关利润成正比。他还发现，员工性别多样性与以上企业财务业绩之间也存在着一些联系。参见: Cedric Herring, "Does Diversity Pay?: Race, Gender, and the Business Case for Diversity" (*American Sociological Review*, Volume 74, Number 2, April 2009)。然而，另有其他学者指出，多样性会造成同事之间的冲突，但依我们的经验来看，冲突是件好事，因为冲突往往会碰撞出更为周全的决策。

102. 这句话说起来容易做起来难。正因如此，谷歌才会努力训练员工认识到自己潜意识中的偏见。如果想要深入了解人类潜意识的倾向和癖好，请见 Anthony G. Greenwald and Mahzarin R. Banaji, "Implicit Social Cognition: Attitudes, Self-Esteem, and Stereotypes" (*Psychological Review*, Volume 102, Number 1, January 1995)。

103. Java、C、Python 以及 Go 皆为计算机编程语言。

104. Tracy Kidder, *The Soul of a New Machine* (Little, Brown, 1981), page 59.

105. Somini Sengupta, Nicole Perlroth, and Jenna Wortham, "Behind Instagram's Success, Networking the Old Way" (*New York Times*, April 13, 2012).

106. 第一次称量时，从硬币中拿出 4 枚，然后把剩下的 8 枚平分成两组，放在天平两端。如果这两组硬币的重量相等，那么假币必定就在第三组中，也就是你放在一旁的那一组。在这种情况下，从你刚称过的 8 枚硬币中拿出两枚，然后从未称的一组中也拿出两枚，如果这次天平两端平衡，那么假币就必定在未称过的两枚硬币之中。如果天平两端重量不等，那么假币就必定在第二次称的两枚硬币中。第三次称量时，从那组有假币的"坏"硬币中拿一枚放在天平一端，再从作为控制组的"好"硬币中拿出一枚放在另一端。如果两端重量相当，那么假币就是桌上的那一枚，如果重量不等，那么假币就在天平上。

以上是比较简单的一种情景。如果第一次称量时天平两端不平衡，你能自己想出识别的方法吗？

我们之所以喜欢这种谜题，原因有两个。首先，无论应答者是否能得出正确答案，这种问题都可以让面试官看出此人是否具备解构复杂问题的能力。另外，你还可以看出应答者在解题时是否乐在其中。

107. 经济学家通常会用所谓的"锦标赛理论"来解释这一现象。这个理论的基础源自许多运动场地在设计上都鼓励参赛者经过漫长的赛跑去争夺最高的排名，而排名最高的获胜者相应也会得到巨额的奖金。The original theory is laid out by economists Edward Lazear and Sherwin Rosen, in "Rank-Order Tournaments as Optimum Labor Contracts" (*Journal of Political Economy*, Volume 89, Number 5, October 1981).

108. 在平均主义薪酬分配制度下，对工作的贡献参差不齐的员工拿到的薪酬却大同小异。在我们两位作者以及经济学家们看来，这种制度着实令人费解。如此缺乏延展性的薪酬级别划分，不正是在鼓励好逸恶劳的行为而打击了高效员工的积极性吗？ For an academic discussion of this question, see George P. Baker, Michael C. Jensen, and Kevin J. Murphy, "Compensation and Incentives: Practice vs. Theory" (*Journal of Finance*, July 1988). 有一种解释认为，过于多样的薪酬不仅不利于鼓舞团队的士气，也会造成团队效率的降低。例如，参见：David I. Levine, "Cohesiveness, Productivity, and Wage Dispersion" (*Journal of Economic Behavior and Organization*, Volume 15, Number 2, March 1991)。但我们认为，这个妥协是值得去做的：从我们个人的经验来看，高效员工的高绩效带来的优势，要比大家因所谓的不公平对待而起的不满造成的弊端更大。多数人都会为同事们的成绩而感到高兴，同时也会鞭策自己努力做出成绩，赢取类似的高薪。

109. Reid Hoffman, Ben Casnocha, and Chris Yeh, "Tours of Duty: The New Employer-Employee Compact" (*Harvard Business Review*, June 2013).

110. Evelyn Rusli, "A King of Connections Is Tech's Go-To Guy" (*New York Times*,

November 5, 2011).

111. Tom Lehrer, "We Will All Go Together When We Go," An Evening Wasted with Tom Lehrer (Marathon Media, 2010).

112. Yogi Berra, The Yogi Book: I Really Didn't Say Everything I Said! (Workman Publishing, 1998), page 102.

113. Sheryl Sandberg, Barnard College Commencement, May 17, 2011.

114. 2005 年，谷歌在中国开设了第一家工程中心。

115. 这种做法是有先例的：1998 年，美国颁布了《数字千年版权法案》。此法案规定，版权所有者可将侵害自己版权的内容举报给相关网站（在这里，也就指 YouTube、Blogger 以及谷歌旗下的其他网站）。如果由于政府限令谷歌移除了网站上的某些内容，那么我们会尽量告知用户。

116. 我们并没有诋毁会计的意思，他们计算预估收入和税息折旧及摊销前利润（也就是未记利息、税项、折旧以及摊销之前的利润）是天经地义的。

117. Roman Friedrich, Matthew Le Merle, Alex Koster, and Michael Peterson, "The Next Wave of Digitization: Setting Your Direction, Building Your Capabilities" (Booz and Company, June 28, 2011).

118. Dave Evans, "The Internet of Things" (Cisco Internet Business Solutions Group, April 2011).

119. 很显然，这句话在杜威在世时已经流传颇广了。参见：Larry A. Hickman, The Essential Dewey, Volume 2: Ethics, Logic, Psychology (Indiana University Press, 1998), page 173。

120. 这句话是沃尔芬格在 1969 年或 1970 年于斯坦福大学教学时说的。当时，一位学生将一句有事实根据的真实言论当作道听途说的逸闻，沃尔格芬就是针对那这句话与其进行辩论的。参见：Nelson W. Polsby, "Where Do You Get Your Ideas?" (PS: Political Science and Politics, Volume 26, Number 1, March 1993)。

121. Edward Tufte, "PowerPoint Is Evil" (*Wired*, September 2003).

122. 巴斯特·波西曾担任旧金山巨人队的捕手，并于 2012 年获得美国职业棒球大联盟最有价值球员奖。

123. 虽然许多人都将这句话归为巴顿将军的名言，我们却没找到能证明这句话出自他口的直接证据。在他的回忆录《我所知道的战争》以及他对第三集团军的著名演讲中，都不见这句话的踪影。但是既然互联网是这么说的，那就暂且当真吧（当然，这是句玩笑话）。

124. 参见：Kathleen M. Eisenhardt, Jean L. Kahwajy, and L. J. Bourgeois III, "How Management Teams Can Have a Good Fight" (*Harvard Business Review*, July–August 1997)。这些研究制定团队决策的企业高管的人写道："一些管理者认为，手边的信息越多，争辩的问题就越多，因而会导致人与人之间的矛盾增多。但我们觉得，如果你拥有最新的客观信息，那么信息充足其实是件好事。因为这样一来，大家就会对事不对人……越是依据事实，人与人之间的冲突也就越少，这二者是有直接联系的。"

125. Arie W. Kruglanski and Donna M. Webster, "Group Members' Reactions to Opinion Deviates and Conformists at Varying Degrees of Proximity to Decision Deadline and of Environmental Noise" (*Journal of Personality and Social Psychology*, Volume 61, Number 2, August 1991).

126. John Wooden and Steve Jamison, *Wooden on Leadership* (McGraw-Hill, 2005), page 2.

127. 仅仅靠确定最后期限，你就可以帮助团队找准节奏、及时做出决策。参见：Connie J. G. Gersick, "Marking Time: Predictable Transitions in Task Groups" (*Academy of Management Journal*, June 1989)。另外，长期研究高科技公司决策方式的凯瑟琳·埃森哈特发现，那些能够快速制定决策的管理团队所参考的信息和选项竟然比其他团队更多。参见：Kathleen M. Eisenhardt, "Making Fast Strategic Decisions in High-Velocity Environments" (*Academy of*

Management Journal, Volume 32, Number 3, September 1989).

128. Thomas J. Peters and Robert H. Waterman Jr., *In Search of Excellence: Lessons from America's Best-Run Companies* (Harper & Row, 1982).

129. 这所学院的官方名称应是"斯坦福大学设计研究院"。

130. Ingo Rauth, Eva Koppen, Birgit Jobst, and Christoph Meinel, "Design Thinking: An Educational Model Towards Creative Confidence" (*Proceedings of the 1st International Conference on Design Creativity*, 2010).

131. 如果罚点球的球员在踢球瞬间推断行动派守门员可能会往球门的一侧扑球，那么便会把球往中间踢，而这种球也比较容易破门。参见：Michael Bar-Eli, Ofer H. Azar, Ilana Ritov, Yael Keidar-Levin, and Galit Schein, "Action Bias Among Elite Soccer Goalkeepers: The Case of Penalty Kicks" (*Journal of Economic Psychology*, October 2007)。有关此例中行动偏差与投资决策中的行动偏差之间相似性的讨论，请见 Carl Richards, "In Soccer and Investing, Bias Is Toward Action" (*Bucks* blog, *New York Times*, May 13, 2013)。

132. 在 2013 年的一次会议上发言时，斯卡利谈到当时解雇乔布斯的决定："比尔·盖茨和史蒂夫·乔布斯等人在企业起步时期所采用的领导方式，与试图在行业中立足的上市公司的领导人的方式有所不同。对于后者而言，犯错误是不可接受的，因为一旦失败，你就出局了。但当时我的资历尚浅，无法揣摩出这两种领导方式的不同……我觉得，事情的结局本可以是另一番情景。"

133. 这个法则的提出其实要感谢亚里士多德，他对于理性诉求（即论点）、人品诉求（即性格）以及情感诉求（即感情）三种手段的讨论，影响了无数政客、商人和律师。参见：translation by George A. Kennedy, *On Rhetoric: A Theory of Civic Discourse* (Oxford University Press, 1991), pages 37–38。奥普拉·温弗瑞在电视露面以及每次演讲中，都将这一法则运用得淋漓尽致。她说过："你讲的故事必须让人有所感触，只有调动起人们的感情，他们才会有所行动。"参见："Oprah Winfrey Talks to Dan Pink, Part 2" (YouTube.com/

watch?v=kRfT8ujRfOA)。

134. 这句话的确出自《圣经·箴言》第 25 章 25 节："有好消息从远方来，就似 拿 凉 水 给 口 渴 的 人 喝。"参见：*The Holy Bible: King James Version,* Quatercentenary edition (Oxford University Press, 2010), page 38。

135. James O'Toole and Warren Bennis, "What's Needed Next: A Culture of Candor" (Harvard Business Review, June 2009).

136. Michael Parks, "Soviets Free the Dreaded Photocopier" (*Los Angeles Times,* October 5, 1989).

137. Bill Gates, "Bill Gates' New Rules" (*TIME*, April 19, 1999).

138. 泄密事件并不是没有出现过，但据我们所知，这些信息并非从 TGIF 大会上盗取的。我们在查处泄密者上绝不儿戏，成功率也很高。一般而言，泄密事件都是合作伙伴的所作所为。但一旦发现谷歌人泄密，我们定会予以开除。

139. 引自：John Markoff, "A Fight to Win the Future: Computers vs. Humans"(*New York Times*, February 14, 2011)。布朗说这句话，是因为他觉得 IBM 的人工智能电脑人沃森在《危险边缘》智力比赛中与人类选手一争高下的事情没什么大不了的，但其实，这个智力比赛的目的就是要让参赛选手提问题！够讽刺的吧？

140. 红绿牌子的构思来自电影《实习大叔》。电影上映之后，我们把这个创意引入了 TGIF 大会之中。结果，这个构思大受欢迎，这项传统持续了大约一年的时间。之后，这项传统被升级为数字版本，这样一来，那些远程观看 TGIF 大会的人也可以发表自己或红或绿的意见了。

141. 我们特地从这篇"使用说明书"里挑了一些我们最喜欢的词句和大家分享："我不是在美国长大的，所以在谈话时我会比其他人更直接一些……为了阐明观点，我可能有些夸大，因为在总结观点时，黑白分明要比模棱两可的效果更好……如果你不同意我的观点，请你务必要告诉我，我绝不会因为你提意见而怪罪你……如果你觉得我总在打压你，给你的反馈全都是负面的，那么请记住：这十有八九不是我有意而为。"

142. Jon Gertner,"True Innovation"(*New York Times*, February 25, 2012). 格特纳曾就贝尔实验室的创新写了一本书。参见：Jon Gertner, *The Idea Factory: Bell Labs and the Great Age of American Innovation* (Penguin, 2012)。

143. 乔纳森常常向妻子灌输这个理念，但妻子只听他说过 4 遍就让他闭嘴了。

144. "Was Moore's Law Inevitable?"(*The Technium*, July 2009), retrieved from http://www.kk.org/thetechnium/archives/2009/07/was_moores_law.php.

145. 这 句 话 经 常 被 引 用。Dennis McLellan,"Elmore Leonard, Master of the Hard-Boiled Crime Novel, Dies at 87"(*Los Angeles Times*, August 20, 2013).

146. 人们通常会将这种做法简写成 NIFO（noses in，fingers out）。首先提出这一说法的，是美国全国公司董事协会的创始人兼前主席约翰 · M · 纳什。这个说法的意思是，董事会应当扮演积极监督的角色，但不应插手企业具体事宜。参见："A Leader Ahead of His Time: NACD Founder John Nash" (*NACD Directorship*, May 15, 2013)。

147. 在谷歌，负责董事会准备事宜的产品经理中有许多人都在谷歌有很好的发展，这个现象并非巧合。举例来说，曾担任乔纳森团队管理工作数年的桑达尔 · 皮查伊，现在担任谷歌首席执行官。曾与桑达尔共同负责董事会会议幻灯片准备工作的凯萨 · 森谷普塔，现在帮桑达尔管理谷歌 Chromebook（网络笔记本）团队。

148. 参见：Henry Kissinger, *White House Years* (Little, Brown, 1979), page 192。

149. 外交术语中将这种方法叫作"双层博弈"。参见：Robert D. Putnam, "Diplomacy and Domestic Politics: The Logic of Two-Level Games" (*International Organization*, Volume 42, Number 3, Summer 1988)。

150. 引自 "The 25 Coolest Athletes of All Time" (*GQ*, February 2011)。

151. 这家店的店主、主厨查理 · 艾尔斯也是谷歌的第一任大厨（我们主园区的咖啡厅就是以他的名字命名的）。但是，乔布斯和埃里克之所以选择在这家咖啡厅见面，是因为这里离乔布斯的家比较近。

152. 阿帕奇授权协议由阿帕奇软件基金会编写，这款协议允许软件用户在协议准许的前提下对软件进行使用、发行或修改，且不必支付版税。

153. 具体统计的数字是 33 528。参见：Leslie Kwoh, "You Call That Innovation?" (Wall Street Journal, May 23, 2012)。

154. 基于客户端的应用程序使用的软件是存储在电脑或其他运行设备上的，而基于浏览器的应用程序则完全存储在网络上，可以通过微软、火狐、苹果 Safari 或谷歌 Chrome 浏览器进行操作。

155. 这份报告是由埃森哲咨询公司创意业绩小组的北美区负责人阿迪·阿隆写的。摘要内容参见：Adi Alon, "10 Ways to Achieve Growth Through Innovation" (*TMC News*, March 9, 2010)。亦可参见：Wouter Koetzier and Adi Alon, "You Need a Chief Innovation Officer" (Forbes.com, December 16, 2009)。

156. "构想的物竞天择"理论最早至少可以追溯到 1976 年，当时，理查德·道金斯在《自私的基因》一书中提出了 meme 的概念。但我们在此所说的物竞天择，更像是吉姆·柯林斯与杰里·波勒斯在《基业长青》中描述的"节外生枝和修枝剪叶"理念，也就是指多做尝试，并把那些有效的方案保存下来。参见：Jim Collins and Jerry I. Porras, *Built to Last: Successful Habits of Visionary Companies* (HarperBusiness, 1994), pages 148–54. For more information about how variation and selection characterize creativity, see Dean Keith Simonton, *Originsof Genius: Darwinian Perspectives on Creativity* (Oxford University Press, 1999)。

157. Charles Darwin, *The Origin of Species* (Digireads.com edition, 2007), page 17.

158. Derek Sivers, "Derek Sivers: How to Start a Movement" (*TED*, February 2010), retrieved from http://www.ted.com/talks/derek_sivers_how_to_start_a_movement. html.

159. Leslie Berlin, *The Man Behind the Microchip: Robert Noyce and the Invention of*

Silicon Valley (Oxford University Press, 2005), page 264.

160. 你也许会说，坚持不仅需要信息，还需要资金。一般的中小企业，没有资金研发那些对用户有利却无法带来收入和利润的产品，怎么办？我们仍建议你以用户为重，但在你验证这个理念之前，我们希望你能省则省，尽量少投入资金。等到你证实这个理念的时候，或许离赢利之日还有很长一段距离，但只要你能证实此理念的价值所在，这就变成以翔实数据为基础所做的融资决策了。

161. 多年来，杰夫在谷歌网站上的个人简介信息一直称他拥有哈佛大学的硕士学位。实际上，他是哈佛大学的一名 MBA。但杰夫怕这个学位会让人觉得他缺乏工程经验，所以一直没有纠正这个细节。

162. 参见：Adam Mann, Google's Chief Internet Evangelist on Creating the Interplanetary Internet" (*Wired.com*, May 6, 2013).

163. 这倒不是说人们的想象力不足。许多人都有着天马行空的愿景，但他们的务实思想让他们不愿把这些想法变为现实。心理学家用期望价值理论（expectancy-value theory）来解释这种心态：在选择目标时，人们会将期望的回报与成功的概率作为考虑因素。这样的考量往往会使他们避免尝试那些最有挑战性的目标，但很显然，这样的决定会提升失败概率。正如冰球名人堂球员韦恩·格雷茨基所说的一样，不去尝试，就等于百分之百的失败。参见：Allan Wigfield and Jacquelynne S. Eccles, "Expectancy-Value Theory of Achievement Motivation" (*Contemporary Educational Psychology,* January 2000) and Jacquelynne Eccles and Allan Wigfield, "Motivational Beliefs, Values, and Goals" (*Annual Review of Psychology*, 2002)。

164. 这个机构隶属于美国国防部。

165. 最先提出巴斯德象限理念的，是已故的政治科学家唐纳德·斯托克斯，他列举了法国科学家路易斯·巴斯德同时进行知识研究和实际应用的例子。巴斯德象限位于一个 2×2 矩阵之中，用来表示一项研究在推动基本认识以及解决现实问题之间的最佳平衡点。参见：Donald E. Stokes, *Pasteur's Quadrant: Basic Science and Technological Innovation* (Brookings Institution, 1997)。

166. Regina E. Dugan and Kaigham J. Gabriel, " 'Special Forces' Innovation: How DARPA Attacks Problems" (*Harvard Business Review*, October 2013).

167. 这个理念来源于心理学家米哈里·契克森米哈以及他的"心流"理念。所谓"心流"，指的是一种专心致志、深深沉浸在工作之中以至于时间仿佛暂停的欢愉状态。他说："你的全身心都被调动了起来，你的技能也发挥到了极致。"心流是一种罕见而且珍贵的状态，因为只有在任务的高度挑战性与你完成任务的能力出现完美契合时，这一状态才会产生。如果任务极具挑战性但你的能力达不到，你就会焦虑；而如果你的能力对于任务来说是大材小用，你就会感觉无聊。在管理创意精英的过程中，你的任务之一就是为他们营造更多进入心流状态的机会。参见：John Geirland, "Go with the Flow" (*Wired*, September 1996), and Mihaly Csikszentmihalyi, *Flow: The Psychology of Optimal Experience* (Harper & Row, 1990)。

168. 罗莎贝斯·莫斯·坎特就激发社会及企业责任感的因素做了研究，发现知识工作者"会被责任重大以及锻炼技能的机会所吸引。最能'黏住人'的工作环境（即离职概率小且人们不愿离开的工作环境）不但机遇多多，且能给员工赋权。使用最顶尖的工具、面对最佳消费群体的前沿工作是当今的热点，因为这种工作不仅意味着更大的责任，也预示着未来更多的回报。知识工作者对个人技能及成就构成的人力资本的重视程度，与他们对金钱资本的重视程度不相上下"。参见：Rosabeth Moss Kanter, *Evolve!: Succeeding in the Digital Culture of Tomorrow* (Harvard Business School Press, 2001)。

169. 在销售行业，故意制定过低的目标然后再大幅超额完成任务的做法叫作"堆沙袋"。我们的第一任销售主管奥米德·科德斯塔尼就经常会在一个由沙袋堆成的讲台上为公司进行季度销售情况汇报，这让为他获得了"堆沙袋的人"的称呼。

170. Grove discusses OKRs in his book *High Output Management* (Random House, 1983).

171. 我们在此隐去了只能在谷歌内部公开的 OKR 真实数据。

172. "创意喜欢限制"是玛丽莎·迈耶最爱说的一句话。限制能够激发创意，这理念看来矛盾，却已经得到不少研究者的证实。参见：Patricia D. Stokes, "Variability, Constraints, and Creativity: Shedding Light on Claude Monet" (*American Psychologist*, Volume 56, Number 4, April 2001)。

173. Henry Ford, *My Life and Work* (Doubleday, 1922), page 147.

174. 时间截至 2014 年 8 月 5 日。参见："you can count the number of books in the world on 25,972,976 hands" (Google's official blog, August 5, 2010)。

175. 具体说是 Fry's 在山景城附近的分店。

176. 这句话的后半句是"……因此，在最需要调动起人类在建筑方面的想象力时，限制就像建筑学永恒的挚友。"参见：Frank Lloyd Wright, *The Future of Architecture* (Horizon Press, 1953), page 55。

177. 这个群允许成员对每个构想进行投票并自动将打分生成表格，这样，好点子的排位就会上升。凯文的提案名叫"URL 及搜索请求自动填充（含模型）"，是第 917 个提交的点子。截至我们写书时，这个积分榜上的点子有 15 000 多个。

178. "20% 时间"中的 20，与 70/20/10 原则中的 20 有所不同。20% 时间强调的是个人的自由，而 70/20/10 原则是有关资源管理的。不过，如果我们把资源分配比例改为 70/19/11，就不会让大家混淆了。

179. 这种自由感源自做自己喜欢的事情，而不是一味听从别人布置任务。心理学家爱德华·德西及理查德·瑞安就人类动机提出过一种自我决定理论，这种盛行的观点认为，人类都有强烈的自主需要（即可以按自己的意愿自由行动，而不是为应对外界压力而被动行动）、能力需要以及关系需要。自我决定理论假定，如果一份工作能够满足以上这些需求，那么这份工作就能调动人们的积极性并赋予人们满足感。参见：Richard M. Ryan and Edward L. Deci, "Self-Determination Theory and the Facilitation of Intrinsic Motivation, Social Development, and Well-Being" (*American Psychologist*, Volume 55, Number 2, January 2000)。

180. 完整的原话是："如果你想雇用优秀的人才，让他们留下来为你工作，那你在很多问题上就得让他们自己做决定。要以创意为准则，而不要奉等级为圭臬。最好的创意必须出头，否则，你是留不住优秀人才的。"引自：Mark Milian, "Why Apple Is More Than Just Steve Jobs" (*CNN Digital Biz* blog, August 25, 2011)。

181. 谷歌并不是第一家尝试这种制度的企业。早在 1948 年，3M 公司就开展过一套工作方式，允许员工将 15% 的时间用在主要工作之外的项目上。便利贴或许要算是这家公司 15% 时间制衍生出的最广为人知的成果了，这一制度同时也催生了透明胶带和 3M 抗水渍油污剂，以及公司许多产品中都有使用的多层光学膜等创新材料。担任 3M 总裁兼董事长一职长达数十载的威廉·麦克奈特说，他的方针就是"雇用优秀人才，然后给他们腾出空间"。参见："A Culture of Innovation" (3M corporate brochure) and Paul D. Kretkowski, "The 15 Percent Solution" (*Wired*, January 1998)。

182. 引自：Tom Hager, *Linus Pauling and the Chemistry of Life* (Oxford University Press, 1998), page 87。

183. Recounted in Alan G. Robinson and Sam Stern, *Corporate Creativity: How Innovation and Improvement Actually Happen* (Berrett-Koehler, 1997), pages 66–70.

184.《锣鼓秀》是 20 世纪 70 年代美国的选秀节目，参赛选手的表现一般都很糟糕。评委可以用响亮的锣声打断任何人的表演。

185. 虽然这是伏尔泰的一首名叫《Le mieux est l'ennemi du bien》（直译过来就是"完美是优秀的敌人"）中的诗句，但他却说这句话实际上出自一位意大利哲人

（原话是 Il meglio è l'inimico deal bene）。

186. 对于计算机行业之外的读者，我们必须多说几句加以解释。"交付"这个词是指产品到达消费者手中。乔布斯的意思是，虽然很多人都想要把自己的产品打磨得光鲜亮眼，但如果不把你的产品实际交到消费者手中，那你就什么成果也没有。

187. 挽回沉没成本的想法，不仅会让人们在错误的道路上不愿止步，还会越走越远。这种模式被学者们称为"承诺升级"。其实，从个人视角来看，以沉没成本作为投资的依据是有道理的。因为，对一个走下坡路的项目选择坚持（并且隐瞒此项目难逃一死的事实），可以保护掌权者在企业或机构内的声誉。参 见：Barry M. Staw, "The Escalation of Commitment to a Course of Action" (*Academy of Management Review*, Volume 6, Number 4, October 1981), and R. Preston McAfee, Hugo M. Mialon, and Sue H. Mialon, "Do Sunk Costs Matter?" (*Economic Inquiry*, Volume 48, Issue 2, April 2010)。

188. 这种理念与汤姆·彼得斯"适度承诺，超值服务"的理念不谋而合。参见：Tom Peters, *Thriving on Chaos: Handbook for a Management Revolution* (HarperCollins, 1988), pages 118–20。

189. 塔勒布还谈道："有些事情能从冲击中受益，当暴露在波动性、随机性、混乱、压力、风险以及不确定之时，这些事反倒能成长壮大。尽管这种现象无处不在，但我们并没有一个词能够准确描述脆弱的对立面。让我们暂且称之为'反脆弱性'吧。反脆弱性超越了复原力和强韧性。强韧性能够抵抗冲击，保持原状，反脆弱性却能让事物在逆境中成长。"参见：Nassim Nicholas Taleb, *Antifragile: Things That Gain from Disorder* (Random House, 2012), page 3。

190. Scott Adams, "Scott Adams' Secret of Success: Failure" (*Wall Street Journal*, October 12, 2013).

191. 许多人认为这句话出自已故计算机科学家吉姆·霍宁，但他却否认了这种说法。通过深入调查，我们发现这句话其实是纳斯鲁丁说的。一有这个发现我们便顿时觉得，如果几个世纪后的后人们能把我们也称颂为大智若愚者，那我们就死而无憾了。The story is retold in Joel ben Izzy, *The Beggar King and the Secret of Happiness* (Algonquin Books, 2003), pages 206–7.

192. Steven Levy, "Jeff Bezos Owns the Web in More Ways Than You Think" (*Wired*, November 13, 2011).

193. Regina E. Dugan and Kaigham J. Gabriel, " 'Special Forces' Innovation: How DARPA Attacks Problems" (*Harvard Business Review*, October 2013).

194. 从这方面来说，丹和学步的婴儿倒挺有相似之处。

195. See, for example, Teresa M. Amabile, "How to Kill Creativity" (*Harvard Business Review*, September–October 1998).

196. 在 20 世纪 80 年代的火爆电视剧《豪门恩怨》中，帕特里克·杜菲饰演的博比·尤英不幸被嫂子开车撞死，但他在下一季里奇迹般复生。原来，他的死只是一个梦。我们要是都能这么幸运该多好。

197. "Examining the Books" (*Wall Street Journal*, August 29, 2005).

198. Joseph Checkler and Jeffrey A. Trachtenberg, "Bookseller Borders Begins a New Chapter . . . 11" (*Wall Street Journal*, February 17, 2011).

199. Vinod Khosla, "The Innovator's Ecosystem," December 1, 2011, http://www.khoslaventures.com.

200. Art Kleiner, "The Discipline of Managing Disruption" (*strategy+ business*, March 11, 2013).

201. 原文出自詹姆斯·鲍斯韦尔为英国作家塞缪尔·约翰逊所写的传记："先生，请相信我的话，当一个人知道自己还有两周就要被绞死的时候，这会让他警醒。"参见：James Boswell, *Life of Johnson* (Oxford World's Classics/Oxford University Press, 2008), page 849.

202. 心理学家菲利普·泰洛克花了 21 年的时间，研究了数百名专家的预言。他的研究告诉我们，对于变数很大的事件，即使专家也难以预知。举例来说，在非暴力手段是否能够终结南非种族隔离制度以及魁北克省是否会脱离加拿大等问题上，相应领域的专家所做的预测并不比受过教育的普通人（以及随机概率）准确。参见：Philip E. Tetlock, *Expert Political Judgment: How Good Is It? How Can We Know?* (Princeton University Press, 2005).

203. Vinod Khosla, "Maintain the Silicon Valley Vision" (*Bits* blog, *New York Times*, July 13, 2012).

204. Steve Chapman, "Car Buyers Get Hijacked" (*Chicago Tribune*, June 20, 2013).

205. 《红旗法案》是英国政府 1865 年颁布的一条机动车法案，规定机动车必须配备专人行走在车前挥动红旗，提醒马车及乘客提防这个新奇的发明。法案还规定，这些"道路上的机车"在城镇里的时速不能超过 3.2 千米，在乡下的时速不得超过 6.4 千米。法案于 1896 年废止。参见：Alasdair Nairn, *Engines That Move Markets: Technology Investing from Railroads to the Internet and Beyond* (John Wiley & Sons, 2002), pages 182–83, and Brian Ladd, *Autophobia: Love and Hate in the Automotive Age* (University of Chicago Press, 2008), page 27。

206. 索里安白兰地和特兰尼亚烈酒都是《星际迷航》原版电视剧中的酒。我们希望领会这些典故的读者也能和我们一样兴奋。好了，我们保证这是本书最后一次引用《星际迷航》的桥段了。

207. 谷歌智能隐形眼镜由 Google X 团队研发，可通过测量眼泪中的葡萄糖含量来检测佩戴者的血糖水平。有了这款功能，糖尿病患者不仅可以免受定期针刺验血之痛，也不用终日在皮下放置血糖传感器了。

208. Carl Shapiro and Hal R. Varian, *Information Rules: A Strategic Guide to the Network Economy* (Harvard Business Review Press, 1998).

209. Christopher Chabris and David Goodman, "Chess-Championship Results Show Powerful Role of Computers" (*Wall Street Journal*, November 22, 2013).

谷歌广告联盟（AdSense）

这款广告产品可将广告投放在由站点发布器连成的大规模网络上。

谷歌关键词广告（AdWords）

作为谷歌的旗舰广告产品，这款引擎是谷歌的收益支柱。

Ah'cha'rye

希伯来语中"跟我来"的英文表达形式。这句话是以色列军队中用以号召大家的口号。

安卓（Android）

谷歌旗下的开源手机操作系统。

应用程序编程接口（API）

此接口为其他应用程序提供了访问程序的可能。

助理产品经理（APM）

通常，助理产品经理要在 12 个月内在不同岗位之间轮换后，才能成为合格的产品经理。

云计算（cloud computing）

这项科技让互联网用户在不同地点获取计算机上存储的文件、运行计算机上的程序。这些远程计算机有时叫作服务器，通常，这些计算机都聚集在拥有几千台独立计算机的大型数据中心里。

科斯法则（Coase's law）

这条由诺贝尔经济学奖得主罗纳德·科斯提出的法则认为，将交易成本纳入考虑范围就能发现，大型企业之所以合并，是因为与开放市场外包相比，在一家企业内部完成工作往往更有效率。由于互联网降低了交易成本，根据科斯法则可知，在当今，工作外包往往要比把工作放在企业内部完成更有效率。

多莉（Dory）

这个谷歌内部系统可以让员工向高管们提问，还能让他们为别人的问题投票，以决定排名。

Excite@Home

乔纳森之前就职的公司。这家公司是由门户网先锋 Excite 公司以及推广电缆调制解调器上网方法的 @Home 公司合并而成的。

Googlegeist

谷歌的年度员工调查问卷。

Google X

这支团队负责谷歌一些最具野心的项目的研发，包括无人驾驶汽车、谷歌眼镜、谷歌热气球计划以及谷歌智能隐形眼镜。

HiPPO（也可直接写成"hippo"）

即薪水最高者的观点（Highest-Paid Person's Opinion）。

学习型动物（learning animals）

这些人不仅拥有应对剧变的能力，也有热爱剧变的心胸：他们对学习如饥似渴，不畏提出愚蠢的问题，也不怕得到错误的答案。

市场资本总值（market capitalization）

简称总市值，指上市公司全部证券的市场总价值。

Memegen

这是一个谷歌内部网站，谷歌员工可以在上面用精辟的文字配以图片制作吐槽图。大家可以通过这个有趣的途径来对公司现状进行点评。

Moma

谷歌的企业内部网站，可供谷歌员工共享各种公司信息。

摩尔定律（Moore's law）

互联网创始人之一戈登·摩尔提出的预言：电脑芯片上的晶体管数量（也就是计算能力）每隔两年便会翻一倍。1965 年，摩尔预测晶体管数量每年都会翻倍，而在1975 年，他把翻倍时间改成了每两年翻一倍。

多边市场（multisided market）

不同用户群彼此相连并为彼此提供互惠服务的市场。

新谷歌人（Noogler）

新（New）+ 谷歌人（Googler），即是指新的谷歌员工。

质疑的义务（obligation to dissent）

如果某人对某个构想存在疑义，那就必须将质疑提出来。

OKR（目标和关键成果制度）

这是一个在谷歌及许多其他企业中都非常有效的绩效考核制度。

开放（open）

软件代码或研究结果等知识产权信息的共享；遵循开放的共同标准，而不是自己设置自己的标准；给予消费者轻松退订服务的自由。

开源操作系统（open-source operating system）

像 Linux 和安卓一类的操作系统，源代码可免费供公众进行使用和修改。与开源系统相反的是封闭系统，其源代码由拥有系统的公司严格管控。

投资回收期（payback period）

收回投资成本所需的时间。

平台（platform）

科技产品或设施的基础，在平台上可添加更多的科技产品、程序以及服务。

扩大规模（scale）

实现某个项目在全球的快速增长。

创意精英（smart creative）

这种人不仅在其专业领域具备深厚的技术知识，还精明过人、创意十足、具备商业头脑。

年资制（tenurocracies）

这样的企业以任期而不是能力论英雄。

TGIF 大会

这是谷歌全体员工都可以参加的会议。最开始的时候，这个会议设在每周五的下午，现改到周四进行，以方便亚太地区的谷歌人一起参加。

用户界面（user interface）

软件中用户可进行互动的部分。

Wave

谷歌 Wave 是一款可让不同用户群进行实时交流和合作的系统。2010 年，谷歌放弃了 Wave 的研究工作，并将源代码开放给公众。

第二代互联网（Web 2.0）

我们今天所使用的网络背后的一系列科学技术（20 世纪 90 年代第一代互联网的升级版）。

　　首先，我们必须感谢拉里·佩奇和谢尔盖·布林，感谢他们与我们分享智慧和友谊，也要感谢他们两人建立起来的这家伟大公司。我们对两位创始人的赞美毫不夸张，能与两人每天在一起共同探索和理解未来，我们由衷地感到三生有幸。策略、文化以及对雇用优秀人才的重视，这些让谷歌得以傲立于世的特质，在我们加入之前早已根深蒂固。你能想象吗，这两人在二十五六岁时便拥有预测谷歌潜力的思维和远见。他们一次又一次地对常规发出挑战，对权威和现有模式提出质疑，用自己的方式建立了一家伟大的企业。谷歌不仅改变了我们的生活，也在每时每刻不断改变着全世界几十亿人的生活。我们无以表达我们心中的谢意，我们只能说，他们的支持及所做的一切都让我们心怀崇敬。

　　就像谷歌公司一样，这本书也是在许多风趣幽默、善良而有爱心的了不起的人的帮助下问世的。对大家的付出，我们深怀感激，但更让我们高兴的，是能够有幸与这些创意精英相识和共事，他们既是我们的同事，也是我们的好友。

　　在此我们要感谢安·海亚特、布赖恩·汤普森以及金·库珀，感谢他们在繁忙的工作之余与我们见面，给予我们这么多有用的反馈。面对混乱，你们处变不惊。

感谢帕姆·肖尔，她与埃里克在诺勒公司就是旧交，也为谷歌公司以及埃里克团队的创建立下了汗马功劳。

感谢斯科特·鲁宾、梅根·卡瑟利以及艾米莉·伍德，感谢这三位言谈风趣的公关人员。希望我们能拥有更多像他们一样的人才。

在埃里克写邮件给乔纳森提议一起写这本书的时候，雷切尔·惠茨通也在收件人之列。作为我们近10年之久的宣传合伙人，她从这本书的策划阶段就参与了进来。她不仅不知疲倦地为谷歌贡献自己的力量，也为大家的福祉付出不懈的努力。值得我们对雷切尔致谢的事情，远远不只她对这本书的付出。

感谢肯特·沃克和马克·埃伦博根这两位优秀的律师，用艰苦的工作为本书增色颇多。其中，特别要感谢马克的帮助，去加勒比海度假的时候，他仍坚持与我们一起工作，他的建议也更为关键。

感谢丹尼斯·伍德赛德在管理摩托罗拉之余抽空阅读了我们的书，给予我们宝贵的反馈意见。

感谢乌尔斯·霍泽尔，谷歌的许多人员管理和聘用模式，都是由他开创的。

感谢阿里森·科马克，他不仅是世界上最棒的读者，也许还是最优雅的谷歌人。

杰拉德·科恩与埃里克合著了《新数字时代》一书，感谢他如此及时地摸清了出版业的动态，帮了我们一个大忙。

在拉斯洛·博克的努力下，谷歌的文化及标准并没有随着企业的扩张而被稀释。在即将出版的有关天赋的新书《重新定义团队》中，他详细解析了成功背后的法则。除此之外，他好像时时都把微笑挂在脸上，这也许是因为他曾经演过《海滩游侠》的缘故吧。

感谢尼科什·阿罗拉，正是他在团队管理方法上的创新，为本书提供了一个缘起。

感谢苏珊·沃西基、萨拉尔·卡曼加、玛丽莎·迈耶以及桑达尔·皮查伊，是他们让乔纳森明白，一名优秀的管理者要懂得适当地放手。如果说一位管理者的工作成果是其员工的成果总和，那么乔纳森就站在这四人创造的硕果之巅。

感谢洛林·托希尔，她为我们展现了如何用充满创意的谷歌方法在营销的帮助下制作出令人叹绝的艺术品。

感谢克莱·贝弗，作为我们所知的一位最顶尖的创意精英，他的工作成果处处体现着谷歌的企业文化。（大家可以用谷歌搜索他用周末时间做的项目："884 幅 4×6 相片组成的谷歌商标"，以及"克莱·贝弗用硬币拼成的林肯像"。）

感谢布赖恩·拉科夫斯基，在他给我们提供的几组反馈意见中，他还细心地添加了页码和可查询字符。

感谢马尔戈·乔吉亚迪斯，他对大企业首席高管思维方式的看法经常为我们带来灵感。

感谢科林·麦克米伦，Memegen 只是他众多创举中的一例。

感谢普利姆·拉马斯瓦米，他为我们提供了一位哈佛商学院教授的观点，还启发我们如何将工作成果与学生分享。

感谢德温·伊维斯特，他是我们有关书籍和电影方面所有问题上的专家。感谢创意达人加里·威廉斯、肯·弗雷德里克以及劳伦·马尔基，很遗憾，他们提供的许多好点子我们都没有采纳。感谢乔纳森·贾维斯，他的设计使本书看起来精致美观，这是两位作者力所不及的。

感谢哈尔·瓦里安，谢谢他将乐趣融入了经济学。

感谢艾伦·尤斯塔斯，他将谷歌范儿体现得淋漓尽致。在乔纳森的协助下，他写成了第一本谷歌员工手册。

感谢肖娜·布朗和戴维·德拉蒙德，他们这么多年来与乔纳森一起担任招聘委员会的成员。

感谢凯西·碧和查德·塞韦林，两人不仅默默支持着乔纳森在谷歌的产品管理工作，而且从这本书策划起始就细心为我们提出意见。

感谢杰夫·休伯，他先是在 Excite@Home 与乔纳森共事，后又为谷歌建立了健全的广告引擎系统及收益引擎，好让乔纳森专注于创意精英的管理工作。

感谢帕特里克·皮切特，他在实际工作中的一丝不苟和谷歌范儿十足的敏锐眼光，以及他的橙色背包和"即便下雨我还是要骑自行车来上班"的态度，一直在激励着我们。

感谢戈皮·卡拉伊尔，他不仅是顶级的演说家，还用他鞭辟入里的意见推动我们进步。

感谢吉尔·哈泽尔贝克，她是乔纳森的智囊，尤其是当乔纳森在公关上出了岔子（这种情况常常发生）时，更是离不开她的指点。

感谢贾里德·史密斯，感谢他在有关中国的细节问题上为我们提供的帮助。他本身是创意精英的卓越领导者。

感谢比尔·坎贝尔，他是管理方面的资深教练，不仅慧眼识人，也深谙企业运营之道。在拥有教练之前，我们一直认为自己不需要相关的辅导。比尔在苹果和谷歌这两家现今全美最有价值的企业的成功之路上扮演了至关重要的角色，只要他一出现，在场的人都会面露笑颜。他不仅故事讲得引人入胜，且说到他为硅谷所立下的汗马功劳以及对几代企业家的成功带来的巨大影响时，他总是虚怀若谷，不居功自傲。

感谢约翰·多尔、迈克·莫里茨、拉姆·斯里兰姆、约翰·亨尼西、阿特·莱文森、保罗·欧特里尼、安·马瑟、戴安·格林以及雪莉·蒂尔厄姆，这些前任和现任的谷歌董事会成员，一直以来在谷歌对消费者、合作伙伴以及股东的影响上都高瞻远瞩，很好地履行了他们的职责。

以下这些前任和现任的谷歌人，不仅帮助我们排忧解难，还不断帮助我们改善创意精英的管理方式。他们是克里希纳·巴拉特、杰夫·迪安、本·戈梅斯、乔治斯·海力克、威廉·法里斯、维克·冈多特拉、乔治·萨拉赫以及玛莎·约瑟夫森（严格来说她虽然不能算是谷歌人，却是我们能找到的最诚挚的合作伙伴）。

感谢乔纳森的家人，包括他的妻子贝里尔、儿子约书亚以及女儿汉娜，他们一直在提醒乔纳森，让他把授权落到实处，无论在工作还是生活中都要给别人留出空间。他们的忠告让乔纳森保持着谦卑之心，为此，每个认识乔纳森的人都应当感谢他的家人。

感谢乔纳森的母亲里纳·罗森伯格，她一心拥护女性权利，同时也是圣克拉拉县妇女地位委员会的负责人。感谢乔纳森的父亲内森·罗森伯格。他曾是一位科技创新方面的领军学者。我们看到，这么多年来，他的儿子的确把父亲的话铭记在心，还有比这更好的致谢方式吗？

感谢乔纳森的兄妹卡伦、戈登以及戴维，他们让乔纳森懂得了许多决策方面的技能。关于谁才是家里最棒的创意精英，这四个人一直没形成共识。孩子们，也许，是时候让你们的父母来做决定了。

洛恩·罗森菲尔德博士常常拿名言警句和人生智慧与乔纳森打趣。这本书中有几处内容就是从这些对话里引申出来的。洛恩的女儿劳伦帮我们纠了如此多的错，让我们明白她果然是个比乔纳森更博学多才的文学评论家。劳伦的弟弟迈克，用不胜枚举的例子让我们相信，他的大学学历和创意精英的名号都不是虚的。

感谢丹·张，是他告诉我们，本书的原稿"适于企业家们阅读"，但同时还有望继续扩大读者群，以"造福所有商业人士"。

感谢马特·派肯，他不仅帮助乔纳森润色大学论文，还为我们的戏剧和影视事业添了好莱坞范儿。

感谢本贝拉图书公司（BenBella Books）的格伦·耶菲斯，在乔纳森着手写这本书时，格伦是唯一一位能为他提供帮助的出版界专家。

感谢亚当·格罗瑟，是他驳回了我们既不幽默又不恰当的笑话，不仅提高了整本书的品位，还提醒我们在下定义的时候更加精准。

感谢苏珊·费根鲍姆教授以及杰拉德·艾里希教授，目光长远的他们坚持让乔纳森学习统计学，并且细心监督他完成了本科学位。

感谢院长杰夫·黄教授以及他的同事朱莉娅·伊斯利，感谢他们像阅读学生论文一样审读了书稿，也给出了几乎与批改学生论文一样多的修改，还要感谢他们高抬贵手，没有给我们打分数。

感谢戴维·蒂斯教授，他以经济学学者的视角阅读了本书。我们引用的许多文献，都是在他的指点下找到的。

感谢曾经担任过乔纳森上司的加里·雷特、贝茨·雷特、多拉·法特曼、利比·特拉德尔、卡西·戈登、詹姆斯·艾萨克、迪安·吉尔伯特以及理查德·金格拉斯。你们的智慧和宽容，乔纳森将永远心存感激。

感谢杰夫·乌尔曼教授，是他让还在普林斯顿就读的邋里邋遢的小埃里克·施密特成为一名计算机科学家，而当时，世界上几乎还不存在这个职业呢。

感谢比尔·乔伊、苏·格雷厄姆以及鲍勃·法布里，在加州大学伯克利分校的时候，他们出于对埃里克的信任，以他为中心组建了一支团队，感谢他们。

感谢迈克·莱斯克和阿尔·阿霍，在贝尔实验室研发 Unix 操作系统时，他们让埃里克懂得了流量、开源以及规模的意义。

感谢施乐帕洛阿尔托研究中心的吉姆·莫里斯、巴特勒·兰普森、鲍勃·泰勒以及罗伊·莱文，他们是未来的缔造者。

感谢太阳计算机系统公司的斯科特·迈克尼利、安迪·贝希托尔斯海姆、比尔·乔伊、维诺德·科斯拉、伯尼·勒克鲁特以及韦恩·罗辛，是他们给予埃里克第一次亲身体会企业管理的机会。一个毫无管理经验的人能在工作中得到如此到位的培训，这种事只有在科技行业才会发生。

感谢诺勒公司的雷蒙德·纳萨和约翰·扬，在公司的体验本身就是一种回报。

感谢彼得·温德尔让埃里克有机会在斯坦福商学院教授课程，也感谢这几千名学生。埃里克对"不经历风雨哪有彩虹"的理解，最初就是受到了他们的影响。

感谢尼尚特·乔克西，他美观又有趣的插画以出乎我们意料的方式完美传达了我们的观点。

感谢玛丽莎·托马斯，她简直是校对达人，我们可不想在《危险边缘》问答节目上和她相遇！

感谢我们的研究伙伴玛丽娜·克拉科夫斯基，她的付出总是超出我们的预期。她见解深刻、思考周密、勤奋肯干、一丝不苟！她真是太棒了。

感谢戴维·杰维鲍姆，这位世界级的幽默作家让我们变得喜感十足……至少比以前更有喜感了。戴维看了我们写的一则笑话，点评说"还不坏"，这真是我们人生中最辉煌的时刻。感谢你，戴维，感谢你的帮助，特别是你的那句溢美之词。

感谢我们的经纪人吉姆·莱文，他让我们懂得了出版这一方世界；感谢我们的编辑约翰·布罗迪，在他的明智指导下，我们以微软开头、以《唐顿庄园》结尾的初稿终于变为成书。我们也让约翰领略了使用谷歌文档工作的甜头。

在斯坦福大学特里西德学生活动中心的"咖啡屋"餐厅，曾经摆放着世界上第一台投币式电子游戏机"星际游戏"。20 世纪 70 年代中期的某天，两个毛头小子在往游戏机里投硬币的时候相遇了。当时，虽然乔纳森经常在星际游戏中完胜艾伦·伊格尔，但这两个人在葛恩中学时的成绩却不相上下。在一边争夺宇宙霸主之位一边应付化学和数学课时，他们无论如何也无法预料到，30 年后他们竟会在一家叫作谷歌的公司里并肩共事，也想不到大约 40 年后两人会携手合著一本商业管理类的书籍。但是，这些全都发生了。想象不可想之事，这句话说得真是一语中的啊。感谢艾伦·伊格尔，我们的合著者。